40대, 위대한 공부에 미쳐라

40대, 위대한 공부에 미쳐라

독서 혁명가 김병완의 40대, 위대한 공부 이야기

40대 공부가 진짜다. 진짜 공부를 시작하라. 왜냐하면 그것은 진정 위대하기 때문이다. 이전에 한 번도 경험한 적이 없는 40대 위대한 공부에 미쳐라. 40대 공부에 미치면 세상이 바뀐다. 인생을 바꾸고 싶다면 위대한 공부에 미쳐라!

김병완 지음

 퀀텀앤북스

"인류 역사의 오랜 기간 동안 중년은 대개 무시되었다.
탄생, 젊음, 노년, 죽음은 모두 대우를 받아왔지만 중년은 무시되었을 뿐만 아니라,
심지어 별개의 실체로 여겨지지도 않았다.
물론 인류 역사의 대부분 기간 동안 중년이 무시된 것은
충분히 이해할 수 있는 것이다.
삶이 가혹하고 짧았으므로 중간에 할당할 시간이 없었던 것이다.
그리스 시대에 이르러서는 원숙함이 존경을 받았다.
예컨대 그리스 시민들은 50세가 되어야 배심원이 될 수 있었다.
하지만 그리스 시대에 중년에 해당하는 연령은 현재 중년 연령의 근처에도 미치지 못한다.
무엇보다 그렇게 오래 사는 그리스인이 그다지 많지 않았다.
고대 그리스인의 평균 기대수명은 서른 살이었다.
더 오래 산 행운의 영혼들이라 해도, 인생의 높은 봉우리에 도달해 상쾌한 공기를
들이마시자마자 허겁지겁 노년의 골짜기로 하산했다고 보면 될 것이다.
물론 지금은 그 모두가 달라졌다.
1세기 전만 해도 약 47세였던 선진국의 평균 수명이 지금은 78세에 달하는 등
인간의 수명이 늘어남에 따라 우리에게는 더 이상 걸음마를 배우는 아이를 쫓아다니지도,
그렇다고 휠체어를 타고 복도를 굴러다니지도 않는 긴 폭의 시간이 생겼다.
그러한 전환과 함께 중년이 인정을 받았다. 중년에 관한 책들이 나왔고,
영화들이 만들어졌으며, 연구가 시작되었다."

- 바버라 스트로치, 《가장 뛰어난 중년의 뇌》 서문 중에서

: 프롤로그 :
40대들이여, 위대한 공부를 갈망하라

변혁의 시대에는 배우려는 사람들이 세상을 물려받게 되어 있다.
이미 배운 것으로 만족하는 사람들이 이젠 더 이상 존재하지 않게 된
세상에 자신이 가장 적합한 인물이라고 착각하는 동안에.
- 에릭 호퍼

"위대한 공부를 하면 위대해진다."

한 번뿐인 인생, 시시하게 살다가 갈 것인가? 아니면 위대함을 갈망하며, 위대한 인생을 살아갈 것인가?

선택은 바로 당신의 몫이다.

똑같은 40대를 살아가고 있지만 어떤 사람은 사는 것이 너무 재미없다고, 어떤 사람은 사는 것이 너무 재미있고 신난다고 말한다. 어떤 40대는 단지 늙어가고 있지만, 또 다른 40대는 성장하고 있다. 그리고 어떤 사람은 꿈을 키우며 가슴 뛰는 삶을 살고 있지만, 어떤 40대는 꿈이 없어진 지 이미 오래되어 무미건조한 삶, 꿈이 없고 비전이 없는 삶을 살고 있다. 왜 그런 것일까? 그 차이는 과연 어디에서 비롯되는 것일까?

이러한 질문에 대해 답하기 전에, 먼저 다음의 질문에 대해 생각해보

자. 우리 인생에서 가장 부끄러워해야 하는 것은 무엇일까?

그것은 실패한 것도 아니며, 가난한 것도 아니다. 못 배운 것 역시 아니다. 가장 부끄러운 인생은 어제와 오늘이 똑같고, 오늘과 내일이 똑같은 인생을 살아가는 것이다. 한마디로 성장과 발전이 없는 인생이다. 다시 말해 공부하지 않는 인생이 가장 부끄러운 인생이라고 말할 수 있다.

지금까지 우리는 다음과 같은 평범한 생각을 하며 살아왔고, 이러한 생각들이 우리의 발목을 잡았으며 우리 자녀들에게도 큰 영향을 끼칠 것이다. 모든 인생은 20대에 결정된다고? 인생 전반기에 좋은 대학에 합격하고 좋은 직장에 취직하면 그 사람은 성공할 수 있다고? 공부에도 때가 있으니 학창시절에만 열심히 공부하면 평생 성공이 보장된다고? 무엇보다 인생에서 가장 중요한 때는 20대라고?

이러한 생각들은 우리의 인생을 망치게 하는 매우 그릇된 생각들이 아닐 수 없다.

공부가 가장 필요한 시기는 20대가 아니라, 바로 40대이다.

인생은 40대부터가 진짜 인생이며, 40대에 하는 공부가 진짜 공부이다. 그리고 공부가 가장 필요한 시기는 20대가 아니라 40대이다. 그 이전에 아무리 큰 성공을 했든, 아니면 아무리 큰 실패를 했든 인생 전체의 성공과 실패를 결정짓는 시기는 바로 40대 이후이다. 왜냐하면 일찍이 20대에 큰 성공을 했던 사람들 중에 평생 동안 성공과 번영이 지속되어 인생의 후반기에도 성공적인 인생을 살아간 사람들은 많지 않기 때문이다. 이것은 20대의 너무 이른 큰 성공 때문에 그것에 안주하고 안도하여 나태해지기가 쉽기 때문이다. 그래서 너무 일찍 성공을 맛본 사람들은 인생의 후반부에서는 그렇다 할 큰 성공을 거두지 못하는 것이다. 이러한 현상이 발생하는 것은 인생의 초반에 너무 쉽게, 혹은 운 좋게도 맛보았던 큰 성공의 기쁨에 자신도 모르게 도취되어 그것으로 평생 먹고살 수 있는 형편과 환경이 되었기 때문에 그 정도의 '그저 좋은' 삶만으로 만족하게 되기 때문이다. 너무 이른 성공을 한 사람들의 가장 큰 문제는 자기 발전과 성장을 위한 공부를 게을리하게 된다는 점이다. 그렇다고 인생에 초반에 실패를 하라는 말은 아니다. 여기서 말하고자 하는 요점은 인생의 초반에 성공을 했다고 해서 너무 좋아해서 그것에 영향을 받아서는 안 된다는 말이다.

이와 반대로 20대에 너무 큰 실패를 했던 사람은 그 여파로 평생 인생의 낙오자로서 조용한 절망을 가슴에 품은 채, 그저 고만고만한 인생을 살면서 생명을 연명할 따름인 사람들도 있다. 또 어떤 이는 너무 큰 성공도, 그렇다고 해서 너무 큰 실패도 해보지 못하고 남들과 비슷하게 평범한 사람으로 인생을 살아온 사람들도 있다. 아마도 이런 부류의 사람들이 가장 많을 것 같다.

자! 이제 우리의 20대가 어떻든 상관하지 말고 다 잊어버리자. 왜냐고?

진짜 인생은 인생의 모든 희로애락을 다 겪은 후인 40대 이후의 삶에 의해 전적으로 결판이 나기 때문이다. 왜 그럴까? 무엇보다도 가장 큰 이유는 인생의 무게 중심축이 인간의 평균 수명의 증가로 인해 뒤로 옮겨졌기 때문이다.

진짜 인생의 성공은 40대 이후가 결정한다.

그리고 이러한 사실보다 더 중요한 것은, 우리 인생에 진정 피와 살이 되고 성공적인 인생을 넘어 의미 있고 가치 있는 인생의 밑거름이 되어줄 토대는 바로 40대 공부밖에 없다는 사실이다.

아무리 좋은 대학의 졸업장을 가지고 있다 해도 40대부터는 그동안 우려먹었던 빛나는 대학 졸업장의 위력이 시들해지고, 아무리 화려한 배경과 연줄을 가지고 있다고 해도 그러한 출신이나 배경 등이 더 이상 효력을 발휘하지 못하는 시기이기 때문이다. 아무리 좋은 조직이나 기업체에 입사를 했다 해도 그 조직과 기업이 세상의 온갖 풍파에 대해 방패막이가 되어주는 기간은 길어야 30대까지라고밖에 볼 수 없기 때문이다. 40대부터는 직장을 떠나 홀로서기를 준비해야 하는 시기이다. 그래서 이 시기부터는 진짜 그 사람의 능력과 실력, 지식과 창의성, 상상력과 내공, 즉 40대 공부가 그 사람의 인생을 결정짓는 시기가 된다.

또한 이 시기에는 이십 년 전 대학시절에 배웠던 찬란한 전공 지식들과 기술들이 모두 무용지물이 되어버리는 시기이기도 하고, 사회 초년생 시절에 맺었던 인맥이 거의 쇠퇴해져버리는 시기이기도 하다. 그래서 이 시대에 믿을 수 있는 것은 40대 공부밖에 없는 것이다.

20대여, 그대들은 工夫가 무엇인지 아는가?

40대야말로 인생의 모든 시련과 역경을 몸소 겪어보고, 인생의 온갖 쓴맛과 단맛을 다 맛보고, 인생의 온갖 좌절과 아픔을 가슴으로 흐느껴보았기 때문에 참된 공부의 맛을 알고, 공부의 기쁨을 논하며, 공부에 몰입할 수 있는 가장 최고의 시기이며 최적의 시기이다.

'눈물에 젖은 빵을 먹어보지 않은 사람과는 인생을 논하지 말라'라는 서양 속담이 있듯이, 인생의 모든 시련과 좌절과 아픔을 다 겪어낸 위대한 그들, 40대가 아니라면 공부에 대해 논하지 말라고 감히 말하고 싶다.

40대들에게 무엇보다도 공부가 반드시 필요한 이유는 40대 공부가 인생의 후반부에 멋지게 날아오를 수 있는 힘의 원동력이 되어줄 수 있기 때문이다. 이러한 40대 공부는 인생이 무엇인지 모를 때인 10대 때 하던 공부, 20대와 사회 초년생일 때 하던 공부와는 질적으로 다를 수밖에 없다. 살아온 인생의 내공이 고스란히 담겨 공부를 통한 지식과 융합이 되면서 상상도 할 수 없는 위대한 성장이라는 결과물을 탄생시키기 때문이다.

진짜 공부는 인생의 산전수전을 다 겪은 위대한 40대들이 하는 것이다. 이러한 공부가 인생의 경험과 오롯이 결합하여 피와 살이 되는 진짜 공부가 되는 것이다.

이 책은 인생의 가장 중요한 혁명의 시기인 마흔 살로부터 10년을 살아가고 있는 40대들에게 공부해야 하는 진짜 이유들을 제시해주어, 40대 공부를 오롯이 즐기며 멋진 인생을 살아갈 수 있도록 도와주기 위한 책이다. 또한 40대 공부를 통해 인생을 멋지게 역전하고, 보다 나은 인생의 후반부를 살아가고자 하는 분들을 위한 책이다. 이런 이유로 이 책은 이 땅의 40대들에게 필독서인 셈이다.

: 독 자 들 에 게 :
성공과 실패는 40대 공부에 달려 있다

    기존의 수많은 40대 관련 서적들은 하나같이 공통점이 있다.

    그것은 거의 대부분이 '살아남기', '버티기', '이직하기', '평생 직업 구하기' 등의 생존이라는 절실하지만 너무 소극적인 주제를 대상으로 하고 있다는 점이다. 이러한 책들이 40대 독자들에게 끼치는 부정적인 영향은 보다 더 큰 꿈을 꾸며 멋진 인생을 살도록 유도하기보다, 기껏해야 평생 먹고살기 위한 노후대책 정도의 삶의 길을 보여주고 제시한다는 점이다. 그래서 40대 독자들로 하여금 가장 큰 성공이 살아남고, 버티고, 이직에 성공하거나 평생 먹고살 직업을 가지는 것 정도로 목표를 너무 낮게 잡도록 만든다. 그리하여 인생을 좁게 내다보게 하고 너무 재미없는 인생을 살게 한다는 것이다. 물론 기존 서적 중에도 공부를 하라고 말하는 책이 있지만, 기껏해야 자격증 공부나 어학 공부, 이직 공부 등에 그치고 만다.

하지만 이 책은 40대 독자들로 하여금 참된 공부를 통해 자신을 성장시키고 발전시키게 하여, 보다 더 큰 인생을 꿈꾸고, 도전하고, 성취하도록 조력해주는 책이라는 데 차별성이 있다. 목표를 크게 잡고 도전할 때 우리의 인생도 그만큼 성장하고 발전할 수 있음을 잊지 말아야 한다.

공부는 절대 배신하지 않으며, 공부를 이길 그 어떤 재주도 존재하지 않는다. 그러므로 우리는 공부를 통해 충분히 인생을 역전시킬 수 있을 뿐만 아니라, 더 나은 삶을 살 수 있다.

40대 공부가 앞으로의 인생을 결정한다.

40대라고 이제 인생을 다 살았다며 아무 미래도 없다고 생각하고 돈벌이에만 급급한 인생을 사는 사람은 아무 희망이 없는 인생을 살고 있는 사람과 다를 바 없다. 하지만 40대에 새로운 공부를 시작하여 자신을 뛰어넘고 공부의 참된 기쁨을 누릴 뿐만 아니라 40대 공부를 통해 인생의 큰 성공과 업적을 이룩한 사람들이 적지 않다는 사실을 이 책은 다양하고 폭넓게 소개해준다. 그러한 위인들을 이 책의 본문 속에서 자주 만날 수 있을 뿐만 아니라, 이 책의 독자들 스스로가 그러한 대열에 합류할 수 있도록 꺼져가고 있는 열정과 꿈에 다시 불을 지펴줄 것이다.

무엇보다도 왜 40대 공부가 우리 인생에 꼭 필요한 것이며, 어떻게 위인들은 늦은 때라고 할 수 있는 40대에 공부를 시작하여 위대한 인생을 살다 갈 수 있었는지를 다양한 사례와 함께 만날 수 있을 것이다.

똑같은 40대를 살아가고 있지만 어떤 누구는 '사는 게 너무 재미없다'라는 말만 입버릇처럼 달고 산다. 하지만 어떤 누구는 '사는 게 정말 즐겁고 재미있다'라는 듯한 얼굴 표정으로 살고 있고, 실제로도 그렇게 살아가고 있다. 자, 당신은 어떤 사람으로 살고 싶은가? 한 번뿐인 인생이다. 선택은 오롯이 당신의 몫이다. 어떠한 강요도, 어떠한 위협도 하지 않는다.

취미생활을 통해 어느 정도 삶에 활력을 불어넣을 수는 있다. 하지만 어떠한 취미생활보다도 공부만큼 지속적이고 고차원적이며 강력한 삶의 활력소는 아직 찾아보지 못 했다. 이뿐만 아니라 취미생활은 인생을 보다 더 나은 삶으로 이끄는 데 한계가 있지만, 공부는 그 자체가 보다 나은 삶이 될 수도 있다. 그런 점에서 공부는 단연 최고의 활력소이며, 기쁨의 원천이며, 인생의 성공 요건인 것이다.

그러므로 40대들이여, 40대 공부를 통해 위대한 인생을 갈망하라.

40대여! 다시 한 번 공부에 미쳐라.
왜냐고?
누구라도 부러워할 만큼 멋진 인생의 후반전을 살아나가기 위해서이고 자신 있고 당당한 인생, 즐겁고 재미나는 인생, 살맛나고 제대로 된 인생을 살아나가기 위해서이다. 무엇보다 한 번뿐인 인생! 시시한 인생보다는 위대한 인생이 더 낫지 않은가? 위대한 재주를 가지고 있다고 해서 위대한 인생을 사는 것은 아니다. 오히려 재주는 없지만 공부를 통해 위대한 인생을 살았던 사람들이 더 많다는 사실을 우리는 잊지 말아야 한다. 참된 공부, 진짜 공부를 이겨낼 수 있는 그 어떠한 재주도 이 세상에는 존재하지 않기 때문이다. 그리고 무엇보다 공부는 절대 배신하지 않기 때문이다.

그렇다면 문제는 무엇인가?

문제는 도전할 용기가 없다는 것이다. 공부할 환경과 형편이 아니라는 것이다. 멋진 삶을 살아나갈 수 있는 능력이 없다는 것이다. 즐겁고 재미나는 인생을 살 만큼 여유롭지 못하다는 것이다. 자신 있고 당당한 인생을 살 만큼 내공이 쌓이지 않았다는 것이다. 살맛나는 제대로 된 인생을 살아나갈 만큼 세상과 자신에 대한 통찰력과 지혜가 부족하다는 것이다.

하지만 실망하지 말자. 좌절하지 말자. 이러한 문제들을 모두 해결해 줄 수 있는 만병통치약과 같은 것이 있다. 바로 이 책이다. 이 책을 통해 용기를 얻을 것이며, 내공이 쌓일 것이며, 통찰력과 지혜가 생길 것이며, 능력이 배양될 것이며, 여유가 생겨날 것이며, 환경과 형편이 나아질 것이라고 자신 있게 말하고 싶다.

뿐만 아니라 이 책이 제시하는 삶의 길인 공부, 즉 제대로 된 40대 공부를 통해 이러한 문제들을 좀 더 본질적으로 하나씩 해결해나갈 수 있다. 게다가 이러한 문제 해결보다 더 큰 유익은 자신을 이기고 뛰어넘을 수 있게 된다는 점이다. 더하여 인생의 나머지 후반부를 온전하게 지탱해줄 유일한 힘도 오직 공부뿐이다. 그렇기 때문에 40대 공부를 반드시 해야 하는 것이다.

무엇보다 공부하는 사람이 TV 앞만 지키는 사람보다 더 오래 살고, 더 건강하며, 더 활력이 넘치며, 더 인간관계가 좋으며, 더 인간적 매력이 높으며, 더 행복하기 때문이다. 그러므로 40대여, 공부에 미쳐라.

그렇다면 왜 하필 40대여야 하나?

인생에서 가장 중요한 시기는 20대가 아니라 40대이기 때문이다. 평균 수명이 40세인 시대가 불과 백 년 전이었다. 그래서 그 시대에는 평균 수명의 절반인 20대가 가장 중요했다. 하지만 이제 평균 수명이 80세를 초월했다. 이러한 추세는 더 빨리 진행되고 있다. 평균 수명의 변화가 가져오는 가장 큰 변화는 인간의 삶의 모습의 변화이다. 결혼 적령기가 30대 후반으로 옮겨가고 있고, 노처녀의 나이가 자꾸 옮겨가고 있고, 황혼이혼이 급증하고 있다. 나이 60에 대학에 입학하는 사람도 있다.

삶의 모습이 변화되었다는 것은 삶의 패턴 또한 달라졌다는 사실을 방증한다. 평균 수명이 40세인 시대에는 20대가 가장 중요한 시기가 맞다. 가장 많은 준비를 할 수 있으면서 그 준비된 것을 통해 가장 오랜 삶을 누릴 수 있는 시기가 평균 수명의 반이 되는 나이이기 때문이다. 그렇다면 평균 수명이 80이 넘는 지금, 인생의 가장 중요한 시기 역시 이동되었다는 점에 이의를 제기하는 사람은 없을 것이다. 그리고 이 책에서는 가장 중요한 시기가 평균 수명의 절반인 40대라고 주장하고 있다.

좋은 삶을 살아가기 위한 준비 기간이 너무 길면 제대로 된 삶을 누리는 시간이 너무 짧아 시간 낭비가 될 수 있다. 한편으로 준비 기간이 너무 짧으면 제대로 된 삶을 살 수 없게 되므로 그것도 좋지 못하다. 그래서 평균 수명이 40세인 시대에는 20대가 공부하며 준비하기에 최적의 시기였고, 그 시기가 상대적으로 중요하다고 인식이 되어왔다. 하지만 이제는 평균 수명이 80살이 넘는다. 그러므로 이러한 인식도 바뀌어야 한다. 사람들이 그만큼 더 젊어졌고, 시대가 그만큼 더 살기 좋아져서 실제 나이에 0.8을 곱해야 한다는 말도 나오고 있는 실정이다. 이런 시대적 변화를 읽었을 때, 인생에서 가장 중요한 시기는 20대가 아니라 40대라는 것이다.

마흔 살 10년! 40대는 인생에 있어서 가장 중요한 준비의 시기이며, 혁명의 시기이며, 공부의 시기이다. 그래서 40대 이후의 인생을 잘 사느냐 못 사느냐는 40대에 준비를 철저하게 하여, 40대 공부를 했느냐 안 했느냐에 따라 결정된다고 해도 과언이 아니다. 40대 공부에 미칠 수 있는 사람은 반드시 대기만성형 인간이라고 할 수 있다. 공부는 우리를 배반하지 않기 때문이다.

20대는 사회가 원하는 스펙을 쌓고 회사가 원하는 대로의 자신을 만들기 위해 자신을 채찍질하게 되지만, 그렇게 힘들게 입사한 회사에서 십 년 이상을 버티는 사람은 10%도 되지 않는다. 이것이 또한 암울한 현실이다. 이제 평생직장이란 없기 때문이다. 이러한 이유로 40대 공부는 반드시 필요하다. 40대 이전까지는 좋은 대학이나 좋은 직장에 들어가기만 하면 삶이 보장되었지만, 40대가 되면 회사도, 학교도, 조직도 든든한 방패막이가 되어주지 않는다. 오히려 명예퇴직을 권고하여 내쫓으려고 눈에 불을 켜고 덤벼든다. 결국 40대 이후의 삶은 홀로서기이며, 그 홀로서기를 도와줄 토대와 방패막이는 40대 공부뿐이다.

다시 한 번 공부에 미치는 40대들이 결국에는 새롭게 길어진 긴 인생에서 성공을 하게 된다. 뿐만 아니라 인생의 산전수전을 다 겪은 40대들이야말로 무엇보다 공부를 오롯이 즐길 수 있는 내공이 쌓인 사람들이다.

사업실패, 정리해고, 가정불화, 이혼, 불치병, 신용불량자 등의 실패한 인생, 지친 인생, 무기력해진 인생, 꿈이 없어진 인생에 다시 힘을 불어 넣어주고, 다시 꿈을 꾸고, 다시 활력이 넘치게 해줄 수 있는 것은 오직 공부뿐이다. 뿐만 아니라 인생을 제대로 살고 성공하기 위해서는 전략과 지혜가 반드시 필요한 법이다. 전략과 지혜는 나이를 먹었다고 저절로 생겨나는 것이 아니다. 인생의 다양한 경험이 토대가 되어 40대 공부와 어우러질 때 생겨나는 것이다. 그러므로 40대여, 다시 한 번 공부에 미치자.

도전하는 40대만큼 아름다운 인생이 어디 있을까?
우리에게 남은 앞으로의 인생 후반은 40대 공부가 결정짓는다. 공부를 두려워 말고, 공부를 오롯이 즐기는 40대가 되어보자. 변화되어가는 자신을 날마다 흐뭇한 시선으로 바라보며, 그것을 즐기는 40대가 되어보자. 생각만 하고 도전하지 못했던 일을 과감하게 도전해보자. 이 책이 도와줄 것이다.

40대여! 공부의 기쁨에 빠져보자. 인생이 행복해질 것이다.
40대여! 공부의 기쁨을 누려보자. 인생이 풍요로워질 것이다
40대여! 공부의 기쁨을 느껴보자. 인생이 즐거워질 것이다.

출세하고 성공하기 위한 공부가 아니라, 오롯이 자신을 행복하게 해줄 공부를 할 수 있는 시기가 인생에 있어서 유일하게 40대이다. 자격증을 위한 공부, 졸업장을 위한 공부, 논문을 위한 공부가 아닌 자신을 뛰어넘을 수 있는 참된 공부를 제대로 즐기면서 할 수 있는 시기가 바로 40대이

다. 그러므로 40대여! 공부에 미쳐라. 공부를 즐겨라. 공부를 누려라.

공부는 기쁨의 원천이요, 즐거움의 시작이요, 유희의 과정이요, 환희의 요체이다.

10대와 20대가 죽었다 깨어나도 절대 알 수 없고 깨닫지 못하는 공부의 진짜 기쁨의 정수를 누릴 수 있는 나이가 바로 40대이다.

40대여, 다시 한 번 공부에 미쳐라.

인생을 더 나은 삶으로 인도하는 것은 부도 아니고, 지위도 아니고, 성공도 아니다. 아무리 부자가 되고 아무리 지위가 높아진다 한들 인생을 잘 살았다고 할 수 없다. 인생은 그러한 외형적인 성공보다 더 중요한 경험과 사고로 채워져야 할 필요가 있기 때문이다. 우리는 공부를 통해 우리의 삶을 제대로 살아나갈 수 있는 힘을 얻게 된다. 그것이 가능한 이유는 바로 공부를 통해 자신의 성장과 발전, 세상에 대한 의무의 발견과 실천, 그리고 삶에 대한 의미와 가치를 발견할 수 있기 때문이다. 더불어 공부를 통해서만 누릴 수 있는 지적 기쁨과 즐거움도 또한 무시할 수 없을 정도의 것들이며, 이러한 과정을 통해 부산물로 나오는 것이 바로 세상의 외형적 성공과 부와 지위인 것이다.

40대 공부의 비밀은 성공에 집착하지 않게 되지만, 결과적으로 성공하게 된다는 점이다.

40대가 해야 할 참된 공부는 과잉경쟁에서 승리하는 것이 목적이 아니라, 자신을 성장시키고 그 성장을 통해 나누는 것이다. 공부를 통해 기쁨과 즐거움이 넘치고 자신을 성장시켰을 때 그러한 기쁨과 즐거움을 사회에 나누어줄 수 있는 것이며, 자신이 성장되었을 때 사회와 후손들을 위해 가치 있는 일을 해내고 공헌하는 삶을 살 수 있는 것이다.

이처럼 40대 공부는 자기 자신만을 위한 이기적인 공부가 아니라 이타적인 공부가 그 뿌리이며 근본이다. 이러한 40대 공부에 독자 여러분들을 초대하고 싶다. 자, 40대여! 기쁨의 원천이며 삶의 활력소이며 성장의 토대가 되어줄 40대 공부에 오롯이 빠져들어보자.

배우기를 그만둔 사람은 20세든 80세든 늙은 것이라고 말한 헨리 포드의 말처럼, 우리는 늙었기 때문에 공부를 할 수 없는 것이 아니다. 공부를 하지 않기 때문에 늙는 것이다. 그것도 더 빨리 말이다. 공부를 하면 젊어지고, 건강해지고, 행복해지고, 성공한다는 말은 결코 틀린 말이 아니다. 20대 때는 그냥 아무렇게 살아도 늙지 않고, 불행하지 않고, 희망적이다. 하지만 40대 때는 공부하지 않고 살면 그것은 늙는 것이고, 불행해지는 것이고, 꿈이 없어지는 것이다. 이런 이유로 공부는 20대 때보다 40대 때 더 필요한 것이다. 40대 공부를 한 사람과 하지 않은 사람의 차이는 실로 엄청나다. 무엇보다 기쁨과 즐거움을 당신의 인생에 선사해줄 바로 그 40대 공부를 직접 만나보자.

인생 최고의 순간은 아직 오지 않았다. 하지만 공부하지 않는 자들에게는 그 순간이 영원히 오지 않을 수 있다. 반면에 공부하는 자들에게는 그 최고의 순간이 가장 높은 수준이 될 수 있을 뿐만 아니라, 반드시 그 순간을 맞이하게 되어 있다.

CONTENTS

: 프롤로그 :   40대들이여, 위대한 공부를 갈망하라   6
: 독자들에게 :   성공과 실패는 40대 공부에 달려 있다   11

40대, 위대한 공부를 시작하라

CHAPTER 1	인생은 길고 직장은 짧다	27
CHAPTER 2	화려한 과거든 어두운 과거든, 과거와 결별을 선언하라	36
CHAPTER 3	40대부터가 당신의 인생을 결정짓는 진짜 인생이다	42
CHAPTER 4	40대야말로 진짜 거인을 깨울 공부를 할 수 있는 시기이다	49
CHAPTER 5	인생의 성공과 실패는 40대 공부에 의해 결정된다	55
CHAPTER 6	40대여, 다시 한 번 공부에 미쳐라, 공부를 누리고 즐겨라	60
CHAPTER 7	진정 공부를 즐길 수 있는 시기는 바로 40대이다	69
CHAPTER 8	20대의 공부와 인생은 리허설일 뿐이다	77
CHAPTER 9	당신의 위대함은 40대 이후의 삶의 모습이 결정한다	82

02 PART

40대,
위대한 공부로 인생을 역전시켜라

CHAPTER 10	40대야말로 진짜 꿈을 꾸고, 진짜 공부를 할 때이다	89
CHAPTER 11	40대 공부를 통해 위대하고 큰 꿈을 꿀 수 있다	98
CHAPTER 12	40대 공부로 변화를 두려워하지 않고, 오롯이 즐길 수 있게 된다	109
CHAPTER 13	40대 공부로 뜨거운 열정을 품을 수 있게 된다	118
CHAPTER 14	40대 공부로 인생을 역전시킨 인물들의 위대함을 배울 수 있다	127
CHAPTER 15	당신을 위대함으로 이끄는 것은 위대한 재능이 아니라, 위대한 공부이다	133
CHAPTER 16	40대 공부로 인생의 참된 주인으로 거듭날 수 있게 된다	155
CHAPTER 17	40대 공부로 대기만성의 토대를 닦을 수 있게 된다	161
CHAPTER 18	40대 공부로 인생 후반기를 당당하게 살아갈 수 있다	164

03 PART

40대, 이제부터가 진짜 인생이다

CHAPTER 19	40대 공부로 끊임없이 자신을 발전시킬 수 있다	171
CHAPTER 20	40대 공부로 우리 안의 거인을 깨울 수 있다	175
CHAPTER 21	40대 공부로 활력과 유머를 되찾을 수 있다	180
CHAPTER 22	40대 공부로 재미와 즐거움을 회복할 수 있다	186
CHAPTER 23	40대는 가장 중요한 혁신의 시기이다	197
CHAPTER 24	40대 공부로 좋은 인간관계를 형성할 수 있다	202
CHAPTER 25	40대 공부로 고정관념을 타파할 수 있다	206
CHAPTER 26	40대 공부로 남과 다르게 생각하고, 남과 다른 것을 볼 수 있다	209

04 PART : 40대,
운도 공부하는 사람에게 더 많이 따라온다

CHAPTER 27	궁하면 반드시 통한다, 그리고 공부하는 자에게는 더 통한다	217
CHAPTER 28	인맥 형성도 공부하는 사람이 더 잘한다	222
CHAPTER 29	공부하는 사람이 더 건강하고, 더 오래 산다	228
CHAPTER 30	공부하는 자만이 부를 창출할 수 있다	233
CHAPTER 31	40대에 공부하는 사람은 진정 행복한 사람이다	237
CHAPTER 32	공부하는 사람이 진정한 인생의 의미와 가치를 발견할 수 있다	241
CHAPTER 33	공부는 지금까지의 자신을 뛰어넘을 수 있게 해준다	245
CHAPTER 34	40대 공부로 편안하고 익숙한 것들과 결별하라	249

05 PART 40대, 인생을 걸고 위대한 공부를 시작하라

CHAPTER 35	40대 공부야말로 실패와 시련을 두려워하지 않고, 즐길 수 있게 해준다	255
CHAPTER 36	40대에 공부하는 사람에게는 성공과 실패는 종이 한 장 차이에 불과하다	272
CHAPTER 37	40대 공부로 자신만이 할 수 있는 일, 가슴이 시키는 일을 하라	278
CHAPTER 38	40대 공부로 자신을 다시 어린아이처럼 가슴 뛰게 하는 일을 하라	283
CHAPTER 39	40대 공부는 도전할 힘과 용기뿐만 아니라, 실력까지 제공해준다	289
CHAPTER 40	40대 공부야말로 자신감을 주고, 포기하지 않게 해준다	296
CHAPTER 41	40대에 공부하는 사람은 모두 청춘이라 말할 수 있다	305
CHAPTER 42	40대 공부로 진짜 인생의 비전을 가질 수 있게 된다	310

: 에필로그 :	40대 공부는 인생 최고의 기쁨이며, 선물이다	321

01 PART

40대, 위대한 공부를 시작하라

인생은 길고 직장은 짧다 | 화려한 과거든 어두운 과거든, 과거와 결별을 선언하라 | 40대부터가 당신의 인생을 결정짓는 진짜 인생이다 | 40대야말로 진짜 거인을 깨울 공부를 할 수 있는 시기이다 | 인생의 성공과 실패는 40대 공부에 의해 결정된다 | 40대여, 다시 한 번 공부에 미쳐라, 공부를 누리고 즐겨라 | 진정 공부를 즐길 수 있는 시기는 바로 40대이다 | 20대의 공부와 인생은 리허설일 뿐이다 | 당신의 위대함은 40대 이후의 삶의 모습이 결정한다

이 세상의 그 어떤 위대한 것도 위대한 사람이 없이는 이루어질 수 없고,
사람은 스스로 위대해지기로 작정했을 때만 위대해진다.
- 샤를 드 골

나는 의식적인 노력으로 자신의 삶을 높이고자 하는
인간의 확실한 능력보다 더 고무적인 사실을 알지 못한다.
- 헨리 데이비드 소로

인생은 길고 직장은 짧다

CHAPTER

마흔! 젊지 않지만 젊은 나이!

우리가 누구든 상관없이 절대로 부인할 수 없는 한 가지 사실이 있다. 그것은 우리의 인생이 놀라울 만큼 길어졌다는 사실이다. 우리의 평균 수명은 거의 80을 넘어가고 있다. 이러한 추세는 매년 늘어가고 있고, 심지어 우리가 살고 있는 대한민국은 이 지구상에서 노령화 추세가 가장 크게 늘어나고 있는 나라 중에 하나이다.

불과 100년 전에만 해도 평균 수명이 40세 정도였다고 생각해볼 때, 지금은 그때에 비해 무려 2배나 더 긴 인생을 싫든 좋든 살아야 하는 시대이다. 물론 중도에 자살을 하거나, 사고를 당하거나, 불치의 병에 걸려 먼저 이 세상을 마감하는 사람도 있지만 평균을 따져보면 확실히 옛날보다 오늘날 오래 사는 사람들이 많은 것은 사실이다. 그것도 매우 건강한 상태로 노년을 즐기면서 살아가는 사람들이 많다.

심지어 18세기에 살았던 사람들에 비해서는 놀랍게도 평균 수명이 세 배 정도나 늘어났다. 한마디로 인간의 삶의 기간이 늘어났고, 그로 인해 삶의 모습이 바뀌었다고 말할 수 있다. 다르게 말하면 삶의 구조와 틀 자체가 바뀌었다고 말해도 될 것 같다.

이십 년 이상을 한결같이 한 직장에 충성스럽게 다니셨던 어떤 분이 50대 중반에 퇴직을 하셨다. 그동안 모아놓은 돈과 퇴직금으로 평생 먹고살기에 부족함이 없을 것 같아서 새로운 일을 시작하거나 뭔가를 하지 않고 그냥 편안한 노후를 보내었다고 한다. 그로부터 무려 30년이 지나 연세가 80대 중반이 되자, 비로소 자신이 크게 잘못 생각했다며 후회했다.

"내가 말이지, 정말 후회가 되는 한 가지는 말이야, 회사를 정년퇴임했을 때인 50대 중반이었을 때 새로운 무엇인가를 시작했다면 지금쯤 무엇인가를 성취했을 수도 있었을 텐데. 적어도 이렇게 죽을 날만 기다리며 허송세월을 보내지는 않았을 것인데 말이야. 지금이라도 늦었다고 하면 늦었겠지만, 새로운 무엇인가를 시작해보려고 하네. 그 30년의 세월이 너무 아까워!"

그러시면서 80대 중반의 나이에 새로운 것을 시작하시겠다고 다짐을 하셨다는 것이다. 인생이 충분히, 아니 너무 길어졌다는 사실을 꼭 명심하자. 제2의 인생, 제3의 인생을 사시는 분들이 우리 주위에 너무나 많다.

불과 50년 전 우리의 선배들은 이러한 이야기를 도저히 이해하지 못했다. 별나라의 이야기로만 생각할 수밖에 없었다. 그때와 지금은 너무나 많은 차이가 있기 때문이다. 우리의 선조들이 살아온 삶의 구조는 평균 수명이 너무나 짧았기 때문에 여러 단계로 나누는 것이 불가능했다. 20년씩을 한 단계로 나누어본다면 단순히 2단계 정도로밖에 나눌 수 없었다. 태어난 직후부터 평균 수명의 반인 20대의 나이가 될 때까지의 유년기와 청소년기와 청년기를 모두 합하여 제1단계인 성장기라고 할 수 있을 것이다. 그 후로 30대와 40대의 중년을 살다 보면 특별한 소수를 제외하고 거의 모든 사람들이 죽음을 맞이하게 되었다. 그래서 제2단계인 30대 이후의 20년, 즉 중년기가 바로 인생의 마지막 단계였다.

이것이 인간의 삶의 패턴이며 인생의 단계였다. 우리나라만 따져보아도 불과 65년 전인 1945년의 평균 수명은 47세였다. 하지만 이것이 점차 늘어나서 70년대에는 60세를 넘기고 80년대에는 66세까지 늘어났으며 90년대에는 70세를 넘었다. 2000년대에는 75세를 넘었고 2010년에는 80세를 넘었다. 삶의 패턴이나 인생의 단계가 1단계, 심지어 2단계 더 늘어났다고 말해도 과언이 아니다.

이로 인해 결혼 나이도 자꾸 늦어지고 있고 노처녀나 노인에 대한 연령 기준이 매년 바뀌고 있다. 하지만 가장 큰 문제는 우리의 의식이다. 우리의 의식은 아직도 평균 수명이 40세이던 때의 삶의 구조와 패턴을 가지고 있다. 그래서 20대가 인생에서 가장 중요하다고 생각하며, 너무 조급하게 인생의 성공과 실패를 스스로 판단한 채 자포자기상태로 비참한 인생을 살아가는 사람들이 너무 많다. 즉 20대 때 공부를 못 했다면 그 이후의 시기인 60년 동안에도 못 배운 사람으로 살아가는 사람이 대부분이다. 마찬가지로 20대 때 성공을 하지 못하거나 그럴 기미가 보이지 않으면 그 이후의 시기인 60년 동안에도 별 볼일 없는 사람으로 그대로 살아가게 된다. 하지만 이제 시대가 바뀌었고, 그 바뀐 시대가 우리에게 기회를 더 주었다고 할 수 있다. 왜냐하면 살아 있다는 것이 이제는 기회가 되어버린 시대이기 때문이다.

과거에는 신분의 수직 상승이 어려웠고, 책에 대한 접근조차 힘들었던 시대도 있었다. 그리고 책을 읽는 것이 평생 금지된 신분의 사람들도 있었다. 하지만 지금은 어떤가? 이 모든 것이 가능한 시대이다. 그러므로 인류 역사상 가장 많은 가능성의 시대에 우리가 살고 있음을 알아야 한다.

아무리 나누어도 2단계 이상으로 나눌 수 없었던 백 년 전의 인간 삶의 구조와 지금의 인생의 패턴은 너무나 다르다. 그리고 이러한 변화가 우리에게 요구하는 것은 길어진 40년을 어떻게 당당하게 잘 살아가느냐 하는 대처능력일 것이다. 누구에게는 길어진 40년이 재앙이 될 수도 있고, 또 누구에게는 축복이 될 수도 있다. 그것을 가르는 것은 본인의 삶의 자세와 선택이다. 혹자는 길어진 40년을 위해 자격증을 따놓아야 한다고 말한다. 또 혹자는 노후 대책으로 돈만 많이 있으면 걱정이 없다고 한다. 또 혹자는 건강하면 된다고 한다. 하지만 노후 대책을 넘어서 우리에게 추가된 40년을 당당하고 멋지게 살기 위해서는 근본적인 준비가 필요하다. 그 근본적인 준비란 변화를 넘어 자신을 성장시키고 자신을 넘어서는 공부라고 할 수 있다.

우리가 사는 이 시대는 성장기-청년기-중년기 – 노년기가 확실하게 구별되는 시대이다. 과거에는 '인생은 짧고 예술은 길다'라는 말이 진리였지만, 이제 더 이상 옳은 말이 아니다. '인생은 길고, 기술은 높다'라고 해야 하지 않을까? 과학 기술의 발달로 인해 민간인도 우주여행을 하는 시대가 눈앞에 다가 왔기 때문이다.

인생이 길어짐에 따라 우리의 삶의 모습도 너무나 많이 바뀌었다. 청년과 중년의 경계가 많이 허물어지고 있고, 중년과 노년의 경계가 많이 허물어졌다. 자신이 관리하기에 따라 어떤 사람은 중년의 나이에도 청년보다 더 청년답게 보이고, 실제로 몸과 마음이 젊어서 중년의 나이에도 젊음을 누리는 사람이 있으며 80, 90의 나이에 청년보다 더 젊고 재미있게 사는 노년들도 많아지고 있다. 세상이 바뀌어서 모든 것의 경계가 허물어지고 있는 것이다. 이러한 변화와 추세를 간과해서는 안 된다.

지금은 프로와 아마추어의 경계가 무너지고 있는 프로암의 시대이며, 생산자와 소비자의 경계가 무너지고 있는 프로슈머(Prosumer)의 시대이고, 학문의 경계가 무너지고 있는 융합의 시대이다. 이처럼 우리가 살아가고 있는 시대는 전통적인 경계들이 무너지고 있고, 새로운 도전과 변화가 끊임없이 발생하고 있는 변화의 시대이다.

인생이 길어짐에 따라 발생하는 변화 중에 가장 큰 변화는 40대 이후의 삶의 모습이다. 과거에는 한 사람과 결혼해서 십 년이나 이십 년만 참고 살면 그만이었다. 어차피 평균 수명이 길지 않았기 때문에 이혼한다는 것은 너무나 큰 손해이고, 거의 불가능했다. 하지만 이제는 60대의 황혼 이혼이 더 늘어나고 있다. 60대 이후에도 관리만 잘하면 20년 이상을 살 수 있기 때문이다. 60대에 대학에 입학하여 학문에 정진하는 사람들도 늘어나고 있다. 하물며 40대의 인생은 이것에 비하면 그 얼마나 청춘인가. 이것만 봐도 우리의 삶이 얼마나 많이 바뀌었는지 실감할 수 있다.

무엇보다 명심해야 할 한 가지 사실은 이렇게 길어진 인생을 어떤 사람은 행복하고 즐겁게 살면서 멋진 인생을 보내고 있지만, 또 어떤 사람은 길어진 인생이 오히려 재앙이 되어버리기도 한다는 것이다. 이 책은 이렇게 길어진 인생을 보다 더 잘 살고, 멋지게 살기 위해 우리의 마인드를 시대에 맞게 바꿔줄 것이다. 또한 인생에서 가장 중요한 시기는 이제 20대가 아니라 40대라는 사실, 그렇기 때문에 40대 공부가 필요하다는 점을 깨닫게 해줄 것이다.

인생이 길어졌음에도 불구하고 우리에게 가장 큰 재앙으로 다가온 것은 평생직장이 이제 완전히 사라졌다는 사실이다. 과거에는 평생직장이라는 개념이 엄연히 존재하였기 때문에 한번 취직을 하면 죽을 때까지 그 직장에서 일을 하는 것이 정상이었다. 그러나 이제는 평생직장이란 개념조차 없어졌다. 40대 초반만 되어도 시쳇말로 '사오정'이라 하여 퇴직을 걱정해야 하는 시대가 되었다.

한마디로 '인생은 길어졌고, 직장은 짧아졌다'.

이것이 40대 공부가 반드시 필요한 이유 중에 한 가지이다.

그렇기 때문에 40대 이후의 삶을 인생의 후반부로 생각하기보다는 또 다른 하나의 인생이라고 생각해보는 것도 나쁘지 않다. 왜냐하면 새로운 인생을 살기에는 과거에 연연하거나 집착하지 않고 그렇게 생각을 전환하는 것이 훨씬 유리하기 때문이다. 어쨌든 인생이 길어졌기 때문에 우리에게 주어진 중요한 과제는 길어진 인생을 제대로 인간답게 영위해나가야 한다는 것이다. 여기서 간과해서는 안 되는 점은 인생의 전반전인 40대 이전의 삶에서 아무리 큰 실패를 하고 아무리 큰 좌절과 절망을 했다 해도 인생의 후반전인 40대 이후를 멋지게 성공적으로 살게 되면 그 인생은 성공한 인생이라고 할 수 있다는 점이다. 인간은 반전을 더 중요하게 생각하고, 거기서 더 큰 감동과 희망의 메시지를 얻게 되기 때문이다. '끝이 좋으면 다 좋다'라는 말이 있을 정도로 끝이 중요하다는 것은 진리인 셈이다.

그렇다면 우리는 어떻게 살아야 할까? 기억도 나지 않는 20대 초반에 배운 대학교의 학과 지식으로 평생을 살고자 하는 것은 이제 너무나 어리석은 짓이 아닐 수 없다. 졸업한지 십 년이 지나고 이십 년이 지나게 되면 더 이상 학창시절에 배운 지식이 기억이 나지 않을 뿐만 아니라, 설사 기억이 난다 해도 세상이 너무나 빨리 변하기 때문에 지식 역시 폭증하게 되고, 기존의 지식들은 죽은 지식이 되어 사용 가치가 없어지고 결국 사용하지 않는 지식으로 분류되어 있을 확률이 매우 높다. 그래서 40대 이전까지는 어떻게든 버틸 수 있지만 40대 이후의 삶은 너무나 길어지고 복잡해졌기 때문에 아무 준비도 없이 잘 살고자 한다면 그것은 매우 큰 착오를 범하는 것이다.

길어진 40대 이후의 삶을 제대로 잘 살기 위해서 가장 필요한 것은 '40대 공부'이다. 공부는 우리로 하여금 미래를 잘 준비하게 만들어주고, 우리의 사고를 확장시켜줄 뿐만 아니라 유연하게 만들어준다. 그리고 공부는 길어진 인생을 보다 더 건강하고 활기차게 살 수 있도록 유도해줄 뿐만 아니라 크나큰 기쁨을 선사해준다.

아이들에게는 노는 것만큼 재미있는 것은 없다. 그래서 아이들은 놀 때 가장 행복하고 가장 건강하다. 인생의 산전수전을 다 겪은 40대 인생에게 가장 재미있는 것은 '공부'이다. 어떠한 재미있는 취미 생활도, 스포츠도, 게임도 공부보다 못하다. 불행하게도 이러한 사실을 수많은 40대들이 모르고 있거나 잊어버리고 있다. 하지만 이러한 사실을 일찍이 공자(孔子)는 알았던 것이다. 다행히도 현대의 수많은 40대들이 이 사실을 본능적으로 깨닫고 있지만, 실천으로 옮기고 도전해볼 용기가 없어서 포기할 뿐이다.

놀이를 과소평가해서는 안 된다. 놀이를 금지당한 쥐들은 죽음을 선택한다. 아니, 선택이 아니라 살 수가 없는 것이다. 마찬가지로 40대에게 공부를 금지시키는 것은 40대들이 참되고 제대로 된 인생을 살 수 없도록 눈과 귀를 가리는 것과 다를 바 없다. 과거에 권력자들은 이 사실을 알고 있었기에 책을 불태우고 독서를 금지시켰다. 지혜롭고 현명한 삶을 살지 못하게 하여 자신이 원하는 대로 다스리기 위한 우민정책의 하나가 바로 책을 허용하지 않고 공부하지 못하게 하는 것이었다. 왜 과거의 권력자들이 하나같이 국민들이 공부를 하지 못하도록 책을 불태우고 책을 금지시켰는지를 생각해보면 성인이 된 후의 공부가 얼마나 중요한 것이며, 얼마나 인생에 필요한 것이며 도움이 되는 것인지 가늠해볼 수 있다.

분명한 사실은 인생에서 40대 시기만큼 공부의 참된 기쁨을 제대로 누릴 수 있는 시기는 절대적으로 없다는 사실이다. 인생이 무엇인지 모르며 인생의 산전수전을 겪어보지 못한 10대와 20대들은 절대 공부의 참된 기쁨을 누릴 수 없다. 공부라는 것은 매우 심오한 인간의 고차원적인 활동이기 때문이다. 시험 공부, 졸업 시험 공부, 취직 공부, 승진 공부를 감히 공부라고 말해서는 안 된다. 그것은 참된 공부를 스스로 하기 위한 예비 공부에 불과하다.

참된 공부는 40대들이 비로소 할 수 있는 것이다. 현대 경영학의 창시자인 피터 드러커 박사 역시 이러한 사회의 모습을 잘 이해하고 주장했던 대표적인 학자이다. 그는 평생 학습을 해야만 생존이 가능한 평생 학습 사회를 주장한 바 있다. 그의 주장대로 이제 우리가 살아가야 할 사회는 산업 사회가 아니라 지식 사회이며 평생 학습 사회이다. 그리고 무엇보다 그는 사회의 구조 자체가 바뀐 것을 강하게 주장했고, 그의 주장은 이제 기정사실로 각계에서 받아들이고 있다.

사회의 변화에 따라 우리의 삶의 모습과 구조 역시 완전히 바뀌었다는 사실을 깨달아야 함은 말할 것도 없다. 여기서 더 나아가서 단순히 깨닫고 이해하는 수준에서 그러한 길어진 삶을 준비하는 수준까지 되어야 한다.

언제나, 그리고 어디에나 길은 존재한다. 문제는 우리가 그 길을 발견하고 찾을 수 있는 안목과 혜안이 있느냐 하는 것이다. 이러한 점에서 공부의 필요성이 부각된다. 그러한 길을 발견할 수 있는 안목과 혜안을 우리에게 가져다주는 것이 40대 공부일 뿐만 아니라, 그 발견한 길로 당당하게 걸어 나갈 수 있도록 자신을 성장시켜주는 것 또한 40대 공부이다.

화려한 과거든 어두운 과거든, 과거와 결별을 선언하라

이 세상에서 위대한 업적을 성취해낸 위인들 중에는 쉰이나 예순에 새로운 분야의 일을 시작하여 크게 성공을 이룩해낸 사람들이 생각보다 훨씬 많다. 그러므로 이미 지난 과거는 꼴도 보기 싫은 지저분한 쓰레기통 안에 과감하게 던져 넣어버릴 필요가 있을 뿐만 아니라, 반드시 그렇게 해야 한다.

과거에 어떤 큰 성공을 거두었든지, 혹은 어떤 큰 실패와 시련을 겪었든지, 이제 우리가 살아가야 할 앞으로의 인생에는 그것들이 아무 소용이 없다. 그러므로 절대 생각도 하지 말자. 과거의 성공과 실패에 대해서는 그 어떠한 미련도 집착도 갖지 말자. 왜냐하면 앞으로 살아가야 할 날들이 더욱더 소중하기 때문이다. 앞으로 살아가야 할 날들이 주축이 되고 토대가 되어 우리 인생의 성공과 실패가 결정되기 때문이다.

한 사람의 진면목은 40대 이후에 드러난다. 그 전에는 아무리 큰 성공을 했더라도, 아무리 화려한 삶을 살았다 하더라도, 심지어 아무리 큰 실패와 좌절을 맛보았다 하더라도 아무 상관이 없다. 그러므로 과거는 모두 쓰레기통에 집어넣어라. 그리고 힘차게 40대 인생을 새롭게 시작하자.

인생의 성공과 실패는 바로 40대 공부에 달려 있다. 그러므로 다시 20대로 돌아가려고 노력하지 말라. 20대에 아무리 큰 성공을 한다 해도 그것은 인생의 워밍업밖에 되지 않기 때문이다. 그리고 20대 때 겪은 큰 실패에 가슴 아파하지 말라. 20대에 경험한 큰 실패와 좌절은 오롯이 진짜 인생인 마흔 이후의 삶에 가장 좋은 성공의 밑거름이 되어 작용하기 때문이다. 수많은 위인들이 위인이 될 수 있었던 이유 중에 하나가 인생의 전반부인 20대와 30대에 남들이 한두 번도 경험해보지 못했던 큰 실패와 시련과 좌절을 겪어본 경험이 고스란히 인생에 녹아들어 있다는 것이다.

우리가 인생에서 성공하고 행복하기 위해서 가장 먼저 해야 하는 것은 바로 과거에 대한 집착을 버리는 것이다. 미국 버지니아 대학의 심리학과 교수인 티모시 윌슨 교수는 〈뉴욕 타임스〉에 기고한 '두 번 다시 생각하지 마라. (모든 것이) 다 괜찮다.(Don't Think Twice. It's All Right.)'라는 글에서 우리가 행복해지기 위해서는 과거에 얽매이지 않고 현재에 집중해야 한다고 주장했다. 또한 자기반성과 과거에 대한 자기 분석이 지나치면 오히려 나쁜 영향을 줄 수 있다고 경고한 바 있다.

우리에게 큰 용기와 희망을 주었던 헬렌 켈러 여사는 말했다.

"한쪽 문이 닫히면 다른 쪽 문이 열린다. 그러나 흔히 우리는 닫힌 문을 오래도록 보기 때문에 열려 있는 문을 미처 보지 못한다."

그의 말처럼 우리에게는 40대 이후라는 인생의 또 다른 문이 열려 있다. 그렇기 때문에 그 문을 힘차게 열고 나가기 위해서 가장 먼저 필요한 행동은 이제 닫혀버린 20, 30대의 인생에서 눈을 돌려 40대의 또 다른 인생을 바라보는 것이다. 그리고 20, 30대의 모든 인생을 과감하게 쓰레기통에 버리고 새롭게, 완전히 새롭게 다시 시작해야 한다.

어둡고 부끄러운 과거를 절대 뒤돌아보지 않고 쓰레기통에 과감하게 버림으로써 큰 성공을 이룩한 인물이 있다. 바로 미디어 제왕으로 세계 최고의 기부자인 CNN 창립자 테드 터너이다.

"어두운 과거는 뒤돌아보지 않는다. 나는 미래다."

그는 정말 힘들고 외롭고 고독한 어린 시절을 보내야 했다. 그것도 모자라서 아버지의 자살이라는 끔찍한 경험을 해야 했으며, 매우 혼란스럽고 불안정하고 방황하는 삶의 경험을 겪어야 했다. 급기야 대학도 중퇴해야만 했던 그는 성공이 아닌 실패로 가득 찬 인생을 살았다. 하지만 그로 하여금 미디어 제왕이라는 큰 성공을 할 수 있도록 해준 것은 바로 과거를 돌아보지 않고 과거의 기억을 모두 쓰레기통에 헌신짝 버리듯 버림으로써 날마다 앞으로 전진할 수 있었기 때문이라고 할 수 있다.

이러한 점을 요한 볼프강 폰 괴테 역시 다음과 같은 한마디 말로 잘 표현해주었다.

"더 나은 미래를 상상하지 않으면 헛된 과거에 집착하게 된다."

그의 말처럼 우리는 두 가지 인생을 살아가는 자세 중에서 하나를 선택해야만 한다. 그것은 바로 과거에 연연하며 집착하며 살 것인지, 아니면 미래를 향해 마음껏 상상하며 나아갈 것인지를 말이다. 여기서 분명하게 말할 수 있는 사실은 과거를 마음에 품고 사는 사람들은 한결같이 고달프고 힘들고 불행한 삶을 살게 된다는 사실이다. 왜냐하면 우리는 우리의 과거를 바꿀 수도 없을 뿐만 아니라, 그 과거로 되돌아갈 수도 없기 때문이다. 이런 이유에서 과거의 그 어떤 성공이든, 그 어떤 실패든 모두 흘려보내야 하는 것이다. 그것이 힘든 사람은 그냥 쓰레기통에 넣어버리면 된다. 쓰레기통에 넣어버린다는 것은 이제 우리에게는 아무 쓸모가 없으며, 가지고 있으면 공간만 차지하여 새로운 미래를 받아들일 공간이 줄어들기 때문에, 백해무익하다는 사실을 잘 알고 있기에 마음속에서 완전히 비워내버린다는 의미이다.

세계에서 가장 많이 읽히고 있는 성경 말씀에도 이와 비슷한 말이 나온다.

"손에 쟁기를 들고 뒤를 돌아보는 자는 하나님의 나라에 합당치 아니하니라."

이 말은 예수님께서 하신 말씀으로, 크리스천들이 구원받기 이전의 죄악 된 삶에 대해 연연해하지 말고 하나님의 말씀대로 앞에 것, 즉 하나님의 나라와 하나님의 의만 구하며 전진하라는 뜻을 가지고 있는 듯하다. 물론 이것보다 더 심오하고 놀라운 의미도 있을 것이다. 좀 더 깊게 알고 싶은 독자는 이번 기회에 가까운 교회로 가서 목사님께 물어보고 사귐을 가져보는 것도 나쁘지 않다. 이 말씀의 깊이 있고 제대로 된 해석은 교회

목사님들께 맡기자. 이 책에서 잊지 말아야 할 한 가지 중요한 사항은 하나님의 나라를 소망하며 살아가는 자들이라도 과거의 세상적인 삶에 미련을 두고 그것을 기억하며 새로운 신앙생활을 하게 되면 제대로 된 천국시민이 될 수 없듯이, 우리가 새로운 40대 인생을 살고자 한다면 절대 과거의 삶에 대해서 미련을 두지 말고 그것에 연연해하지 말라는 것이다.

이것은 그 사람이 실패를 했을 경우만을 염두에 두고 말하는 것이 절대 아니다. 성공을 했던 과거가 있다 해도 그 성공에도 연연해하지 말아야 한다. 갈수록 큰 성공을 하고 성장과 발전을 하는 사람들은 절대 과거를 거들먹거리지 않는다. 과거는 과거일 뿐이기 때문이다. 과거의 달콤한 성공과 화려했던 잘나가던 시절이 있다 해도 그것을 완전히 쓰레기통에 헌신짝 버리듯 버려야 한다. 왜냐하면 그것을 자꾸 생각하고 머릿속에 떠올리게 되면 현재에 집중할 수 없게 되고, 발전이 없게 되기 때문이다. 우리의 발전을 가로막는 것은 실패보다 과거의 성공에 대한 기억일 수 있다.

지난 10년간 자기계발서의 걸작으로 평가받고 있는 구본형 씨의 《익숙한 것과의 결별》이란 책에 다음과 같은 말이 나온다.

"과거의 성공은 오늘의 변화에 짐이 된다. 성공은 곧잘 우리를 도취하게 만든다."

그의 말처럼, 우리가 변화를 추구하고 성장하기 위해서 가장 중요한 것은 과거의 성공조차도 완전히 버려야 한다는 것이다. 그렇게 하지 않으면 우리는 과거의 성공에 도취되어 앞으로의 삶을 살아내지 못하게 되기 때문이다.

대기업에 39세 최연소 이사로 임명되었지만 직장생활에 회의를 느껴 자의 반 타의 반으로 회사를 그만두고 40대 초반에 새로운 컨설턴트로서의 삶을 선택한 한근태 한스컨설팅 대표 역시 인생의 초년에 성공하는 것에 대해 매우 조심해야 한다고 당부한다.

"인생에서 조심해야 할 3가지가 있다. 초년 성공, 중년 방황, 말년 빈곤이 바로 그것이다."

특별히 초년의 성공은 자기 자신에 대한 진정한 탐색 없이 쉽게 이루어진 것이기 때문에 '초년의 성공'은 중년의 방황과 말년의 빈곤으로 가는 지름길이 될 수 있다는 것이다.

이처럼 과거에 우리가 성공을 했는지, 실패를 했는지는 중요하지 않다. 중요한 것은 과거의 삶이 성공이었든 실패이었든 상관없이 그것들과 연연하지 않는 것이 새로운 시작과 성장의 첫걸음이라는 점이다. 그러므로 과거의 모든 기억은 헌신짝 버리듯 쓰레기통에 집어넣어 버리고, 새로운 시작과 도약을 준비해야 한다는 것이다.

CHAPTER 03
40대부터가 당신의 인생을 결정짓는 진짜 인생이다

"나의 40대 초반은 그동안 쌓아왔던 신뢰나 명성의 대부분을 날려버리는 것으로 시작되었다. 40년 동안 힘들게 노력하여 착실히 모은 돈을 잘못된 투자 결정으로 탕진한 셈이었다. 그리고 '이제 어떻게 살아가야 하는가'라는 새로운 과제가 내 앞에 주어졌다."

이 말은 40대 초반에 그 당시로는 생소했던 1인 기업가로 엄청난 모험을 시작했던 공병호경영연구소 소장의 말이다. 40대 초반에 시작한 1인 기업가의 삶을 통해 공병호 소장은 진짜 인생을 살고 있다고 볼 수 있다. 그를 알고 있는 수많은 사람들은 그가 그 전에 어떤 회사에서 어떤 직책을 맡았으며 어떤 성과를 이룩했는가에 대해서는 잘 알지 못한다. 그저 40대 이후에 새롭게 시작한 1인 기업가인 공병호경영연구소 소장으로 그를 평가하고 있고 알고 있기 때문이다. 뿐만 아니라 공병호 소장 본인도 그 이전에 다니던 회사들이 자신을 정의하는 것들이 아니라, 40대 이후에 새롭게 시작한 자신의 인생이 자신의 인생의 성공과 실패를 비롯한 모든 것을 결정짓는 진짜 인생이라는 데 동의할 것이다.

이러한 점은 세계적으로 유명한 나폴레옹이나 링컨 대통령, 셰익스피어, 조앤 K. 롤링, 마가렛 미첼, 오프라 윈프리와 같은 인물들도 마찬가지이다. 그들의 후반기 인생이 바로 그들이라고 우리는 알고 있고, 실제로 그렇다.

누가 셰익스피어와 같은 대문호를 실패한 양모사업가로 생각할까? 누가 링컨 대통령을 실패한 상점경영인으로 생각할까? 누가 오프라 윈프리를 첫 직장이었던 방송국에서 쫓겨난 실업자라고 생각할까? 누가 나폴레옹을 실패한 수필가로 생각할까? 누가 조앤 K. 롤링을 이혼녀이며 실업자로 생각할까?

하지만 그들은 실패한 사업가였고, 실패한 상점경영인이었고, 첫 직장에서 실력을 인정받지 못해 쫓겨난 실업자였고, 재능을 인정받지 못한 불운한 수필가였고, 결혼에 실패한 이혼녀였으며, 직장마저 잃어버린 실업자이기도 했다는 사실을 우리는 알아야 한다.

다시 말해 셰익스피어는 다양한 직업들을 경험하지만, 결정적으로 양모사업가로는 실패자였다. 하지만 그는 결국에는 위대한 문호가 되었다. 링컨은 또 어떤가? 상점경영인으로 도전을 했지만 보기 좋게 실패를 했고, 사업가로 변신을 했지만 또 실패를 하게 되어 완전히 파산하게 되었다. 그 결과 그는 어마어마한 빚을 지게 되어, 그 후 17년 동안이나 일을 하면서 갚아야만 하는 처량한 신세가 되었다. 하지만 그는 결국에는 존경받는 역사적 인물이 되었다. 조앤 K. 롤링도 결혼에 실패했고, 직장에서도 쫓겨났다. 오프라 윈프리도 첫 직장에서 방송하고는 어울리지 않는 외모 때문에 쫓겨났다. 〈바람과 함께 사라지다〉의 작가인 마가렛 미첼도 그의 직업이었던 기자로서는 큰 성공을 하지 못했다. 세계를 정복한 정복자 나폴레옹도 수필가로는 실패자에 불과하다.

이들처럼 인생의 초반에 무엇을 했고 어떤 실패를 했다 해도 결코 그러한 것들이 우리의 인생을 결정하지 못하게 해야 한다. 왜냐하면 40대에 새로운 직업을 선택하여 크게 성공할 수 있기 때문이다.

이처럼 인생을 살면서 첫 직업이나 첫 직장에서 실패를 하여 새로운 것에 도전하여 크게 성공한 사람은 나열하기 힘들 정도로 너무나 많다. 더군다나 인생이 길어진 이 시대를 살고 있는 사람들에게는 두 번째 직업뿐만 아니라 세 번째 직업도 도전해볼 만하다. 즉 길어진 인생 덕분에 기회가 더 많아진 것이다.

지금 이 시대를 살고 있는 우리들은 이런 점에서 정말로 너무나 행운아들이다. 과거에는 20대와 30대 때 정신없이 먹고살기 위해 돈만 벌다가 인생이 마감해버렸고, 인생의 후반부가 없었다. 그들의 평균 수명이 고작 20~40세였기 때문이다. 그래서 이때는 한번 정한 직업을 바꾸기가 좀처럼 쉽지도 않았을 뿐만 아니라 멍청한 짓일 수밖에 없었다. 불과 200년 전 인류의 평균 수명이 얼마나 짧았는지 《길어진 인생을 사는 기술》의 저자인 슈테판 볼만은 자신의 저서를 통해 아주 잘 설명해준다. 그 책에서는 200년 전 영국 문학에서 유명한 브론테 가문의 여섯 자녀들의 평균 수명을 제시한다. 장녀 마리아가 결핵을 앓다가 11세에 죽었고, 차녀인 엘리자베스도 결핵으로 열 살 때 죽었다. 그리고 《제인 에어》, 《셜리》, 《빌레트》라는 소설을 발표한 셋째 샬럿 브론테는 여섯 자녀들 중에서 가장 오래 살았던 사람인데, 고작 39세까지 살았다. 그리고 남매들 중 외아들인 브랜웰은 31세에 생을 마감했다. 《폭풍의 언덕》을 쓴 에밀리 브론테는 30세 때 폐렴으로 생을 마감했다. 그리고 또 다른 자매인 앤 브론테는 29세에 생을 마감했다.

평균적인 가정의 여섯 남매의 평균 수명은 25세였다. 그래서 이때 사람들은 도저히 지금 우리들의 삶을 이해할 수 없다. 지금은 40 청년이라는 말이 나돌고 있고 '인생은 60부터'라는 말도 오래전부터 유행하고 있으니 말이다.

결론은 지금 이 시대를 살고 있는 우리들은 가능성을 펼칠 수 있는 완벽한 삶의 기회를 가지고 있을 뿐만 아니라, 40세부터 시작되는 또 다른 새로운 인생을 살아갈 시간적 기회를 부여받았다는 사실이다.

20대와 30대는 인생이라는 소용돌이 속에서 정신없이 학업과 취업과 돈벌이에 냉혹하게 내몰리는 시기가 되었다. 돈 벌기에 급급한 인생이 아닐 수 없다. 이때는 인생이 무엇인지 몰라 어리둥절하다가 대학을 들어가고, 또 취업을 하고, 그러다가 결혼을 하고, 돈을 벌면서 살아가게 되는 시기라고 볼 수 있다. 그래서 인생의 주인이라기보다는 정해진 사회 시스템에 그대로 복종해야 하는 노예로 살 때가 훨씬 더 많다. 이러한 모든 시스템을 통과하고 비로소 혼자 독립할 수 있는 시기가 바로 40대인 것이다. 이때부터 인생의 주인이 되어 살아갈 수 있게 된다.

그렇기 때문에 불혹의 나이인 사십부터가 진짜 인생이라고 말할 수 있다. 중국의 최고 지성인 공자는 자신의 40대의 나이를 회고하면서 불혹(不惑)이라고 말한 바 있다. 사람이 사십이 되어야 비로소 어떠한 유혹에도 흔들리지 않는 큰마음을 체득하게 된다는 것이다. 공자를 이어 맹자도 40대의 나이에 대해 부동심(不動心)이라고 말했다. 즉 인간은 마흔이 되어야 비로소 어떠한 것에도 흔들리지 않는 마음을 가질 수 있게 되어, 흔들리지 않는 삶을 살 수 있다는 말이다. 이러한 이유로 우리 인생은 마흔부터 진짜 인생이라고 할 수 있다.

세상의 온갖 것에 이리 흔들리고 저리 흔들리는 20, 30대 인생은 진짜 인생이라고 할 수 없다. 이때는 남들보다 더 많이 고생을 하고, 남들보다 더 많이 실패를 경험해보고, 남들보다 더 많이 흔들리고, 남들보다 더 많이 실수를 했음을 감사해야 한다. 이런 것들이 땅속으로 깊이 뿌리를 내릴 수 있게 동력이 되어주고, 고스란히 뿌리에 귀한 거름이 되어주기 때문이다.

기회는 준비하는 사람에게만 오는 것이다. 하지만 진짜 기회는 마흔 이후에 온다. 우리가 결혼을 할 때만 봐도 그렇다. 진짜 결혼할 사람은 연애에 대해 눈을 뜨게 되는 20대 초반에 만나는 사람이 아니라, 연애에 대해서 산전수전을 다 겪고 난 후 30대 초반에 만나는 사람일 공산이 큰 경우가 거의 대부분이기 때문이다. 이처럼 인생의 성공과 실패를 가늠할 수 있는 진짜 일생일대의 기회는 마흔 이후에 오는 법이다.

20대에 일찍 성공한 사람은 어떻게 보면 불행하다. 더 큰 성장이 힘들어진다. 더 큰 발전이 힘들어진다. 더 큰 자기계발이 힘들 수밖에 없다.

그래서 너무 일찍 성공해버린 이들에게는 인생의 후반부가 그렇게 즐겁지 않다. 이미 인생 최고의 날을 경험해버렸기 때문이다.

하지만 그렇게 큰 성공을 해보지 않았던 우리들, 오히려 너무 많은 실패와 실수와 좌절을 겪은 우리들은 이제부터 인생 최고의 날을 위해 힘차게 달려갈 수 있기에 가슴 벅찬 진짜 인생이 펼쳐지는 것이다.

빨리 핀 꽃은 빨리 지게 되어 있고, 가장 아름다운 꽃은 가장 늦게 피는 법이다. 그래서 사람 인생의 진면목은 그 사람이 인생의 산전수전을 다 겪은 후인 마흔 이후에 드러나게 되어 있다. 그래서 40대 이후의 삶이 그 사람 인생의 진짜 요체라고 할 수 있는 것이다.

전나무가 아름다운 꽃을 피우기 위해서는 혹독한 환경이 꼭 필요하듯, 우리가 성공적인 삶을 살기 위해서는 20, 30대의 혹독한 시련과 실패와 아픔과 고난이 꼭 필요한 것이다. 큰 아픔과 시련과 실패를 겪어본 사람들과 20, 30대에 승승장구하면서 성공만 경험한 사람들이 차이가 나는 것은 진짜 인생인 40대 이후의 인생부터이다.

너무 일찍 성공해버린 이들에게는 더 이상 아름다운 꽃을 피울 혹독한 환경이 없기 때문에 성장이 멈추고 발전이 멈춘 인생을 살게 되지만 20, 30대에 혹독한 환경을 거친 이들에게는 얼마든지 아름다운 꽃을 피울 환경이 있어서 지금까지보다도 더욱더 큰 발전과 성장이 있고 최고의 날이 기다리고 있는 법이다.

우리가 부끄러워해야 하는 것은 성공하지 못했다는 것이 아니다. 우리가 진정 부끄러워해야 하는 것은 평생 동안 단 한 번도 자신을 뛰어넘어보기 위해 실패를 무릅쓰고 도전해보지 않았다는 것이다. 평생 동안 단 한 번의 실패도, 단 한 번의 거절도, 단 한 번의 좌절도 겪어보지 않은 사람은 인생을 낭비한 사람임에 틀림없기에, 이것이 가장 부끄러운 인생이다.

이러한 부끄러운 인생을 살았다 해도 이제부터가 진짜 인생이기에 우리에게는 희망이 있다. 진짜 도전이 무엇인지, 진짜 자신을 극복하고 뛰어넘는 삶이 무엇인지, 그 진면목을 보여줄 시기가 이제 우리에게 다가온 것이다.

자, 이제 때가 되었다. 우리 자신의 진면목을 이 세상에 보여주자. 이제부터가 진짜 인생이다.

40대야말로 진짜 거인을
깨울 공부를 할 수 있는 시기이다

 참된 공부, 진짜 공부는 40대 공부라고 말할 수 있다. 그것은 인생의 산전수전을 다 겪은 후에야 사심 없이 공부를 대할 수 있게 되기 때문이다. 일찍이 중국의 장자(張子)는 공부에 대하여 다음과 같이 말을 했다.
 "출세할 생각으로 공부한다면 공부에 해가 된다. 그런 생각을 가지면 반드시 이치에 맞지 않는 말을 하면서 견강부회하게 되므로 문제를 일으킨다. 공부하는 사람은 뜻이 작거나 기(氣)가 가벼워서는 안 된다. 뜻이 작으면 쉽게 만족하고, 쉽게 만족하면 발전이 없다. 또 기가 가벼우면 모르는 것을 아는 체하고, 배우지 않은 것을 배운 체한다."
 40대는 인생의 풍파를 어느 정도 다 겪어본 사람들이기 때문에 뜻이 작지 않고 기가 가볍지 않다. 그리고 출세나 성공을 위해, 대학 졸업장을 위해서 공부하는 20대와 근본적으로, 질적으로 다른 공부를 할 수 있는 시기이다. 그러므로 산전수전을 다 겪어보고 인생의 쓴맛과 단맛을 다 맛본 40대들이야말로 인생의 진짜 공부를 할 수 있는 것이다.

우리가 경계해야 할 공부 중에 하나는 경험이 토대가 되어 인생의 수많은 경험이 어울려져서 재창조되는 공부가 아닌, 단지 사유에만 전적으로 의지하는 사변적인 공부이다. 이러한 공부의 폐해 때문에 우리나라에서도 몇 년 전부터 다양한 비즈니스 현장에서 오랫동안 실제 비즈니스 경험을 하고 인생의 산전수전을 다 겪어본 이들의 경험을 소중히 여겨 법학전문대학원 제도가 시행되었다고 할 수 있다. 오직 책상에서 암기와 사유를 통해 인생의 경험이 전무후무한 법대생들이 법적 지식을 머리에 집어넣기만 하면 판사가 되고 검사가 되는 폐해를 막기 위한 것이다. 고지식하다고 할 수 있는 법조계에서도 인생의 경험이 매우 중요하다는 사실을 뒤늦게 깨닫고, 경험과 지식이 제대로 어울러질 수 있는 제도를 시행한 것이라고 볼 수 있다.

인생의 모든 경험이 제대로 지식에 녹아들어 경험과 지식이 융합하고 통합하여 이전에는 미처 생각하지도 못했던 멋진 인생을 만들 수 있는 진짜 공부는 40대 이후의 공부라고 할 수 있다.

중국의 장자가 남긴 말은 40대 공부와 매우 잘 맞아떨어진다. 다시 한 번 그의 말을 들어보자.

"공부하는 사람은 뜻이 작거나 기(氣)가 가벼워서는 안 된다. 뜻이 작으면 쉽게 만족하고, 쉽게 만족하면 발전이 없다. 또 기가 가벼우면 모르는 것을 아는 체하고, 배우지 않은 것을 배운 체한다."

그의 말처럼 참된 공부를 하고자 하는 사람에게 반드시 필요한 것은 큰 뜻과 무거운 기(氣)라고 할 수 있다. 큰 뜻과 무거운 기는 바로 40년 동안의 인생의 모진 풍파를 다 겪어본 후에야 생기는 것이다.

아무리 재능이 있고 능력이 뛰어나고 머리가 좋다고 해도 20대가 생각하는 생각과 40대가 생각하는 생각이 차원이 다를 수밖에 없다. 인생을 살면서 몸소 배우고 익히게 되는 경험과 체험은 그 어떤 것과도 비교할 수 없을 만큼 값진 것이기 때문이다. 그래서 40대들이야말로 장자가 말한 공부하는 사람이 갖추어야 할 조건을 제대로 갖춘 시기라는 것이다.

20대 청춘들은 매우 에너지가 넘친다. 하지만 그 에너지가 너무 가벼워 쉽게 경거망동하는 것을 우리는 알고 있다. 그러한 경거망동하던 20대를 몸소 경험해봤기 때문이다. 20대 때는 기가 가벼워 모르는 것도 아는 체하지 않았던가? 알량한 자존심이라는 것 때문에 말이다. 그리고 20대 때는 작은 성공을 통해 너무나 경거망동하며 온 세상을 다 가진 듯 기뻐 날뛰지 않았던가? 우리는 그러한 20대를 살아봤던 사람들이다. 어설프고 덜 익은 20대를 지나왔기에 이제는 어느 정도 가볍지 않은 40대가 될 수 있었던 것이다. 그러므로 인생을 바라보는 시각이 작지 않으며 뜻이 작지 않고 기가 절대 가볍지 않은 40대의 시기가 비로소 공부를 제대로 할 수 있고 그를 통해 큰 기쁨과 즐거움, 그리고 발전과 성장을 할 수 있는 최고의 시기라고 말할 수 있다.

세계적으로 가장 영향력 있는 경영 구루 중에 한 명인 세스 고딘은 자신의 명저인 《린치핀(Linchpin)》이란 책을 통해, 현대 사회의 조직이라는 시스템이 현대인들의 창의성과 천재성, 그리고 예술성을 말살시키는 주범이며, 학교나 기업이라는 조직에 있는 사람들은 언제나 대체 가능한 표준에 가까워지는 사람으로 길러지기 위해 항상 세뇌를 당하면서 자신의 잠재력을 모두 사장시키고 있다고 주장한 바 있다. 사회와 기업과 학교가 원하는 사람이 되기 위해, 즉 조직이라는 시스템에 자신을 끼워 맞추고 이 사회에 발맞추어 나가기 위해 피나는 노력을 하며, 스펙을 쌓고 자신의 창조성과 천재성을 죽이고 예술성을 억압해오는 사람들이 바로 다름 아닌 현대의 직장인들이라고 말한다.

뿐만 아니라 학교와 기업에서 배우고 있는 것들은 기업과 조직에서 언제나 대체 가능한 표준적인 사람들을 만들기 위해 창의적이고 독창적인 생각을 하지 못하는, 이른바 생각 없는 공장노동자들과 직장인들로 세뇌하기 위한 거대한 사기라고 주장하기도 한다.

그의 말대로 공장의 노동자들과 기업에 속한 직장인들은 무엇보다도 자신의 천재성이나 창의성을 발휘하지 않아도 생계가 보장되고 먹고살 수 있도록 직장과 조직이 만들어주었다. 이러한 시스템이 수많은 천재들을 보통 사람으로 살다 가게 만든 주범이고, 그 주범의 가장 큰 시스템은 바로 '경제' 시스템이라고 할 수 있다.

특히 20대와 30대일 때는 기업과 학교에서 시키는 대로 잘 따르기만 하면 잘 먹고 잘 살 수 있다는 사회적 보장과 확실성을 얻는다. 그 대가로 참된 공부에 대한 자유와 권리를 포기하며 세상이 시키는 대로의 시험 공부, 졸업 공부, 취업 공부, 승진 공부라는 공부의 가면을 썼지만 참된 공부가 아닌 것을 하며 스펙 쌓기에만 연연한 그런 시기라고 할 수 있다.

이러한 공부는 자신을 보다 더 자신답게 만들고 자신의 강점을 더 강화시키고 그로 인해 자신을 뛰어넘어 더 훌륭한 사람으로 이끄는 효과를 주지 못한다. 오히려 사회와 조직이 원하는 표준에 가깝고 누구라도 대체 가능한 그런 소모품에 불과한 사람을 만드는 것이다. 20대와 30대에는 이러한 사회적, 조직적, 기업적 상황에서 벗어나 자신만의 공부를 하기란 쉽지 않다.

하지만 인생의 산전수전을 다 겪은 후인 40대는 비로소 사회적, 심리적으로 독립이 가능하며, 조직이나 기업 시스템에서 어느 정도 벗어날 수 있는 시기이다. 이때가 바로 참된 공부를 할 수 있는 최고의 시기라고 말할 수 있다. 그래서 시스템에 상대적으로 덜 영향을 받을 수 있고 어느 정도 내공이 쌓인 40대야말로 자신의 천재성과 예술성, 그리고 창의성을 깨울 수 있는 공부를 할 수 있는 최고의 시기라는 것이다.

40대 때부터 새로운 제2의 인생을 살아야 한다는 사실을 영국의 대표적인 경영 사상가인 찰스 핸디는 자신의 저서인 《코끼리와 벼룩(The Elephant And The Flea)》이란 책을 통해 잘 말해주고 있다.

이 책에서 코끼리는 대기업이고, 벼룩은 그 기업을 떠나 홀로서기를 하며 살아야 하는 프리랜서를 의미한다. 과거 직장의 고용문화는 평생직장이었지만, 현대는 인터넷 시대의 도래로 인해 고용 문화가 완전히 바뀌었다. 그로 인해 우리는 벼룩의 삶을 준비하며 살아가야 한다는 사실을 잘 말해주고 있다. 무엇보다 벼룩으로 상징되는 포트폴리오의 삶은 일하는 시간이나 휴식 시간, 업무량이나 마감시간 등을 모두 스스로 결정할 수 있다는 자유를 누릴 수 있지만, 소속감의 상실에 따른 공허와 두려움을 느낄 수 있다고 한다. 그래서 이러한 부정적인 감정에서 탈출하기 위해서는 균형 잡힌 포트폴리오를 구축해야 한다고 말한다. 그가 말하는 균형 잡힌 포트폴리오는 돈을 벌 수 있는 일과 자원 봉사, 집안 일, 운동, 학습(공부)과 같은 5가지 유형의 활동이다.

세상에서 가장 영향력 있는 경영사상가 중에 한 명인 그도 학습, 즉 공부의 중요성에 대해 말하고 있다. 그리고 《프리 에이전트의 시대가 오고 있다》의 저자인 다니엘 핑크(Daniel Pink)도 20세기가 대표적인 조직인간 직장인들이 경제의 주체였던 시대라면, 21세기는 프리 에이전트가 경제의 주체가 되는 시대라고 단언한다. 그가 말하는 프리 에이전트는 어떤 사람일까? 그는 다음과 같이 정의한다.

'아침에 출근하고 저녁때 돌아오는, 한 명의 고용주가 있는 단일하고 정규적이며 연중 지속되는, 영속적인 일자리를 갖고 있지 않은 직업'

무엇보다 그가 말하는 프리 에이전트는 어떠한 일을 하느냐 하는 일의 유형을 가리키는 것이 아니라, '삶의 방식'을 가리킨다고 한다. 즉 '독립 근로자'로서 조직에 종속되어 출세나 돈에 연연해하며 그러한 것들로 성공 여부를 판단하는 직장인들과는 달리, 자유나 열정, 일에 대한 사랑과 삶에 대한 균형 등 정신적인 면을 더 중요시하며 자신이 스스로 정한 스케줄에 따라 자유롭게 일을 하는 사람들이라고 한다.

이러한 시대적 변화를 맞이하고 있는 우리들에게 40대 공부는 선택이 아니라 이 시대를 살아가기 위한 필수 전략이 아닐 수 없다.

인생의 성공과 실패는
40대 공부에 의해 결정된다

《생각의 지혜》란 책의 저자인 제임스 앨런은 자신의 저서를 통해 성공과 실패에 대해 매우 중요한 한 가지 교훈을 설파하고 있다. 제임스 앨런이 주장하는 것은 '성공과 실패는 우리의 생각에 전적으로 달려 있다'라는 교훈이었다. 우리가 어떤 생각을 하느냐에 따라 그 생각과 동일한 종류의 삶을 살아간다는 것이다. 그래서 긍정적인 생각을 하게 되면 우리의 삶도 긍정적인 삶으로 바뀌게 되고, 반대로 부정적인 생각을 하게 되면 우리의 삶도 부정적인 삶으로 바뀌게 된다는 것이다.

그 책에서 주장하는 '성공과 실패는 우리의 생각에 전적으로 달려 있다'라는 교훈은 매우 설득력 있는 주장임에 틀림없다. 우리의 삶을 이끄는 것은 바로 우리의 생각이기 때문이다.

소가 수레를 이끌듯 우리의 생각이 우리와 우리의 삶을 이끈다. 이것은 진리이다. 그리고 우리가 생각을 좀 더 구체적으로, 좀 더 현명하게, 좀 더 크게, 좀 더 넓게, 좀 더 위대하게, 좀 더 성공적으로, 좀 더 긍정적으로 한다면 우리의 인생도 역시 좀 더 구체적이 되고, 좀 더 현명하게 되고, 좀 더 큰 인생이 되고, 좀 더 넓은 인생이 되고, 좀 더 위대한 인생이 되고, 좀 더 성공적인 인생이 되고, 좀 더 긍정적인 인생이 된다는 사실은 의심할 바가 아니다.

문제는 이러한 생각을 바꾸기가 매우 힘들다는 사실이다. 하지만 전혀 불가능한 것은 아니다. 우리의 생각이 전적으로 바뀌는 것은 우리가 사용하는 어휘의 수준과 우리가 접하고 경험하게 되는 세상의 넓이와 만나는 사람에 달려 있다고 할 수 있다.

바로 이 대목, 즉 우리의 생각을 바꾸기가 쉽지 않다는 사실과 인생을 살아오면서 사고의 틀이 굳을 대로 굳은 40대들에게 그것이 더욱더 심한 현상으로 존재하고 있다는 점이다.

바로 이 점에서 인생의 성공과 실패를 결정하는 것은 바로 40대 공부라는 점이 더욱더 명확해지고 설득력을 얻게 된다. 왜냐하면 20대와 30대까지는 근근이 10대를 거쳐 20대에 해놓은 공부를 통해 십 년 정도, 길게는 이십 년 정도를 버틸 수 있었지만 40대가 되면 이십 년 전에 해놓았던 공부가 더 이상 우리의 삶과 사고에 아무런 영향도 줄 수 없는 먼 과거의 일이 되어버리는 시기이기 때문이다.

그렇기 때문에 40대 공부를 다시 해야만 한다. 40대 공부를 통해 우리의 정형화되어 굳어져버린 사고의 틀을 과감하게 깨어 부수고, 유연하고 창의적이고 현대적인 사고의 틀로 다시 만들어나갈 수 있게 된다.

우리의 사고를 결정짓는 것은 우리가 알고 있는, 그리고 우리가 배우고 익힌 언어와 어휘력이라는 사실을 알아야 한다. 물론 여기에 폭넓은 인생의 경험과 접해본 많은 사람들이 첨가되어 융합된다면 그 이전에는 한 번도 생각해볼 수 없었던 높은 사유의 경지에까지 이르게 되어, 놀라운 창조력과 응용력이 비로소 샘솟게 되는 것이다. 그래서 위대한 문학가들은 모두 중년을 지나 노년에 최고의 걸작들을 많이 창작했던 것이라고 말할 수 있다.

물론 어휘력이 사고력을 증가시킨다고 주장하는 철학자와 학자들도 있는 것이 사실이지만, 그것에 반대하는 학자들도 있다. 하지만 우리가 사고를 좀 더 구체적으로, 좀 더 잘 하기 위해서는 반드시 어휘력이 필요하다. 그 사이에는 매우 밀접한 연관이 있는 것이 사실이다.

그 예로, 위대한 성공을 한 사람들을 대상으로 어휘력 수준을 측정한 적이 있었다. 이 연구 결과에서 매우 특이한 점은 큰 성공을 이룩한 사람들의 대부분은 학력이 대졸이든 중졸이든 상관없이 하버드 대학교의 대학원을 졸업한 학생의 수준에 버금가는 어휘력을 가지고 있다는 것이었다. 이 연구 결과에 따르면 어휘력의 수준이 높은 사람일수록 그만큼 생각하는 힘이 높아서 인생의 수많은 선택의 기로에서 그렇지 못한 사람보다 훨씬 더 올바른 선택을 한다고 볼 수 있다. 그리고 어휘력이 높은 사람들은 우리가 살면서 만나게 되는 많은 인생의 문제를 그렇지 못한 사람들보다 훨씬 더 잘 대응하며, 잘 대처해나가며 살아왔다고 볼 수 있다.

성공을 넘어 인생을 좀 더 풍요롭고 다채롭고 깊고 넓게 살고 싶다면 공부를 해야 한다. 왜냐하면 인생을 좀 더 풍요롭고, 다채롭게 해주고, 깊고 넓게 살 수 있게 해주는 것은 우리의 사고 수준과 직결되기 때문이다. 사고의 수준을 결정짓는 것은 그 사람의 경험과 더불어 공부이기 때문이다. 즉 공부를 통해 우리는 어휘력을 확장시킬 수 있다. 인간의 의식과 삶의 수준은 자신이 평상시에 쓰는 말에 좌우된다. 의식과 삶의 질은 어휘의 질에 의해 좌우된다고 해도 과언이 아니기 때문이다.

이러한 점에서 어휘력은 바로 사고력과 직결된다고 말할 수 있다. 어휘력은 공부를 통해 향상시킬 수 있으며, 공부 자체가 사고의 폭을 넓히는 직접적인 방법이 되기도 한다. 그렇기 때문에 인생의 성공과 실패는 40대 이후의 공부가 결정하는 것이다.

20대 때 아무리 공부를 해도 그것이 인생의 성공과 실패를 결정지을 수는 없다. 인생에서 다양한 경험을 해보지 못한 나이이기 때문이다. 살면서 겪게 되는 다양한 경험들은 우리들이 성장하고 성공하여 부와 재물을 가져다주는 역할을 한다. 하지만 인생 경험만 있다고 해서 다 성공하는 것은 결코 아니다. 오히려 실패를 하는 사람들이 더 많다. 인생의 경험이 곧 부와 재물, 성공, 성취, 권력의 동의어는 아니다. '구슬이 서 말이라도 꿰어야 보배'라는 옛말처럼 부와 재물, 성공과 성취를 가져다줄 인생 경험을 잘 엮고 꿰어서 그것 자체가 부와 재물, 성공과 성취라는 보배가 되게 하기 위해서는 그것을 엮고 꿸 수 있는 안목과 능력이 필요하다. 안목과 능력은 공부를 한 사람에게는 길러지게 되어 있지만, 하지 않은 사람들에게는 길러지지 않는다. 그렇기 때문에 공부를 하고 안 하고의 차이는 성공하느냐, 그냥 자신의 귀한 경험을 저버리느냐 하는 엄청난 차이가 발생하는 것이다.

뿐만 아니라 인생의 여러 가지 경험이 상대적으로 적은 20대 때의 공부는 이런 이유로 성공과 실패를 결정짓는 공부가 아닌 것이다.

40대여, 다시 한 번 공부에 미쳐라, 공부를 누리고 즐겨라

    40대에 다시 한 번 공부에 인생을 걸어야 하는 이유는 너무나 많다. 그래서 이 책의 모든 장마다 왜 40대에 다시 한 번 공부에 인생을 걸어야 하고, 나아가서 왜 공부에 미쳐야 하는지에 대해 여러 가지 사례를 통해 설명하고 있다. 이번 장에서도 그 수많은 이유 중에 하나를 밝히고자 한다.

    40대에 다시 한 번 공부에 미쳐야 하는 수많은 이유 중에 하나는 우리가 살아가는 시대는 더 이상 샐러리맨의 시대가 아니라, 프리 에이전트(Free Agent)의 시대이기 때문이다. 프리 에이전트란 말은 이제 더 이상 야구나 축구, 농구 등에서 몸값이 비싼 자유계약선수만을 지칭하는 말이 아니다. 거대한 조직이나 기업체의 관리와 굴레로부터 벗어나 자유롭게 자신의 미래를 스스로 책임지는 독립노동자 전체를 아우르는 말이 되었다. 그 이유는 분명하다. 더 이상 과거처럼 기업체들이 평생 직원으로 그들을 대하지 않기 때문이다. 세스 고딘이 자신의 저서 《린치핀》에서 언급했듯이 직원들은 더 이상 대체 불가능한 존재들이 아니라 누구라도 대체가 가능한 소모품에 불과한 시대이기 때문이다.

미국의 뉴웨이브 경제지 '패스트 컴패니(Fast Company)'의 편집위원인 다니엘 핑크는 20세기의 경제의 주체가 샐러리맨과 같은 조직에 포함된 조직원 즉 회사원이나 직장인들이었다면, 21세기의 경제의 주체는 프리 에이전트라고 단언했다. 미국에서는 노동 인구의 30%가 이미 프리 에이전트들이다.

뿐만 아니라, 현대 경영학의 창시자인 피터 드러커 박사의 주장대로 지식 사회로 이미 접어들었기 때문에 지식을 기반으로 한 1인 창조 기업의 열풍이 대단하다. 과거에는 개인에게 생산 수단이 없었다. 하지만 인터넷이 가능한 컴퓨터를 가지고 있는 사람은 누구나 엄청난 생산 도구를 가지고 있는 셈이 되어버렸다. 그 결과 이제는 누구라도 생산자, 창조자가 될 수 있을 뿐만 아니라, 1인 기업 CEO가 될 수 있다.

아이패드, 아이폰 등의 스마트폰과 스마트 기기의 열풍 때문에 덩달아 1인 출판 시대가 활짝 열렸다고 할 수 있다. 물론 전자책이 아직은 종이책을 대체할 정도로 인기가 있는 것은 아니며, 이러한 상황은 아무래도 오래 유지될 것 같다. 하지만 여기서 말하고자 하는 점은 그동안은 개인이 출판을 하는 것이 불가능했지만 이제는 혼자서 출판을 할 수 있는 시대라는 점이다.

우리가 직장에 충성을 다하여 높은 실적을 내고 회사가 진정 원하는 프로젝트를 성사시킨다고 해서 회사가 우리의 40대 이후를 절대 보장해주지 않는다는 사실이 우리가 40대를 전후하여 공부에 다시 한 번 미쳐야 하는 이유 중에 하나인 것이다. 시쳇말로 '평생직장'이란 말이 이제 과거의 말이 되어버렸다.

가장 멋진 인생은 다시 한 번 도전할 수 있는 인생이다. 그것도 수많은 시련과 실패를 겪었음에도 불구하고 다시 한 번 더 도전하는 인생이다. 멋지게 다시 한 번 더 도전하기 위해서 가장 필요한 것은 열정도, 의지도, 실력도 아니다. 바로 공부이다. 열정과 의지만으로는 1인 창조 기업을 만들 수 없고, 1인 출판을 할 수 없고, 프리 에이전트가 될 수 없다. 참된 공부를 통해서만이 자신이 잘할 수 있는 분야에 뛰어들어 실력을 쌓고, 내공을 쌓고, 창의성을 기르고, 세상과 자신을 보는 안목을 기르고, 자신의 연약함과 두려움을 뛰어넘어 도전할 수 있는 힘을 기를 수 있기 때문이다. 열정과 의지만 있다고 해서 이러한 창의성과 상상력이 저절로 나오는 것이 아니다.

앞으로 우리가 살아가야 하고 경쟁해야 하는 시대는 지식이나 기술보다 상상력과 창의성이 더 중요하고 더 큰 경쟁력이 될 것이라는 사실을 부인하는 사람은 아무도 없다. 열정과 의지, 노력만으로는 이러한 것들을 기를 수 없다. 사고의 확장과 유연성을 길러주고, 넓은 세계와 우주를 통찰할 수 있게 해주며, 자신의 편협한 사고방식을 깨부술 수 있는 방법은 오직 공부뿐인 것이다. 이것이 40대가 공부해야 하는 이유 중에 또 하나이다.

'가장 높은 곳에 도달하려면 제일 낮은 곳부터 시작해야 한다'라는 깨우침을 주는 고대 로마의 철학자 시리우스의 말처럼, 40대에 다시 한 번 공부에 미쳐야 하는 이유는 우리의 인생 후반에 가장 높은 곳에 도달하기 위해서이다. 세상적인 성공의 잣대로 가장 높은 곳이 아니라 한 인간이 성장하고 발전할 수 있는 인간됨과 인생의 가장 높은 곳에 도달하기 위해서이다.

40대에 다시 한 번 공부에 온몸을 던져야 하는 또 하나의 이유는 이삼십 대, 즉 인생 초반의 성공이나 행운에 더 이상 우리의 인생을 내맡겨서는 안 되기 때문이다. 더군다나 인생 초반에 쌓아 올린 재능이나 실력이나 학식을 절대 과신해서는 안 된다. 아무리 좋은 학벌을 가지고, 아무리 좋은 대학의 졸업장을 가지고 있다고 해도 졸업한 지 십 년이 지난 40대에는 누구나 동일한 선상에서 다시 시작해야 하는 시기이다.

그래서 40대에 공부를 한 사람과, 전혀 하지 않고 20대에 해놓은 공부에 의지하는 사람은 종국에는 하늘과 땅 차이의 결과를 얻게 된다. 무엇보다 40대에 다시 공부에 미칠 수 있는 사람은 모두 겸손한 인격을 소유한 자이고, 자신이 부족하다는 사실을 누구보다 잘 알고 있는 지혜로운 사람이다. 그렇기 때문에 40대에 공부를 다시 시작할 수 있는 사람은 50대, 60대, 심지어 70대에도 큰 발전과 성장이 기대되는 사람들이다. 이런 사람들에게는 언제나 열정이 있고, 배움이 있고, 희망이 있다. 그래서 이런 사람들은 쉽게 늙지 않고 언제나 청춘으로 살아가는 것이다.

하지만 나이 마흔에 무슨 공부냐고, 20대에 해놓은 공부와 10년도 더 지나버린 젊은 시절에 획득한 졸업장만 믿고 공부를 하지 않는 사람들은 스스로 자신을 더욱더 옭아매는 어리석은 이들이 아닐 수 없다. 가장 비참한 것은 더 이상 발전과 성장이 없는 사람들이다. 히브리어로 학자라는 말은 '람단'이라고 한다. 이것은 '알고 있는 사람' 즉 '지식이 많은 사람'이라는 뜻이 아니라 '배우는 사람'이라는 뜻이다. 즉 학자는 계속 공부하기 때문에 배움을 멈추지 않는 사람인 셈이다. 우리는 이러한 사람이 되어야 한다.

인간의 평균 수명이 70에서 80에 육박하고 있는 이 시대에, 40대는 인생의 멋진 후반부를 새롭게 다시 준비하며 또 다른 인생을 한 번 더 살기 위해 제2의 학과를 선택하고, 제2의 졸업장을 준비해야 하는 시기이다.

우리에게 주어진 이 멋진 세상을 잘 알아야 한다. 인류 역사상 지금처럼 이렇게 많은 사람들에게 다양한 기회와 가능성이 열렸던 적은 없다. 인터넷과 정보 기술의 발달로 우리는 대한민국의 어느 도시에서도, 심지어 두메산골의 골방에서도 초고속 인터넷을 통해 무료로 세계 최고의 대학들의 강의를 수강할 수 있는 시대에 살고 있다. 인류 역사상 지금처럼 인터넷과 정보 기술과 교육 여건이 전 세계적으로 향상된 적이 없다. 특히 한국인들이 지금처럼 세계 속에서 잘나가고 있었던 때는 없었으며, 지금처럼 한국인들이 부유하고 생활수준이 높아진 적은 없었다. 자신의 공부 수준을 통해 이제 무엇이라도 할 수 있는 가능성의 시대에 살고 있는 것이다.

불과 십 년 전에는 상상도 못 했던 일인 출판 시대가 열렸다. 그리고 일인 기업 시대가 열렸다. 누구라도 열심히 책을 읽고, 공부를 하고, 연습을 한다면 개인이 출판사를 만들어 자신의 책을 출판할 수 있는 시대가 되었다. 또 누구라도 경영서적을 읽고 공부하면 세계 최고의 MBA들과 동일한 경영 지식을 습득하는 것이 가능한 시대가 되었다. 누구라도 십 년 정도 전혀 다른 분야의 일을 한 경험을 가지고 법학 공부를 40대에 시작한다면, 법학전문대학원에 입학하여 변호사나 검사가 될 수도 있는 길이 한국 사회에 활짝 열린 것이다.

자신의 꿈이 무엇이든, 한국 사회에는 나이 파괴 붐이 일어나고 있다. 자신의 실력과 열정과 의지가 중요한 것이지, 나이가 중요한 것이 되지 않는 사회가 되어가고 있는 것이다. 다시 말해 한국 사회에 지금처럼 수많은 가능성과 기회가 열렸던 적은 역사상 없었다. 그러므로 인생 40대, 다시 한 번 공부에 미쳐야 할 이유가 있는 것이다.

조선 후기 실학을 집대성한 다산 정약용은 우리가 공부해야 할 이유에 대해 명확하게 말한 바 있다.

"백 년도 못 되는 인생이 공부를 하지 않는다면 이 세상에 살다 간 보람을 어디서 찾겠는가?"

다산은 이처럼 세상을 살았던 보람을 공부를 해야 하는 이유 중에 하나라고 말하고 있다. 그리고 그는 또 다음과 같은 말을 했다.

"사람이 세상에 나서 책도 읽지 않고(공부를 하지 않고) 무슨 일을 도모하겠는가?"

즉 다산은 세상의 어떤 일을 하더라도 그 근본과 토대가 되어야 할 것이 바로 공부라고 주장했다. 그의 말대로 인생을 살다 간 보람으로서 공부를 해야 하고, 어떤 일을 하더라도 그 근본은 공부에서 시작되어야 한다. 인생의 반을 살아온 40대들은 이제 새로운 또 하나의 인생을 준비하고, 꿈꾸고, 날아올라야 한다. 세상적인 출세나 성공, 부와 지위가 아닌 참된 자기를 완성시키고 발전시키기 위한 공부, 인생의 산전수전을 다 겪은 후 참된 인생의 보람을 찾기 위한 공부, 자신을 뛰어넘기 위한 공부, 세상 모든 일의 근본이 되고 시작점이 될 수 있는 공부를 해야 하는 시기가 바로 40대이다.

이렇게 차원이 다른 공부를 할 수 있는 시기가 또한 40대이다. 그러므로 40대여, 다시 한 번 공부에 미쳐라. 이것이 인생을 제대로 살아갈 수 있는 최대의 비결이며 40대 인생 역전을 넘어, 큰 꿈을 다시 꿀 수 있게 만들어주는 힘의 원천이 될 수 있기 때문이다.

특별히 40대 공부가 매우 중요한 이유는 40년 동안 살면서 고정되어 버린 사고의 틀과 자신의 기질을 변화시킬 수 있는 최고의 방법이 바로 공부이기 때문이다. '배움(공부)이 크게 이롭다는 것은 그것을 통해 자신의 기질을 변화시킬 수 있기 때문이다'라고 중국의 장자는 말했다.

"위학대익 재자구변화기질(爲學大益 在自求變化氣質)"

그의 말대로 40년 동안 살다 보면 사고의 틀이 고착화되어 유연한 사고를 하기가 쉽지 않다. 하지만 그러한 사고의 틀을 깨어 부수고, 유연한 사고를 할 수 있도록 해주는 것이 바로 공부의 위력이다. 자신의 나쁜 기질과 습관을 또한 변화시킬 수 있게 해주는 것이 바로 공부인 셈이다. 그러므로 인생을 성공적으로 살고자 하는 40대들에게 필요한 것은 바로 공부인 것이다.

이런 의미에서 참된 공부는 지식을 쌓고, 자격증을 획득하고, 졸업 시험에 합격하고자 하는 공부가 아니라 우리의 사고의 틀을 깨어 부수고, 상상력과 창의성을 무한대로 확장시켜줄 수 있는 공부라고 말할 수 있다. 세계 인구의 0.2%밖에 되지 않는 유태인들 중에 천재들이 많이 나오고, 그들이 세계 최고의 대학의 학생 비율을 30%나 차지하고, 노벨상의 39~40%를 수상하며, 전 세계의 부를 휩쓸고 있는 이유가 지식이 아닌 상상력을 더 중요시하는 교육 습관 때문이라고 감히 말할 수 있다.

한국인들은 대단히 교육열이 높아서 자녀들에게 엄청난 공부를 시키고 있지만 그것은 전부 지식을 쌓기만 하는 편향된 공부라고 할 수 있다. 유태인들은 그들의 높은 교육열을 통해 지식이 아닌 지혜를 자녀들에게 창출해내는 법을 가르쳤다. 즉 무엇을 보아도 남과 다른 생각을 할 수 있는 유연한 사고방식과 무한한 상상력과 창의성을 자녀들에게 길러주는 균형 잡힌 공부를 하도록 질문을 중시했던 것이다.

40대, 다시 한 번 공부에 미쳐야 한다. 하지만 자격증이나 취업을 위한 스펙 쌓기 공부는 절대 해서는 안 된다. 단기적으로 유익을 줄 수 있지만, 이러한 공부는 또다시 자신을 궁지로 몰 뿐이다. 40대들이 해야 할 공부는 자신의 사고의 틀을 깰 수 있는 공부이다. 그러한 공부 중에 하나가 이 세상의 위인들과 많은 사람들의 사고를 빌려서 사고해보고, 세상을 지금까지와는 다른 방식으로 바라보는 연습을 하는 것이다. 그렇게 하기 위해서는 많은 책들을 접해야 하고, 많은 음악을 접해야 하고, 많은 그림을 접해야 하고, 많은 사람들을 접해야 하고, 많은 예술을 접해야 한다. 우리가 접해본 것들의 결과물이 곧 우리이기 때문이다.

공부에 미쳐야 하지만, 이전과는 전혀 다른 성격의 공부를 해야 한다. 그때 우리 내면에 숨어 있던 부정적인 생각과 안 된다는 생각, 편협한 생각, 너무나 경직된 생각들이 사라지게 되고 유연하고, 창의적이고, 무한한 상상력을 할 수 있는 사고의 확장과 유연성이 길러지게 된다는 사실을 꼭 명심하자.

진정 공부를 즐길 수 있는 시기는
바로 40대이다

　인생을 살면서 진정으로 공부를 즐길 수 있는 시기는 40대임을 알아야 한다. 십 대 때는 부모님들을 위해, 혹은 인생을 살기 위해 반드시 있어야 한다는 졸업장 때문에 진정 즐기는 공부를 하지 못한 사람이 대부분이다. 즉 남을 위한 공부, 출세하기 위한 공부, 졸업장을 위한 공부, 부모를 위한 공부, 남에게 보여주기 위한 공부, 위인지학(爲人之學)이라 할 수 있다.

　너무 쉽게 다른 집 아이들과 내가 비교되고, 또 가족들은 너무 쉽게 그런 만행(?)을 저지르기 때문에 우리는 진정 자기 자신을 위한 공부를 할 수가 없었다. 남들에게 뒤처지지 않기 위한 공부를 해야만 했다. 그것이 진정 행복한 길이고 나은 삶을 위한 길이라고 배웠기 때문이다.

하지만 인생의 산전수전을 겪은 나이인 40대는 타인과의 비교를 위한 공부가 아닌 오롯이 자신을 위한 공부, 즉 위기지학(爲己之學)을 할 수 있는 시기이다. 무엇보다 시험이 없기 때문에 진정 즐기면서 공부를 할 수 있고, 남에게 뒤처지기 위해서 하는 공부가 아니라 자신의 성장과 발전, 그리고 인생의 후반부에 제대로 멋진 인생을 살아가기 위한 공부를 할 수 있다. 그리고 세상적인 출세를 위한 공부가 아니라 참된 자아 완성을 위한 공부를 할 수 있다. 무엇보다 공부를 즐길 수 있는 가장 좋은 시기라는 점이다.

《공부의 기쁨이란 무엇인가》라는 책을 보면 '삶은 배움이고, 배움을 통해서만 창조적인 삶에 도달하며 창조적인 삶이야말로 세상에서 가장 큰 기쁨을 안겨준다'라는 대목이 나온다. 세상에서 가장 큰 기쁨을 안겨주는 것은 무엇인가를 새롭게 창조해내는 삶이라는 것이다. 이러한 창조적인 삶을 살기 위해 가장 필요한 것은 공부이다. 그리고 이 책에는 다음과 같은 매우 귀중한 지혜의 가르침이 담겨 있다.

> "끝까지 공부할 수 있는 힘은 오로지 즐기는 것뿐이다."
> -《공부의 기쁨이란 무엇인가》 중에서

이 말은 공부뿐만 아니라 무엇을 하든 열심히 하는 자보다는 그것을 좋아하는 자가 더 낫고, 좋아하는 자보다는 그것을 오롯이 즐길 줄 아는 자가 훨씬 더 낫다는 말에 대한 추가 설명이기도 하다. 출세를 위해, 돈벌이를 위해, 명예나 간판을 위해 열심히 공부하는 사람이 나쁜 것은 아니지만 공부 그 자체를 좋아하는 사람이 결과적으로는 더 나을 수밖에 없고, 더 나아가서 좋아하는 사람보다 공부 그 자체와 과정을 즐길 수 있는 사람은 종국에는 큰 성공을 할 수 밖에 없다. 또한 결과보다도 공부하는 과정에서 얻게 되는 최고의 기쁨은 공부를 의무로 힘겹게 하는 사람들이 도저히 상상도 못 할 큰 기쁨인 것이다.

중국의 공자 역시 공부의 기쁨에 대해 말한 대표적인 현인 중에 한 명이지 않은가?

"학이시습지 불역열호(學而時習之 不亦說乎)"

'배우고 때로 익히면, 또한 기쁘지 아니한가'라는 유명한 말을 통해, 공자는 무엇보다 배움의 기쁨에 대해 제대로 깨달은 위인 중에 한 명이라고 볼 수 있다. 이러한 말과 함께 공부를 멈추어서는 안 되며, 끝까지 해야만 한다는 사실에 대해서도 다음과 같이 말한 바 있음을 명심하자.

"학문을 하는 것은 산을 만드는 것과 같다. 마지막 흙 한 삼태기를 붓지 않아 산을 못 이루더라도 그 중지하는 것은 내가 중지하는 것이며, 평지에 흙 한 삼태기를 붓더라도 그 나아감은 내가 나아가는 것이다."

진정 공부를 즐길 수 있는 시기가 40대인 이유는 20대 공부가 출세를 위한 공부라고 할 수 있기 때문이다. 대학 입시를 위한 공부, 졸업을 하기 위한 공부, 학점을 위한 공부, 자격증을 위한 공부, 면접을 위한 공부, 취업을 위한 공부, 승진을 위한 공부와 같이 세상에서 좀 더 나은 삶을 살기 위해, 소위 출세를 하기 위해 안정된 직장을 구하고 좋은 대학에 들어가기 위해 공부를 하는 것이다. 하지만 40대 공부는 이러한 출세를 위한 공부보다는 진정 공부의 참된 의미를 깨닫고 사람으로서 공부하지 않는다는 것이 얼마나 큰 낭비이며 손해인지를 몸소 느끼고 나서 하는 공부이기에 사심이 없는 공부이다. 그렇기 때문에 공부를 즐길 수 있게 되는 것이다.

"출세할 생각으로 공부한다면 공부에 해가 된다. 그런 생각을 가지면 반드시 이치에 맞지 않는 말을 하면서 견강부회(牽强附會)하게 되므로 문제를 일으킨다."

중국의 장자가 위와 같이 말한 바 있다. 그의 말처럼 출세할 생각으로 하는 공부는 해가 될 뿐, 그다지 인생에 도움이 되지 않는다. 가장 큰 해는 공부를 오롯이 즐길 수 없게 만든다는 점이다. 출세할 목적을 가지고 있기 때문에 참된 공부의 의미와 가치를 망각하게 되고, 알 수 없게 된다는 것 또한 큰 해 중에 하나이다.

공부의 진짜 기쁨을 알 수 있는 시기는 40대이다.

참된 공부의 기쁨은 누가 말로 가르쳐준다고 해서 배울 수 있는 것이 아니다. 그래서 공부의 기쁨을 누리는 사람이 적을 수밖에 없다. 그리고 한국 사회에는 공부에 도통한 학생들, 시쳇말로 공부의 신들이 너무 많다. 물론 공부가 인생에서 제일 쉬워서 남들은 한 번도 못 하는 일을 밥 먹듯이 쉽게 해버리는 학생도 있는 것이 사실이다. 또 어떤 학생은 공부의 테크닉이 좋아 적게 공부하고도 성적이 잘 나오기도 한다. 또 어떤 학생은 자신만의 공부법을 개발하여 그야말로 공부의 신이 된 학생도 있다.

하지만 이러한 공부의 신들이 있음에도 불구하고, 참된 공부의 기쁨을 그 학생들이 제대로 알고 있고 누리고 있다고 100% 확신할 수는 없다. 왜냐하면 공부의 참된 기쁨은 성적이 잘 나오고 일등을 하고 결과가 좋아서 그 결과 덕분에 공부가 제일 쉬웠다고 말하고 공부가 제일 재미있었다고 말하는 수준의 기쁨이나 성취감이 아니기 때문이다.

소위 말하는 공부의 신들이 공부를 열심히 했음에도 불구하고 성적이 나오지 않아 좋은 대학교에 입학하지 못했다면, 그들이 과연 공부가 제일 쉬웠다고 말할 수 있었을까? 절대 아니라고 생각이 되는 이유는 우리나라의 공부 문화의 최대 문제가 너무 결과 위주에 편중되어 있기 때문이다. 물론 결과도 중요하지만, 그것보다 더 중요한 것은 공부하는 자의 자세와 과정이라는 것이다.

공부하는 과정이 충실하면서도 그것을 제대로 즐길 수 있는 사람들은 결과 중심의 공부를 하지 않는다. 그렇게 하기 위해서는 무엇보다 욕심을 버리고 과정을 즐길 수 있어야 한다. 하지만 한국 사회에서는 이것을 허락하지 않고 있다. 그래서 수많은 학생들이 공부의 기쁨보다는 공부의 짐을 더 느끼고 있는 것이다. 대학교에 입학하면 고3 때보다 더 적게 공부를 하고, 대학을 졸업하면 공부를 거의 하지 않고 공부와 담을 쌓고 마는 사람들이 적지 않다.

지금 한국 사회에는 초등학교, 심지어 유치원생부터 영어와 수학 공부를 위해 과외나 학원, 공부방에 나가서 공부하지 않는 학생들은 찾아보기 힘들 정도로 공부의 기쁨을 제대로 누릴 틈이 없다. 그래서 공부의 기쁨이란 말을 하면 거부감부터 느끼는 학생들이 많다는 사실이 매우 쓸쓸할 수밖에 없다. 하지만 인생의 모든 시련과 역경, 실패와 성공을 맛본 40대는 공부를 대하는 태도와 자세가 철없던 20대와 근본적으로 다르다.

수많은 40대들이 20대에 공부를 열심히 하지 않은 것을 한탄하는 것을 보아왔다. 하지만 이것도 문제 발언이 아닐 수 없다. 이런 사람들이 20대에 공부를 열심히 하지 않았다고 한탄하는 가장 큰 이유는 학창시절 때 공부를 조금만 더 열심히 했더라면 지금보다 좀 더 편하게, 좀 더 부유하게, 좀 더 잘살 수 있었을 것이라는 후회 때문이다.

하지만 공부는 단지 출세의 수단이나 좀 더 잘 먹고 잘 살기 위한 세속적이며 세상적인 인생의 수단에 불과한 것이 아니다. 공부는 인간으로 태어나서 소위 한국인들이 입버릇처럼 말하는 '민족중흥의 사명을 띠고' 이 땅에 태어나는 것보다 더 위대한 사명, 즉 자신을 좀 더 발전시키고 성장시켜 자신의 한계를 뛰어넘기 위해 해야만 하는 위대한 것이다.

이렇게 위대한 것이 바로 공부이다. 공부를 통해 얻게 되는 자신의 성장과 발전, 나아가서 자신의 한계를 뛰어넘어 과거에는 상상도 못 한 일을 해낼 수 있는 자신의 발전된 모습을 볼 때 공부의 희열을 느끼게 되는 것이다. 과거에는 도저히 알 수 없었던 위대한 진리를 공부를 통해 깨닫게 될 때 느끼는 환희인 것이다. 과거에는 도저히 이해가 가지 않았던 인생과 인간관계의 복잡한 문제들이 이해가 되고 원리가 눈에 보일 때 느끼게 되는 쾌감인 것이다. 공부를 통해 과거에는 도저히 상상도 못 했던 자신의 성장된 모습을 보게 될 때 느끼는 성취감인 것이다.

이러한 것들이 바로 공부의 참된 기쁨이다. 이러한 공부의 기쁨을 수학 공식 하나 외우고 못 풀던 수학 문제 하나를 풀게 될 때 느끼는 희열로 착각해서는 안 된다. 이런 유의 희열은 참된 공부의 기쁨과 환희의 문에 들어가기도 전에 그 문 앞에서 누리게 되는 맛보기에 불과하다. 공부를 통해 자신이 원하던 대학에 입학을 하는 것이 공부의 기쁨의 전부라고 생각해서는 안 된다. 공부를 통해 자신이 원하던 직장이나 직업을 갖게 되는 것이 공부의 기쁨의 전부라고 생각해서는 안 된다. 이런 것들은 공부의 기쁨이라고 말할 수 없다. 이런 것들은 공부를 통해 흘러나오는 하나의 작은 부산물(副産物)에 불과하다.

우리나라의 사람들이 공부의 기쁨을 제대로 누리지 못하는 가장 큰 원인은 공부의 부산물을 공부의 주산물로 삼았기 때문이다. 공부를 통해 성공하고, 공부를 통해 부를 얻고, 공부를 통해 명예를 얻게 되는 것은 모두 공부를 통한 부산물이다. 하지만 한국 사회에서는 이러한 것들이 공부를 통해 얻게 되는 주산물로 인식이 바뀌기 시작하면서 공부의 참된 기쁨도 사라지게 되었던 것이다.

이러한 잘못된 사고방식에서 온전히 벗어날 수 있는 시기는 인생의 모든 산전수전을 다 겪어보고, 더불어 나머지 인생의 후반부를 사고방식을 혁신해나가면서 살아나갈 수 있는 시간적, 사회적, 체력적인 조건이 가장 절묘하게 맞아떨어지는 시기인 40대인 것이다. 그리고 이때, 비로소 공부의 기쁨을 누리게 된다.

우리가 가진 것의 참된 가치를 깨닫게 될 때는 그것을 상실했을 때이다. 공부도 마찬가지이다. 세상이 무엇인지, 인생이 무엇인지 깨닫기도 전에 어린 십 대의 나이에 공부 전선에 내몰려서 정신없이 공부를 할 때는 공부의 기쁨도, 공부의 가치도 깨닫기가 쉽지 않다. 20대와 30대 때는 먹고살기 위해 산업 전선에 뛰어들어야 하기 때문에 공부를 하고 싶어도 하기가 쉽지 않고, 대부분의 사람들이 정신없이 돈벌이에 몰두하게 된다. 그래서 자신의 직업과 관련이 없는 분야에 대해서는 전혀 공부를 할 수 없는 시기를 지나와야 했다. 우리는 이 시기를 지내오면서 공부를 상실하기 때문에 공부에 대해 많은 생각을 하게 된다. 비로소 인생에서 그 어떤 쾌락이나 취미보다도 공부가 최고의 것임을 자각하게 된다.

이러한 모든 것을 다 겪고 40대라는 문턱에 다다르게 되었다. 이제 누가 뭐래도 공부의 기쁨을 오롯이 깨닫게 되는 시기가 된 것이다.

20대의 공부와 인생은
리허설일 뿐이다

　한국 사람들에게 가장 필요한 것은 열정이나 재능이나 지식이 아니라 느긋한 마음이다. 너무나 조급하기 때문에 일을 그르치고 인생을 그르치는 사람들이 유독 많다. 재능이나 능력이나 잠재력은 이 세상의 그 어떤 민족보다 뛰어나지만 너무 조급하게 굴기 때문에 인생을 그르치면서 고만고만한 삶을 사는 사람들이 적지 않다. 특히 학창시절에 한두 번의 도전에 실패를 하게 되면 인생이 전부 끝이 나는 듯 조급하게 생각하기 때문에, 너무나 많은 기회와 도전을 하지 못하고 그 자리에 주저앉아 인생을 망치게 되는 경우가 다반사이다.

　이것은 매우 안타까운 현상이다. 시대의 변화가 적었던 십 년 전, 혹은 이십 년 전에는 대학교 졸업장 하나로 평생을 버틸 수 있었다. 하지만 이제는 어제 배운 지식이 무용지식이 되어버리는 지식 폭증의 시대에 살고 있음을 우리는 자각해야 한다.

이러한 시대에는 지식의 수명이 너무나 짧다. 그리고 한두 번 큰 성공을 했다 해도 그것은 곧 과거지사가 되어버린다. 지금 우리가 살아가고 있는 이 시대만큼 변화의 속도가 빨랐던 적은 없다. 십 년 전에 이룩한 큰 성공은 말 그대로 과거의 일일 뿐이다. 과거지사가 되어버린 과거의 성공이나 공부를 가지고 평생 우려먹을 수는 없는 시대가 되었다.

새로운 경쟁자들도 지금처럼 많이 생기는 경우는 없었다. 이것이 모두 인터넷과 정보 기술의 발달에 기인한다고 볼 수 있다. 지구 반대편에서 새로운 제품을 하나 만들어 선풍적인 인기를 끌게 되면 곧바로 벤치마킹 당하게 되고, 더 많은 자본과 기술을 가지고 있는 기업과 사람들이 원조보다 더 나은 제품을 만들어버리는 시대가 되었다.

이러한 시대적 상황 때문에, 과거의 졸업장이나 성공에 집착하여 그것만 믿고 편안한 여생을 보내고자 하는 이만큼 어리석은 사람들은 없을 것이다. 그만큼 평생 학습의 시대가 펼쳐졌고, 지식 폭증의 시대가 다가왔다. 지금 대학에 입학한 신입생들은 현재의 평균수명과 그 성장 추세를 토대로 예측해보면 2090년경까지 산다고 한다. 그렇다면 이들이 대학에서 지식을 배운 후, 이 지식을 제대로 활용하고 인생에 유용한 영향을 끼칠 수 있는 시기는 고작 해봐야 졸업 후 20년 이내라고 할 수 있다. 아마도 대학 시절에 배운 지식과 기술은 2030년경에는 무용지물이 될 것이 뻔하다. 그렇다면 2030년부터 2090년 동안 60년 동안 이들은 새로운 지식을 배워야 하고, 새로운 공부를 해야만 한다는 결론에 도달할 수 있다. 이렇게 길어진 인생에서 20대에 어떤 공부를 하였고 어떤 대학을 졸업했느냐 하는 것은 긴 인생을 살다 보면 아무것도 아니게 되는 인생의 후반기를 맞이하게 된다. 그리고 그 후반기의 시작이 바로 40대인 셈이다.

20대 때 좋은 대학에서 좋은 교육을 받고 졸업장을 취득했다면, 그것으로 평생 우려먹을 수 있었던 좋은 시절(?)도 분명 있었다. 불과 20~30년 전까지는 그것이 가능했다. 하지만 최근에는 시대적 변화가 너무 급격하여 하버드, 스탠포드, 캘리포니아 주립대학, 프린스턴 등과 같은 세계적으로 앞서가는 대학교들조차 시대의 변화를 쫓아갈 수 없을 만큼 시대가 급변하고 있음이 현실이다. 뿐만 아니라 교수들 역시 강의 노트 하나를 가지고 십 년 동안 우려먹던 시대가 종식되었음을 알고 있다. 전문지식이 너무나 빠르게 발전하기 때문에 매년 강의안을 새로 써야 할 지경이 되었다.

이처럼 시대가 천지개벽할 정도로 변하고 있다. 그래서 20대 때 아무리 좋은 공부를 하고 좋은 대학을 졸업했다고 해도 그 지식의 유통기한은 십 년도 넘지 못한다는 사실을 알아야 한다. 명문대의 졸업장 하나만 가지고 있으면 평생 우려먹어서 먹고살 수 있었던 시대는 이제 끝났다. 명문대 학생도 이제 공부하지 않으면 독학하는 고졸 출신보다 더 못한 실력을 갖추게 되는 시대가 왔다는 점이다. 다시 말해 학벌보다는 실력이 중요해지고 있다는 사실을 알 수 있다.

심지어 대기업이나 앞서 가는 기업에서는 학력 파괴를 주장하고 있다. 출신 대학이 아니라 오직 실력으로 사람을 뽑겠다는 것이다. 아무리 명문대를 나왔다 해도 졸업 후 몇 년이 지나면 대학교를 나오지 않은 사람과 다를 바 없게 된다. 특히 지식이 폭증하고 시대의 변화 속도가 빠른 지금은 더더욱 그렇다. 뿐만 아니라 명문대를 나오지 않은 평범한 사람들이 인터넷의 발전을 통해 자신의 집 안방에서 지구 반대편의 세계 최고의 석학들의 인터넷 강의를 쉽게 접할 수 있게 되었다. 이러한 환경이 20대의 공부와 인생은 40대 이후의 삶에 실제적으로 영향을 줄 수 없다는 점을 명백하게 하고 있다.

20대 때 아무리 많은 공부를 했다 해도 40대 때 공부하지 않는 사람은 40대 이후의 삶에서 성공할 수 없을 뿐만 아니라 망할 수밖에 없게 된다. 그것이 현실이다. 20대 때 아무리 큰 성공을 했다 해도 그 성공이 평생을 보장해줄 만큼 큰 성공이란 세상에 없다. 20대 때 아무리 큰 성공을 했다 해도 그것은 어떻게 보면 리허설이라고 볼 수밖에 없는 것이다. 오히려 20대 때 큰 실패를 경험한 사람들이 인생의 후반기에 엄청난 큰 성공을 한다는 사실을 통해 20대 때 성공을 맛보았다고 좋아할 필요도 없고, 20대 때 큰 실패를 했다고 해서 좌절할 필요도 없다.

20대 때 공부와 인생은 진짜 중요한 40대 이후의 삶에 큰 영향을 거의 주지 못한다고 장담할 수 있다. 초등학교도 9개월밖에 다니지 못한 링컨이 40대 때 독학을 지속하지 않았다면 지금처럼 존경받는 대통령이 될 수 있었을까? 인생의 초반에 계속된 실패들에 주눅 들어 신세타령만 하고 있었다면 지금 우리가 알고 있는 그런 위대한 대통령이 될 수 있었을까?

지나간 과거는 과거일 뿐이다. 그러므로 과거에 집착하지 말고 다가오는 미래를 준비하는 인생이 현명한 인생이다. 과거의 성공과 영화만 기억하며 그러한 성공에 도취되어 사는 사람만큼 한심한 인생은 없다고 말할 수 있다. 그런 사람에게는 더 이상 발전이 없고 미래가 없기 때문이다. 더 나은 삶을 위해 도전하기 위해 준비하고자 하는 마음이 전혀 없는 사람으로 전락해버리기 때문이다.

《공부하는 독종이 살아남는다》라는 책을 통해 공부 열풍을 불어온 이시형 박사는 자신의 저서를 통해 '공부는 평생 해야 하는 일이며, 살아가는 것 자체'여야 하며 '우리가 죽을 때까지 해야만 하는 가장 가치 있는 일이 바로 공부'라고 역설하고 있다.

"영어 단어나 상식 하나 더 외워서 '스펙'을 높이는 건 진짜 공부가 아닙니다."

그는 얄팍한 이력서에 몇 자 더 적고 채우기 위해 하는 공부는 진짜 공부가 아니라고 주장한다.

그의 말대로 20대의 공부의 내용을 살펴보면 대부분이 입학 공부이고, 자격증 공부이고, 어학 공부이다. 즉 시쳇말로 '스펙'을 쌓기 위한 공부인 셈이다. 이러한 공부는 참된 공부라고 할 수 없다. 그리고 이러한 공부로 점철되어 있는 인생도 진짜 인생이라고 할 수 없다.

당신의 위대함은 40대 이후의 삶의 모습이 결정한다

"참다운 삶을 바라는 사람은 주저 말고 나서라.
싫으면 그뿐이지만, 그럼 묏자리나 보러 다니든가."

- W. H. 오든

오든의 시는 인생의 산전수전을 다 겪은 후, 어떠한 삶을 살아가야 할지 선택도 하지 못하며 그저 인생의 풍파에 떠밀려 하루하루를 살아가는 사람들에게 큰 도전을 준다. 그렇다. 우리의 인생을 제대로 살아나가기 위해 가장 중요한 시기는 40대이다. 이때 우리는 참다운 삶을 소망하며 용기 있게 나서서 도전할 것인지 아니면 조용히 묏자리나 보러 다니든지를 선택해야 한다. 선택하지 않고 그저 살아가는 40대는 후자를 선택한 것과 마찬가지다.

인생의 모든 사전수전을 다 겪어본 나이인 40대의 모습을 보면 그 사람의 진면목을 볼 수 있다. 인생의 모든 풍파를 견디어내면서 누군가는 더욱더 빛나는 보석으로 단련되었을 것이기 때문이다. 이와 반대로 누군가는 인생이라는 모진 풍파에 모든 열정과 패기와 의지와 꿈들을 모두 빼앗기고 지친 육신만 가지고 있을 것이다. 누군가는 그래도 열심히 살아왔기 때문에, 세상적으로 인정받을 수 있는 사회적 지위를 가지고 있고, 어느 정도의 부도 가지고 있는 사람도 있다. 하지만 이것은 인생의 전반전에 불과하다.

축구 시합을 해도 전반전에 3대 0으로 이기다가 자만하여 후반전에 4골을 연거푸 내어주어 3대 4로 뼈아픈 역전패를 당하는 경우가 얼마나 많은가? 40대는 축구 시합으로 치자면 전반전을 마치고 후반전을 시작하기 바로 전의 휴식 시간인 셈이다. 이 시간을 어떻게 보내며 어떤 전략을 구사할 것인지, 상대의 약점은 무엇인지 등을 통합하여 좋은 전략을 준비한다면 비록 짧은 시간의 연구로도 후반전에는 전혀 다른 전력의 팀으로 변화될 수 있는 것이다.

강한 팀을 만나서 전반전에는 쩔쩔 매다가, 후반전에서 엄청난 괴력을 발휘하여 투혼을 불사르며 전혀 주눅 들지 않고 승리를 쟁취하는 팀은 매우 자랑스러울 뿐만 아니라 위대해 보이기까지 한다. 이처럼 우리 인생에서도 인생의 전반전에 시시한 인생, 밑바닥 인생을 살았더라도 후반전인 40대 이후의 삶의 모습에서 당당함과 패기와 활력과 열정과 큰 꿈을 가지고 매진하는 사람의 모습에는 위대함이 깃들어 있다.

"어떤 사람들은 25세에 이미 죽어버리는데, 장례식은 75세에 치른다." 라고 벤저민 프랭클린(Benjamin Franklin)은 말했다. 이 말은 우리가 너무 쉽게 꿈을 포기하고, 이 세상의 물결에 자신의 인생을 내맡겨버린다는 말이다. 꿈을 잃어버린 이들은 살아도 사는 것이 아니다. 아무 의미도 가치도 발견할 수 없기 때문이다. 하지만 인생의 모든 풍파를 겪은 후에 다시금 꿈을 꾸고 도전하는 인생을 사는 사람들에게는 위대함을 엿볼 수 있다. 그러한 사람들이 모두 위대한 성공을 이룩할 수 있었던 것이다.

우리가 가장 큰 감동과 희망을 느낄 때는 언제인가? 그것은 바로 아무 재능도 없고 아무 볼품도 없던 인간이 엄청난 노력과 의지로 재능 있는 사람들을 뛰어넘어 큰 성공을 하는 것을 눈으로 목격할 때가 아닌가? 최근에 한창 인기를 끌고 있는 〈위대한 탄생〉이나 〈슈퍼스타 K〉와 같은 프로그램들을 살펴보면 이 사실을 분명하게 알 수 있다. 처음부터 뛰어난 재능을 가지고 있던 이들이 일등을 하거나 좋은 평가를 심사위원에게서 받는 것은 그저 그들의 재능에 감탄할 뿐, 감동이나 희망을 느끼지 못한다. 하지만 처음에는 심한 혹평을 받고 엄청나게 못하던 지원자들이 며칠이 지나자 눈에 띄게 잘해서 심사위원들에게 호평을 받게 될 때, 시청자들도 역시 큰 감동을 받게 되고 희망마저 느끼게 되어 저절로 박수를 치게 되는 것이다.

이러한 오디션 프로그램에서도 이 정도로 감동적인데, 인생의 산전수전을 다 겪고 심지어 공중전도 다 겪은 40대들이 과거의 수많은 실패와 시련과 좌절에도 불구하고 큰 꿈을 꾸고 그 꿈을 향해 용감하게 도전하는 것은 결과와 무관하게 그 도전만으로도 위대한 인생이 아닐 수 없다.

그 사람의 진면목을 알고자 한다면 인생의 큰 시련을 겪어보고 큰 실패와 다양한 경험을 다 해본 후에도 삶의 모습에 열정과 패기와 도전과 꿈이 있는지, 아니면 어떠한 작은 꿈도 없는지 살펴보면 된다. 그 결과 인생의 모든 풍파를 다 겪은 후에도 꿈이 있고 패기가 있고 열정이 있어 큰 일을 시도하는 사람은 위대한 사람이며 존경받기에 충분한 사람이다. 하지만 아무 열정도 없고 꿈도 없는 사람이라면 그 사람은 시시한 인생을 끝까지 살다가 인생을 마감할 것이 눈에 선하게 보일 것이다.

인생 실패의 가장 큰 원인은 자포자기이다. 지금까지 해봤는데 아무리 해도 안 된다는 사실을 알고 스스로 포기하는 것이다. 하지만 수많은 시도와 이어지는 실패를 했음에도 불구하고 또다시 도전하는 사람에게는 위대함이 느껴진다. 꼭 성공을 해야 성공한 인생일까? 성공이라는 세상적 잣대를 바꿀 필요가 있다. 의미 있고 가치 있는 삶을 위해 우리는 날마다 도전하며 나아가야 하는 것이지, 꼭 세상적 성공을 해야 하는 것은 아니다. 그러한 세상적 성공은 하나의 부산물이기 때문이다.

진정 인생을 하루하루 즐기고 자신의 한계에 기꺼이 도전하며 활기와 여유를 갖고 보다 나은 내일을 위해 열정적으로 살아가는 40대들은 이미 성공적인 삶을 사는 것이다. 그렇기 때문에 40대 이후의 삶의 모습을 보면 그 사람의 50대, 60대의 모습이 보이는 것이다.

"우리 앞뒤에 놓여 있는 것은 사소한 문제들이다. 우리 안에 있는 것과 비교한다면. 우리 안에 있는 것을 꺼내어 세상에 펼쳐놓을 때 기적은 일어난다."

헨리 데이빗 소로의 말처럼, 인생길에 놓여 있는 장애물과 시련과 상황과 형편은 모두 사소한 문제들일 뿐이다. 우리가 성장할수록 불가항력적으로 보이고 크게만 보였던 문제들이 작아지게 된다. 그리고 우리 안에 있는 것을 꺼내어 세상에 펼쳐놓을 때, 문제는 더 이상 문제가 아닌 기회가 되어 기적이 일어나게 된다. 이러한 과정에서 반드시 필요로 하는 것은 위대함이다.

우리가 과연 위대한 인물인지 평범한 인물인지에 따라 이러한 과정이 발생할지 안 할지가 결정된다. 그러한 위대함은 바로 40대를 살아가는 삶의 모습에서 드러난다. 10대 때, 20대 때는 누구나 의욕적이고, 누구나 건강하고, 누구나 꿈을 가지고 있다. 하지만 인생의 풍파를 겪으면서 오랜 시간을 보낸 후인 40대 때 그 사람이 꿈을 가지고 열정적으로 살아가느냐 아니냐 하는 것을 보면, 그 사람이 위대한 사람인지 평범한 사람인지 드러나게 되어 있는 것이다.

이러한 이유로 인간의 위대함은 40대 삶의 모습에서 쉽게 드러날 수 있는 것이다. 그리고 무엇보다 40대 공부를 하는 사람은 그 어떤 40대 삶의 모습보다 더 위대한 삶의 모습이라고 할 수 있다. 자신을 성장시키고 발전시키는 사람이기 때문이다.

02 PART

40대,
위대한 공부로
인생을
역전시켜라

40대야말로 진짜 꿈을 꾸고, 진짜 공부를 할 때이다 | 40대 공부를 통해 위대하고 큰 꿈을 꿀 수 있다 | 40대 공부로 변화를 두려워하지 않고, 오롯이 즐길 수 있게 된다 | 40대 공부로 뜨거운 열정을 품을 수 있게 된다 | 40대 공부로 인생을 역전시킨 인물들의 위대함을 배울 수 있다 | 당신을 위대함으로 이끄는 것은 위대한 재능이 아니라, 위대한 공부이다 | 40대 공부로 인생의 참된 주인으로 거듭날 수 있게 된다 | 40대 공부로 대기만성의 토대를 닦을 수 있게 된다 | 40대 공부로 인생 후반기를 당당하게 살아갈 수 있다

어떤 것도 분명한 목표를 위해 존재하려는
인간의 의지에는 저항할 수 없다.
- 벤저민 디즈레일리

모든 것은 꿈에서 시작된다. 꿈 없이 가능한 일은 없다. 먼저 꿈을 가져라.
오랫동안 꿈을 그리는 사람은 마침내 그 꿈을 닮아간다.
- 앙드레 말로

40대야말로 진짜 꿈을 꾸고, 진짜 공부를 할 때이다

"미래는 자신의 꿈을 믿는 자의 것이다."

미국의 루즈벨트 대통령이 위와 같이 말한 바 있다. 그의 말처럼 우리의 미래는 자신의 꿈을 가지고 얼마나 믿고 노력하는지에 따라서 결정된다고 해도 과언이 아니다. 그것은 꿈을 믿는 자는 그 꿈이 반드시 실현될 것임을 믿고, 현재의 모든 행동과 생각이 그것을 향해 초점이 맞추어져 움직이기 때문이다. 하지만 꿈이 아예 없거나, 꿈을 갖고 있다고 해도 꿈으로만 생각을 하고 믿지 않는다면 미래에 그 꿈이 실현될 가능성은 매우 낮다.

이처럼 꿈을 꾸는 것이 가장 중요한 이유는 꿈조차 꾸지 않는 사람은 절대 아무것도 성취해낼 수 없기 때문이다. 그래서 이런 말이 있다.

"꿈을 꾸지 않는 자와 자신의 생명을 포기한 자는 거의 차이가 없다."

진정 꿈을 포기한 사람은 생명을 포기한 것과 다를 바 없다. 그럼에도 수많은 중년들은 삶의 무게와 책임감 때문에 자신의 꿈을 포기한 채 아내와 자식들을 위해 생업에 종사하고 있다. 이것은 비극이라고 말할 수 있다. 과연 아버지를 사랑하는 자녀들이 생계를 위해 자신의 꿈을 포기하고 생명을 포기한 사람처럼 돈만 벌어다 주는 불쌍한 아버지의 모습을 바라고 있을까? 아니면 비록 생계가 위태로울지라도 자신의 꿈을 꾸며 그 꿈을 위해 도전하는 멋진 아버지의 모습을 바라고 있을까? 무엇보다 어떤 모습의 아버지가 자녀들에게 이 세상을 보다 용감하게 도전하는 삶의 모습을 가르치며 행동으로 보여주는 그런 아버지일까?

40대는 진짜 꿈을 꾸어야만 하는 시기이다. 그것은 40대만큼 살아온 날들의 경험과 살아갈 날들의 시간이 적절하게 배합된 시기는 인생에서 찾아보기 힘들기 때문이다. 10대와 20대 때는 인생에 대한 경험이 매우 적기 때문에 자신의 적성, 자신의 소질, 자신의 기호, 자신의 숨겨진 재능 등에 대해 제대로 알 수가 없는 시기이다. 이때는 학교 공부와 대학교의 학과 선택에 의해 자신의 20~30대 인생의 모습이 어느 정도 결정될 수밖에 없다. 그래서 자신다운 삶을 살았다고 할 수 없다. 남들이 다 가는 학교에서 남들이 다 하는 학교 교육을 받으면서 초등학교 6년과 중학교 3년, 고등학교 3년, 대학교 4년 정도를 보내는 사람들이 많다. 남자의 경우에는 의무적으로 군대에 들어가서 2년 전후의 시간을 보내야 한다. 이런 시기에 인생의 경험이 많지 않기 때문에 자신의 참된 재능과 소질을 정확하게 파악하기란 불가능하다.

우리 각자에게는 자신을 새벽마다 가슴 뛰게 하면서 잠에서 깨우는, 그러한 열정을 일깨우는 정말 하고 싶은 일이 반드시 존재하지만, 그것을 미처 발견하지 못하고 평생 시시하게 살다가 인생을 마감하는 경우가 다반사이다.

그래서 정말 행복한 사람이란 자신을 미치도록 행복하게 해주는 일을 발견하고, 그 일을 하는 사람인 것이다. 이런 사람은 더 이상 다른 행복을 바라지 않아도 될 만큼 충만한 삶을 그 일을 하는 과정을 통해 얻기 때문에 결과에 연연하지 않고 일을 하면서 충분히 행복한 삶을 누릴 수 있게 되므로 정말 행복한 사람이라고 말을 할 수 있다.

문제는 자신을 미치도록 행복하게 해주는 일을 발견할 수 있는 시기가 인생의 여러 가지 경험을 쌓고 다양한 사람을 만나보고 다양한 일과 경험을 해본 후인 40대라는 것이다. 그렇기 때문에 40대가 꿈을 꾸기에 가장 좋은 시기인 것이다.

초등학교 자녀를 둔 사람들은 자녀들에게 꿈이 무엇인지 물어보면 다양한 답변이 나오는 것을 알 수 있다. 하지만 그것은 모두 꿈에 불과하다. 어떤 아이는 만화 가게 주인을, 어떤 아이는 우주 비행사를, 어떤 아이는 선생님을 자신의 꿈이라고 말한다. 하지만 이것은 몇 년이 지나면 또 쉽게 다른 것으로 바뀌게 된다. 다시 말해 초등학생들은 아직 인생에 대해 경험이 없으므로, 자신의 적성과 소질을 토대로 하여 제대로 된 꿈을 꿀 수 있는 나이가 아닌 것이다. 중학생이 되고, 고등학생이 된다고 해서 자신의 숨은 적성과 소질을 제대로 파악할 수 있는 것도 아니다. 특히 한국 사회에서는 중학교, 고등학교 때는 입시 공부에만 전념을 해야 하기 때문에 다양한 체험과 경험을 하지 못하는 학생들이 대부분이다. 운이 좋게 자신의 소질과 재능과 적성을 십 대에 발견하는 학생들은 정말로 행운아들이지만, 이런 행운은 극소수의 사람들에게 발생하는 것이다.

그렇기 때문에 다양한 인생의 경험을 하고 다양한 사람들을 만나보고 많은 일들을 직접 해보면서 자신이 가장 좋아하는 일, 자신이 남들보다 잘할 수 있는 일, 자신을 미치도록 행복하게 만들어주는 일을 비로소 발견하게 되는 40대 때가 인생을 걸고 도전해볼 가치가 있는, 제대로 된 새로운 꿈을 꿀 가장 좋은 시기라는 점이다.

최근 주 5일제 근무가 활성화되어 주말엔 등산을 하는 사람들이 많아졌다. 특히 산이 많은 이곳 부산은 더욱더 그렇다. 주말이면 등산복 입은 사람들이 왜 그렇게 많은지 부럽기만 하다. 등산 애호가들이 한 번쯤 꼭 올라가보고 싶은 산이 어딜까? 그것은 아마도 지구상에서 가장 높은 산인 에베레스트 산이 아닐까 생각이 든다. 에베레스트 산의 높이는 8,848m이고, 백두산보다 3배나 더 높다. 이 산을 생각하면 항상 생각나는 현상이 하나 있다. 바로 이 산의 정상을 올라가는 사람들의 숫자이다.

지구에서 가장 높은 산인 에베레스트 산을 과거 30년 전에는 평균적으로 일 년에 2.5명 정도가 오를 수 있었다. 하지만 지금은 일 년에 500명 이상이 오른다고 한다. 왜 이렇게 차이가 많이 나는 것일까? 과거에는 베이스캠프를 해발 3,000m 이하에 설치를 했다고 한다. 그냥 관습적으로 그 정도 높이면 적당하다고 생각했기 때문이다. 인류 역사상 최초로 이 산을 등정한 뉴질랜드의 에드먼드 힐러리가 등정했던 1953년부터 30~40년 동안 베이스캠프의 높이는 3,000m 이상을 넘지 않았다.

그렇게 세월이 흐르고 베이스캠프의 설치 높이는 전통이 되어버렸다. 왜 3,000m 이하에 설치해야만 하는지 누구도 의심을 품지 않았다. 그러다가 어느 날 누군가가 다른 사람들이 보통 치는 높이보다 무려 2배나 높은 곳인 6,000m 정도 되는 곳에 베이스캠프를 쳤던 것이다. 그랬더니 정상에 도달하는 것이 훨씬 수월하다는 사실을 알게 되었고, 그 이후 모든 사람들이 이 사람을 따라서 5,000m에서 6,000m 정도의 높은 곳에 베이스캠프를 치게 되었다. 그 결과 정상에 올라가는 사람의 수가 수백 배 많아지게 되었던 것이다.

이 일이 우리에게 주는 중요한 교훈은 무엇일까? 성공의 최대 비결은 바로 베이스캠프를 높은 곳에 치는 것이다. 즉 무슨 일을 하든, 베이스캠프를 다른 사람들이 상상도 못 하는 높은 곳에 치면 다른 사람들이 상상도 못 하는 위대한 일을 해낼 수 있는 것이다.

10대나 20대에 꿈을 꾸는 것보다 40대가 꿈을 꾸게 되면 오히려 좋은 점이 더 많다. 좋은 점 중에 하나는 꿈을 향한 베이스캠프를 20대 때보다 훨씬 더 높은 곳에 칠 수 있다는 것이다. 이것이 40대가 진짜 꿈을 꾸기에 좋은 시기인 이유이다.

10대는 무엇이 되고자 하는 꿈을 꾸어도 그 꿈과 상관없이 학교를 졸업해야 한다. 20대는 자신이 무엇이 되고자 해도 대학교를 졸업해야 하며 취직도 해야 하고, 남자는 국방의 의무도 져야 한다. 그래서 이때는 꿈을 향한 베이스캠프를 높은 곳에 칠 수가 없다. 하지만 40대는 꿈을 향한 베이스캠프를 누구보다 높게 칠 수 있다. 그렇기 때문에 우리는 40대가 새로운 꿈을 꾸기에 가장 좋은 시기라는 것을 잊지 말아야 한다.

우리가 40대 때 진짜 꿈을 꾸기에 좋은 이유는 또 있다.《마흔의 의미》의 작가인 마치자와 시즈오는 이 책을 통해 20대, 30대는 '진정한 성인'이 아니라고 말한다. 생물학적으로는 성인이지만 심리적으로, 그리고 사회적으로 미성인이기 때문이라는 것이다. 과거 평균 수명이 40세인 시대에는 10대만 지나면 어른 취급을 해주었고 사회적으로도 어른이었고 그러한 사회적 환경 때문에 심리적으로도 어른이 되었다. 조선시대에는 평균 수명이 20~40세였다. 그래서 우리나라에는 60세가 되면 장수했다고 축하해주는 전통 문화인 환갑(還甲)이 있다. 하지만 이제는 평균 수명이 80세를 바라보고 있다. 일흔 정도 되어야 노인으로 인정해주는 시대가 되었고, 환갑이란 말은 이제 변화가 필요한 말이기도 하다.

위 책의 작가는 현대 사회에서는 40세 전후에야 심리적, 사회적으로 '진정한 성인'이 된다고 주장한다. 주위의 친구들을 봐도 이 말은 매우 신빙성이 있어 보인다. 결혼 연령이 계속 높아지는 것도 이러한 사실을 방증해주는 것이 아닐까? 황혼 이혼이 급증하는 것 또한 평균 수명이 늘어나고 있다는 사실을 잘 말해주고 있음을 알 수 있다.

우리는 40세를 전후하여 엄청난 심리적, 사회적인 과도기를 맞이하게 된다. 그래서 40세 전후를 중년의 가장 큰 위기가 닥쳐오는 시기라고 말한다. 하지만 위기는 곧 가장 좋은 기회이기도 하다. 위기(危機)라는 한자를 살펴보면 이 의미를 쉽게 알 수 있다. 위태할 위(危) 자와 기회 기(機) 자가 합성된 한자라는 것이다. 즉 위기는 위태로움과 동시에 기회가 함께 존재하는 것임을 알 수 있다.

40세에 시작되는 중년의 위기에서 가장 눈에 띄는 것은 심리적인 변화이다. 이때 비로소 성인이 된다고 할 수 있다. 그리고 또 한 가지는 이때가 꿈을 꾸기에 가장 좋은 시기라는 것이다. 어설프게 살아온 지난날들과, 자신이 주인이 되어 살아갈 앞으로의 날들을 모두 바라보며 새로운 꿈을 만들기에 가장 좋은 시기가 아닐 수 없다.

한국의 대표적인 정신과 전문의이자 뇌과학자인 이시형 박사는 모든 것이 흔들리고 불확실하고 불안한 시대에 오직 끝없이 배우는 사람만이 새로운 세상에서 살아남을 수 있다고 말했다. 또 우리의 미래는 오늘 무엇을 공부하느냐에 따라 달라진다고 말했다. 그는 자신의 저서인《공부하는 독종이 살아남는다》라는 책을 통해, 나이 들어 하는 공부가 진짜라고 주장한 바 있다. 바야흐로 인간 수명은 100세를 넘어 120세를 향해 가고 있기 때문에, 나이 들어 하는 공부는 이제 선택이 아니라 필수이기 때문이다. 그리고 신기하게도 나이 들수록 하는 공부가 즐겁다고 말한다.

그는 나이 들어 하는 공부가 즐겁고 더 잘되는 여섯 가지 이유를 자신의 저서를 통해 밝히고 있다.

첫 번째 이유는 절실한 만큼 몰입이 쉬워지기 때문이라고 한다. 인생의 산전수전을 다 겪게 되면 자신의 생존과 성공을 위해, 그리고 보다 나은 삶을 살기 위해 공부가 절대적으로 필요하다는 사실을 깨닫게 되기 때문에 절실해진다는 것이다. 그 결과 몰입하게 되고, 몰입의 결과 어느새 슬슬 공부에 재미가 붙는다는 것이다.

두 번째 이유는 창의적인 공부가 가능하기 때문이라고 한다. 20대 공부는 오직 시험용이었고, 그래서 주입식 공부가 전부였지만 어른의 공부는 실생활과 삶에 응용할 기회가 많아서 참된 공부로 느껴진다는 것이다. 그동안 산전수전을 겪으면서 여러 가지 경험을 한 것에 하나하나 실제로 공부하는 내용들이 적용 가능하다는 사실을 깨닫게 된다. '이 내용은 그 일을 할 때 도움이 되겠구나!', '아, 이래서 그랬구나!' 하고 무릎을 치는 순간, 우리 머리엔 불이 번쩍 켜지며 응용이 절로 된다는 것이다. 그래서 응용은 새로운 창의적 생각을 낳으며 기쁨과 즐거움을 선사해준다는 것이다. 이것이 만학의 즐거움이라고 한다.

세 번째 이유는 풍부한 인생 경험이 올바른 공부의 방법과 요령을 찾아주기 때문이라고 한다. '예전에 이렇게 하니까 이해가 더 잘되더라.', '어떤 음악을 들으니 집중이 더 잘되더라.' 등등 공부를 할 때 집중할 수 있는 환경과 조건을 잘 알게 되므로, 좀 더 쉽게 공부를 잘할 수 있다는 것이다.

네 번째 이유는 자기 진단이 된 상태이기 때문이라고 한다. 그래서 자신의 적성이나 잠재 능력, 강점 지능이 어느 분야에 있는지 그동안의 경험으로 잘 알고 있기 때문에 그 분야의 공부를 하면 더 잘할 수 있는 것이다.

다섯 번째 이유는 물질적으로, 정신적으로 보다 많은 투자를 할 수 있기 때문이라고 한다. 학창시절에는 시험 기간이 정해져 있고, 공부할 진도도 이미 정해져서 나온다. 하지만 어른이 되어서 하는 공부는 시험 기간이 없고 시험도 없다. 이런 점에서 마음의 여유가 있는 것이다. 뿐만 아니라 어느 정도 돈을 벌어놓은 후이기 때문에, 물질적으로도 학창시절보다는 훨씬 여유가 있다는 것이다. 그래서 그때보다는 훨씬 더 많은 시간과 물질을 투자할 수 있는 것이다.

여섯 번째 이유는 성취감이 더 크기 때문이라고 한다. 학창시절에는 아무리 열심히 해도 등수가 오르지 않고 오히려 내려갈 때가 많다. 하지만 어른의 공부는 날마다 성취감과 만족감을 느낄 수 있다. 모르던 것들을 새롭게 공부하여 알게 되었을 때, 지적 만족과 성취감을 누리게 된다.

CHAPTER 11
40대 공부를 통해 위대하고 큰 꿈을 꿀 수 있다

위대한 삶을 살았던 사람들은 처음부터 위대한 인간으로 태어난 것이기 때문에 그것이 가능했을까? 아니면 후천적으로 그러한 인생을 그들이 그렇게 만들었을까? 우리는 이러한 질문에 대해 그 누구도 쉽게 결론을 내릴 수 없다는 사실을 알고 있다. 하지만 정답에 대한 힌트를 주는 많은 책들이 있다는 사실을 알고 있다.

그러한 책들 중에 하나가 바로 《아웃라이어(Outliers)》라는 책이다. 이 책은 놀랍게도 그동안 우리들이 당연하게 여겼던 성공의 법칙들, 타고난 지능과 재능, 끊임없는 열정과 노력이 성공을 보장해주는 성공의 조건들이 아니라고 말한다. 결국 성공이란 사회적인 특별한 이점과 특별한 기회요소, 그리고 문화적 유산과 공동체의 혜택을 통해 만들어지는 결과물에 불과하다는 사실을 잘 말해주고 있는 책이다. 하지만 이 책의 저자인 말콤 글래드웰도 위대한 집중력과 반복된 학습의 결과를 부인하지는 않는다. 결국 사회적인 특별한 이점과 기회 요소, 그리고 문화적 유산과 공동체의 혜택을 통해 그 사람이 성공할 수 있지만, 그러한 것들은 그 사람으로 하여금 일만 시간 동안 그 일에 집중할 수 있게 해주고 반복적으로 학습할 수 있게 도와준 환경에 불과하다는 점을 인정하고 있다.

다시 말해, 위대한 삶은 태어나는 것이 아니라 우리가 충분히 만들어나갈 수 있다는 가능성을 말해주고 있다. 그리고 이 책과 함께, 정답에 대한 힌트를 부여하는 또 다른 하나의 책은 《세계적인 인물은 어떻게 키워지는가》라는 책이다. 이 책에서는 《아웃라이어》에서 주장한 내용인 사회적인 특별한 이점과 특별한 기회요소, 그리고 문화적 유산과 공동체의 혜택과 같은 환경적인 요소가 결코 성공하기 위한 절대적인 요소가 아니라는 점을 명확하게 말하고 있다.

이 책에서는 알베르트 아인슈타인의 이야기가 나온다. 그는 외톨이에다 교사에겐 문제아로 찍혔고, 그로 인해 제대로 가르침도 못 받았다. 중학교 졸업반 때는 느릿느릿한 행동과 신경쇠약으로 6개월간 휴학하기도 했다. 그의 아버지는 운동 신경이 둔한 아인슈타인을 매우 창피스럽게 생각했다. 이러한 상황에서 아인슈타인은 사회적인 특별한 교육 이점이나 기회 요소를 부여받기는커녕, 다른 아이들이 누렸던 제대로 된 평범한 교육 기회조차 얻지 못했음이 확실하다. 하지만 그는 세계적인 물리학자가 되었다.

그처럼 이 책에서는 세계적인 인물 400명의 성장 과정에 대해 조사한 내용이 나오는데, 그중에서는 절반 이상이 교사의 미움을 받고 방황을 하며 제대로 된 교육을 받지 못하는 등 심각한 문제를 겪은 사람들임에도 불구하고 위대한 삶을 살았다는 사실을 말해주고 있다. 사회적인 특별한 이점과 기회요소, 공동체의 혜택이 거의 주어지지 않는 소위 문제가정이라고 할 수 있는 집안에서 태어나 청소년기를 불리한 환경에서 보낸 이들임에도 위대한 삶을 살았던 인물들이 매우 많이 소개된다.

이 책의 저자인 빅터 고어츨은 말한다.

"우리의 인생은 부모와 함께 환경에 지대한 영향을 받는다. 하지만 그보다 중요한 것은 자신이 어떠한 야망을 품고, 꿈을 이루려는 신념이 얼마나 강한가? 하는 것이다. 이것에 따라 그 모든 것(환경)은 달라질 수 있다."

그는 환경이 매우 불리했음에도 불구하고 그러한 환경을 극복해내고, 결국엔 성공한 인물들을 많이 소개했다. 흑인에 사생아였고 매우 가난했으며 성폭행을 당했고 미혼모였던 여자아이가 위대한 꿈을 꾸었기 때문에 엄청난 공부와 독서를 포기하지 않았고, 그 결과 세계에서 가장 영향력 있는 여성이 된 오프라 윈프리의 성공 사례도 소개하기도 했다.

결국 어떠한 불리한 환경과 조건도 위대한 꿈을 당해내지 못한다는 것이다. 많은 사람들이 하나같이 주장하는 성공의 최대의 비결은 '크고 높고 담대하고 위대한 꿈을 꾸는 것'이다. 위대함을 갈망하는 자에게 위대한 인생이 펼쳐지고, 만들 수 있는 것이다. 그렇기 때문에 우리가 위대한 꿈을 꾸는 것이 위대한 인생을 살아가는 최고의 비결이다. 하지만 그러한 위대한 꿈을 꾸기 위해서는 자신의 생각을 키워야 하고, 인생과 세상에 대한 정확한 통찰력이 필요하다. 그러한 것들을 형성시켜주는 것이 바로 40대 공부인 것이다.

40대는 두 번째로 맞이하는 20대이다. 그렇기 때문에 두 번째는 첫 번째보다 무엇이든 잘할 수 있고 제대로 할 수 있다. 인생의 경험이 부족했던 20대와 달리, 인생의 경험이 풍부한 '두 번째 20대', 즉 40대에는 20대와 비교도 할 수 없는 위대하고 큰 꿈을 가슴에 품을 수 있다.

우리가 40대에 다시 한 번 용기를 가지고 크고 위대한 꿈을 꿀 수 있다면, 그 사람은 반드시 일어설 수 있다. 꿈을 꾸는 것이 성공으로 가는 길의 절반이기 때문이다. 우리가 위대한 꿈을 꾸면 그 꿈이 우리에게 힘이 되어주고, 추진력이 되어주고, 원동력이 되어주고, 우리에게 부족했던 실력이 되어주고, 부족했던 인맥이 되어준다. 우리에게 부족한 능력이 되어주는 것이다. 물론 꿈만 꾼다고 무조건 다 되는 것은 아니지만 꿈도 꾸지 않는 사람, 꿈도 꿀 수 없는 사람보다는 훨씬 더 좋은 고지를 점령하고 있는 것과 다를 바 없다. 그리고 꿈도 꾸지 못했던 사람에게 꿈을 꿀 수 있게 도와주는 것이 바로 공부이다.

위대한 꿈을 꾸면 그 꿈이 우리를 그곳, 즉 위대한 꿈까지 이끌어준다. 위대한 꿈을 꿀수록 그 꿈의 크기와 힘이 커지기 때문에 더 쉽게 위대한 꿈까지 나아갈 수 있는 것이다. 그렇기 때문에 시시한 작은 꿈보다는 위대하고 큰 꿈을 꾸는 것이 중요할 뿐만 아니라 반드시 필요하다.

위대한 꿈을 꾸기 위해서는 생각의 힘이 필요하다. '생각을 바꾸라, 그러면 세상이 바뀐다.'라고 말하는 노먼 빈센트 필과 '생각하라, 그러면 부자가 된다.'라고 말하는 나폴레온 힐, 그리고 '생각하면 얻고, 생각하지 않으면 얻지 못한다.'라고 말하는 동양의 맹자까지, 너무나 많은 사람들이 생각의 힘에 대해 설파하고 있음을 알 수 있다.

소가 수레를 끌듯 우리의 생각이 우리를 이끈다. 그렇기 때문에 큰 꿈을 꾼다는 것은 결국 큰 생각을 하고 위대한 생각을 한다는 것이다. 큰 생각이 큰 꿈으로 이어지기 위해서는 반드시 그 사람 자체의 그릇이 커야 한다. 그래서 40대 공부가 필요한 것이다. 40대 공부를 통해 성장하고, 커진 그릇만큼의 생각을 할 수 있다.

40대 공부를 통해 공부 그 자체를 오롯이 즐길 수 있게 될 뿐만 아니라, 기쁨의 원천인 공부를 통해 우리는 다시 한 번 지쳐버리고 메말라버린 40대 인생에 한 줄기 빛과 생기와 활력이 내리게 할 수 있다. 그리고 그러한 활력과 빛이 절망 가운데 신음하는 40대들에게 새로운 꿈이라는 싹을 돋아나게 할 수 있다.

맥아더 장군은 '사람은 나이가 들어서 늙는 것이 아니라, 꿈을 잃어버리기 때문에 늙는다'고 말했다. 이 말은 참으로 진리에 가까운 말이 아닐 수 없다. 우리가 늙었기 때문에 꿈이 없는 것이 아니라, 꿈이 없기 때문에 더욱더 쉽게 늙어버리게 되는 것이다. 그리고 그 꿈이 위대할수록 사람은 더 큰 힘과 의지가 생긴다는 사실이다. 그러므로 꿈을 꾸고자 한다면 가장 위대한 꿈을 꾸는 40대가 되자. 인생의 모든 역경을 다 겪어본 40대, 그대들은 충분히 그럴 자격이 있기 때문이다. 그러므로 40대여! 남이 상상도 못 하는 위대한 꿈을 꾸어보자. 그 위대한 꿈이 당신을 위대함으로 이끌어줄 것이다.

위대한 꿈을 통해 평범한 직장인에서 위대한 일을 해내고 있는 사람이 있다. 바로 푸르메재단의 상임이사인 백경학 씨이다. 보통 사람이라면 더욱더 절망하며 자포자기하며 살아갈 엄청난 인생의 불행과 시련 앞에서, 오히려 그는 큰 꿈을 꾸게 되었고 그로 인해 그는 이전에는 상상도 못한 위대한 삶을 살아가고 있는 사람 중에 한 명이다.

그는 기자 시절 독일 뮌헨 대학의 정치학연구소에서 객원연구원으로 수학하며 연수를 받게 되었다. 그러던 어느 날, 영국으로 가족 여행을 떠났다가 불행한 사고를 당하게 되었다. 그래도 자기와 딸은 큰 상처를 입지 않았지만, 트렁크에서 물건을 꺼내고 있던 아내는 두 달을 넘게 의식을 찾지 못할 정도로 중상을 입었다. 사고가 워낙 심해서 왼쪽 다리를 절단해야만 목숨을 건질 수 있었다고 한다. 그래도 목숨을 건진 것만 해도 기적이라고 했다.

그와 가족들은 영국과 독일을 오가며 병원에서 치료를 받으며 제대로 된 재활병원을 경험하게 되었고, 어느 정도 시간이 지나 한국으로 돌아오게 되었다. 그는 한국에 돌아오면 영국과 독일에서 받던 그러한 재활 치료를 당연히 받을 수 있을 것이라고 생각하고 돌아왔지만, 한국에는 솔직히 제대로 된 재활병원 하나 없다는 사실을 몸소 체험하게 되었다. 국내의 병원들은 만년 적자일 수밖에 없는 재활병원을 꺼려한다는 것이다. 한마디로 돈이 되지 않기 때문이다. 환자를 중심으로 한 환자가 존중받는 병원이 아니라, 병원 중심의 병원 수익이 우선이 되는 그러한 병원이 대부분인 국내 실정을 뼈저리게 경험하게 되었던 것이다.

이러한 뼈아픈 경험과 국내의 참담한 현실 앞에서 그는 한 번도 꿈꾸어보지 않았던 '꿈'을 비로소 꾸게 되었다고 한다. 그것도 위대한 꿈을 말이다. 그는 제대로 된 재활병원 하나 없는 한국에 환자가 중심이며 환자가 존경받고, 환자를 가족처럼 돌보는 아름다운 재활병원을 지을 것이라는 위대한 꿈을 그때부터 꾸게 되었다. 이러한 위대한 꿈은 그로 하여금 없던 용기와 담대함을 주었다.

그래서 그는 평생 월급쟁이로 살 운명을 과감하게 거부하고, 잘나가던 회사에 사표를 내던져 '푸르메재활전문병원' 건립을 위한 다양한 활동을 시작하게 되었다. 이제 내년이면 수많은 우여곡절 끝에 제대로 된 재활병원이 건립될 것이라 믿어도 될 것 같다. 이처럼 평범한 직장인이 위대한 꿈을 꾸었기 때문에 그 꿈이 그 사람으로 하여금 위대한 인생을 살 수 있도록 이끌어준 것이다.

그러므로 우리는 위대한 꿈을 꾸어야 한다. 그리고 위대한 꿈의 단초인 위대한 생각을 날마다 해야 하는 것이다.

"사람은 자신이 생각하는 대로 된다. 그래서 인간의 생각은 그가 원하는 것이 아니라, 그의 모습을 이끌어낸다."

제임스 앨런은 위와 같이 말했다. 뿐만 아니라 랄프 왈도 에머슨도 이와 비슷한 말을 남겼다.

"인생은 우리가 하루 종일 생각하는 것으로 이루어져 있다."

그의 말처럼, 하루 종일 어떤 생각을 하느냐에 따라 우리의 모습이 정해진다. 위대함을 생각하면 위대한 인생이 되는 것이고, 평범함을 생각하면 평범한 인생이 되는 것이다. 그렇기 때문에 우리가 무엇을 생각하든, 그 생각하는 대로 된다는 말은 진리에 가깝다고 할 수 있다. 그는 자신의 저서인 《위대한 생각의 힘》이란 책에서 다음과 같이 생각의 힘에 대해 설파하고 있다.

"사람을 성공시키거나 파멸시키는 것은 다름 아닌 그 자신이다. 생각이라는 무기고에서 우울함과 무기력과 불화 같은 무기를 만들어 자신을 파멸시킬 수도 있고, 환희와 활력과 평화가 넘치는 천국 같은 집을 지을 도구를 만들 수도 있다. 올바른 생각을 선택하여 진실로 행함으로써 인간은 신과 같은 완벽한 경지에 오를 수 있다. 반대로 함부로 하거나 악용하면 짐승 이하의 존재로 전락하고 만다. 이 양극단 사이에 온갖 등급의 인격이 있으며 인격을 창조하고 소유하는 것은 바로 자신이다. 그래서 사람은 자신의 생각을 닮아가게 된다. 아니, 사람은 자신의 생각만큼밖에 살 수가 없다."

여기서 한 가지 주의해야 할 점은 위대한 꿈을 꾸는 동시에 자신은 항상 부족하다는 사실을 명심해야 한다는 점이다. 그래야 더욱더 노력하며, 더욱더 겸허하게 앞을 향해 나아갈 수 있기 때문이다.

세상에는 탁월한 재능과 학식을 가졌음에도 불구하고 별로 큰 성공을 하지 못하는 사람들이 생각보다 너무나 많다. 오히려 자신의 재능과 학식과 실력이 부족하다는 사실을 언제나 잊지 않고 있기 때문에 부단히 노력하는 사람들 중에 큰 업적을 달성한 사람이 적지 않다는 것이 현실이다. 이것은 왜 그럴까?

탁월한 재능과 학식과 실력을 가지고 있는 사람은 쉽게 작은 성공을 할 수 있으며, 그러한 작은 성공은 평범한 사람들에 비해 상대적으로 작은 노력으로 쉽게 얻었기 때문에 자신이 우월하다는 사실에 자아도취를 하게 된다. 그로 인해 작은 성공에 취하게 되면 더 이상 성장과 발전을 위해 엄청난 공부, 위대한 공부를 하지 않기 때문이다. 그래서 작은 성공에 도취되는 사람들은 재능이나 실력은 있지만 자신의 그릇을 키우는 데 소홀히 한 사람들이 많다.

즉 위대한 꿈을 꾸면서 항상 그 꿈에 비해 자신의 능력과 실력이 턱없이 부족하다는 사실을 날마다 되새기며 노력하는 사람이 위대한 꿈에 한 발씩 다가갈 수 있는 사람이라는 점을 명심하자. 그리고 더욱더 재미있는 사실은 위대한 꿈을 꿀수록, 그 꿈이 사람으로 하여금 부단히 전진하며 노력할 수 있도록 근면과 인내를 만들어준다는 사실이다.

《혼자 힘으로 백만장자가 된 사람들의 21가지 원칙》의 저자인 브라이언 트레이시는 '꿈을 크게 가져라, 오직 큰 꿈만이 영혼을 감동시킬 수 있다'라고 말했다. 그의 말처럼 우리의 영혼을 감동시킬 그 무엇이 있을 때, 즉 우리는 감동을 크게 받을수록 큰 변화를 만들 수 있다. 그렇기 때문에 우리의 영혼을 감동시킬 수 있는 바로 그것, 즉 꿈을 크게 가질 필요가 분명해진다. 괴테도 '꿈을 작게 꾸지 말라. 자그마한 꿈은 사람들의 마음을 움직이는 힘이 없다.'라고 말한 바 있다. 괴테도 사람들의 마음을 움직이는 힘은 큰 꿈, 위대한 꿈이라는 사실을 잘 알았던 사람이라고 말할 수 있다.

《열정 능력자》의 저자인 진 랜드럼은 성공한 사람들을 광범위하게 연구한 결과, 천재들과 성공한 사람들의 위대함과 탁월함은 타고나는 것이 아니라 학습되는 것이라는 결론을 도출해낸 적이 있었다. 그는 위대한 위인들과 유명인들을 상대로 위대함의 비결에 대해 광범위하게 연구하고 분석을 하였다. 그가 연구한 위대한 인물들로는 세기의 천재인 아인슈타인도 있고 마르크스, 다윈, 마오쩌둥, 프로이트, 나폴레옹, 히틀러, 테레사 수녀, 마틴 루터 킹, 에디슨, 마리 퀴리, 도스토옙스키, 그리고 세계 최고의 부자로 선정된 바 있는 마이크로소프트사의 빌 게이츠, 마이클 잭슨, 마이클 조던, 애거서 크리스티, 오프라 윈프리, 월트 디즈니, 마가렛 대처 등이 있다. 즉 그가 연구한 대상은 자신의 분야에서 세계 최고의 자리에 올랐거나 10년 이상 정상의 자리에 머물렀으며, 눈에 띌 만한 방식으로 세상과 자신이 속한 분야에 거대한 혁신을 이룬 바 있는 인물들이었다.

진 랜드럼은 세습이나 결혼과 같은 타의적인 것들로 권력이나 부를 얻은 인물들은 제외시키고, 오직 자신의 능력과 노력으로 위업을 이룬 인물들을 집중적으로 연구하고 분석하였다. 그가 내린 결론은 '위대함의 비결은 바로 자세, 태도이며 천재들은 타고나는 것이 아니라 학습될 뿐이다'라는 것이다.

"성공은 타고나는 게 아니라 학습되는 것이다."

이러한 결론을 도출해낸 그는 성공을 이끄는 8가지 열정 능력으로 카리스마, 승부 근성, 자신감과 자아존중감, 의욕, 직관, 반항, 모험, 끈기를 들고 있다. 그가 제시하는 위대함에 이르는 8가지 특성 중에 마지막 특성에 우리는 주목해야 한다. 왜냐하면 다른 어떤 특성보다도 성공을 위해서 가장 중요하고 필요한 특성이기 때문이다. 그가 주장하는 8번째 특성인 끈기는 바로 끝까지 포기하지 않는 집념이다. 이것은 인생의 산전수전을 다 겪고 10대와 20대에는 그나마 자신의 인생을 위해 학문에 모든 것을 쏟아부었지만 뜻한 대로 되지 않아 좌절하고 방황하면서 공부의 끈을 놓고 마는 이 시대의 40대들에게 꼭 필요한 특성이며 교훈임에 틀림없다.

40대들이 다시 한 번 더 공부에 미친다는 것은 끝까지 포기하지 않고 다시 시작하는 것과 다를 바 없다. 뚝심이 없다면 40대 공부를 할 수 없기 때문이다. 배짱이 없다면 40대 공부를 시작할 수 없다. 하지만 일단 시작하게 되면 40대 공부를 통해 우리는 누구보다 더 큰 꿈을 꿀 수 있게 된다. 누구보다 더 높은 하늘을 날고 있는 자신의 모습을 비로소 상상할 수 있는 뜨거운 가슴이 생기게 된다. 그러므로 40대여, 공부에 미쳐보자. 우리는 아직도 가야 할 길이 반이나 남아 있다.

40대 공부로 변화를 두려워하지 않고, 오롯이 즐길 수 있게 된다

CHAPTER 12

《마흔 살의 책 읽기》라는 책에서 이 책의 저자인 유인창 씨는 말한다.

"삶의 모습을 바꾸고 자신만의 길을 찾아 발을 옮긴다면 잊지 말아야 할 것은 시간이다. 변화의 길로 들어설 때 마흔의 10년은 절대 놓치면 안 되는 시간이다. 마흔의 10년을 흘려보내면 쉰이라는 나이에 기대어야 한다. 마흔과 쉰이라는 나이는 느낌도, 환경도, 몸도, 마음도, 하다못해 어감도 엄청난 차이가 있다. 쉰이라고 해서 변화를 꾀하지 못할 나이는 아니지만 마흔에 시작하는 발걸음과는 과정도 결과도 다르다.

마흔의 땀으로 자신의 삶을 찾으면 쉰으로 넘어가는 시기부터 그 이후 삶의 토대를 튼실하게 만들 수 있다. 쉰에 시작하는 변화는 토대가 마련되면 예순이라는 나이로 달려간다. 시작하는 시간이 언제냐에 따라 누릴 수 있는 것의 종류가 달라지게 된다."

이처럼 우리가 삶의 모습을 바꾸고 자신만의 길을 찾아 발을 옮기고자 한다면, 반드시 40대에 시작해야 한다. 물론 50대, 60대에 시작해도 안 되는 것은 아니다. 하지만 그 결과가 많은 차이가 난다는 것이다. 이러한 사실을 알고 있으면서도 쉽게 변화를 시도할 용기가 없고 두려운 이들이 많은 것도 사실이다. 그렇다면 어떻게 해야 할까?

특히 40의 나이에 들어서면 변화가 두려울 수 있다. 그냥 지금까지 살던 대로 사는 것이 편하다. 하지만 변화를 시도하지 않으면 망하게 된다는 사실을 명심해야 한다. 이러한 사실을 잘 설명해주는 이야기로 개구리 실험 이야기가 있다. 개구리를 뜨거운 물이 있는 솥에 집어넣으면 너무 뜨거워 곧바로 뛰쳐나온다고 한다. 그래서 개구리는 살 수가 있다. 하지만 개구리들을 처음부터 그 솥에 집어넣고 서서히 불을 지피게 되면 처음에는 뜨겁지 않던 물이 서서히 온도가 올라가게 된다. 이때 신기한 점은 온도가 뜨거워지면 뛰쳐나오기만 해도 살 수 있지만 개구리들이 이상하게도 뛰쳐나오지 않고 그대로 있다가 뜨거워진 물로 인해 죽는다는 것이다. 이러한 사실은 바로 변화를 시도하지 않을 때 우리도 그와 같은 상황을 충분히 만날 수 있다는 것이다.

우리가 살아가는 인생도 개구리 실험을 당하는 개구리와 마찬가지라고 할 수 있다. 솥의 물이라고 할 수 있는 우리 삶의 주위 환경은 우리가 눈치채지 못하게 서서히 뜨거워져가고 있고, 변화되어가고 있다. 하루하루 변화를 눈치챌 수 없지만, 1년이 지나서 보면 엄청나게 많이 변화되어 있고, 또 1년이 지나서 보면 엄청나게 변화되어 있다. 하지만 그 변화를 몸과 마음으로 확연히 알 수 있게 될 때는 아무리 변화에 적응하여 자신이 변화하고자 몸부림쳐봐도 이미 때는 늦었다. 그렇기 때문에 변화를 시도하며 매일 조금씩이라도 전진하지 않는다면 그것은 후퇴하는 것과 다름이 없다.

그래서 매일 자신을 발전시켜나가고 변화를 시도하는 것이 매우 중요한 것이다. 가장 잘나갈 때, 변화가 필요 없을 것 같이 보일 때 변화를 시도한 기업과 사람이 몇 년 후에 크게 성장하고 번영할 수 있다는 사실을 우리는 눈으로 보아왔다. 대표적인 사례가 바로 삼성전자가 아닐까?

삼성이 가장 잘나가고 있을 때, 이건희 회장은 그룹이 모든 사장단과 임원진을 모아서 엄청난 변화를 주문했다.

"처자식만 빼고 다 바꿔라."

왜 이토록 가혹한 변화를 이건희 회장은 주문했을까? 그렇게 해야만 살아남을 수 있기 때문이다. 삼성은 다른 기업들이 변화의 중요성을 간과하고 있을 때, 엄청난 변화를 시도하며 그것을 즐겼던 것이다. 그리고 그 결과 국내 최고의 기업으로 오랫동안 승승장구할 수 있었던 것이다.

최근에도 이건희 회장은 삼성의 모든 임원진과 사원들에게 주문하고 있다. '한눈팔고 있다가는 삼성전자도 구멍가게가 될 수 있다'고 말이다. 잘나가고 있다고 자만하지 말고, 끝까지 변화를 추구하라는 말일 것이다.

우리가 변화를 두려워하지 말고 즐겨야만 할 이유는 이토록 매우 중요한 이유, 즉 살아남기 위해 반드시 필요한 것이다. 이러한 변화를 추구하느냐, 하지 않느냐에 따라 인생이 달라지는 가장 대표적인 동물이 송골매이다.

송골매는 맹금 중의 맹금, 즉 왕 중의 왕이다. 날개의 길이는 30cm, 부리의 길이는 2.7cm 정도로 부리와 발톱의 모양은 갈고리 모양이다. 천연기념물 제323-7호이기도 하다. 매는 왕 중의 왕답게 수명도 사람과 맞먹는 70년이나 된다. 하지만 70년 동안 평탄하게 살 수 있는 운명이 아니다. 처음 40년 동안은 가장 왕성한 삶을 살 수 있지만, 40년을 살고 나면 몸에 털이 너무 많이 자라서 그 털 무게 때문에 제대로 날 수도 없을 뿐만 아니라 사냥에 가장 중요한 부리와 발톱도 40년 동안 사용했기 때문에 뭉툭해지고 무디어져서 더 이상 사냥이 불가능한 상태가 되어 큰 위기가 찾아오게 된다.

만약에 우리가 송골매라면 어떻게 해야 할까? 이제 살날도 얼마 남지 않았으니까, 이렇게 살다 죽어야지 하고 체념해버린다면 그야말로 몇 년을 더 살지 못하고 죽게 된다. 하지만 자신에게 찾아온 이러한 운명 같은 상황에서 변화를 추구하면 지금까지 살았던 40년보다 더 멋진 30년을 살아갈 수 있다는 것이다. 매는 산 정상으로 올라가 자신의 털을 부리로 뽑고 바위에 부리를 부딪치게 하여 부러뜨리고 발톱마저 다 뽑아버린다.

이러한 일생일대의 큰 변화를 통해 매는 다시 왕 중의 왕으로 또 다른 30년을 멋지게 날아오를 수 있는 것이다. 만약에 매가 그냥 자포자기하고 자신에게 주어진 운명과 같은 순간에 변화를 추구하지 않고 그대로 있었다면 절대로 멋진 30년이란 세월은 주어지지 않았을 것이다. 이처럼 변화는 두려워해야 할 대상이 아니라, 우리가 시도하고 추구하고 즐겨야 할 대상이다. 비록 털을 뽑고 부리를 부러뜨리고 발톱을 뽑는 것이 힘이 들고 고통이 수반되는 활동이더라도, 그 고통은 잠깐이며 앞으로 펼쳐질 멋진 30년의 인생을 생각하면 비교도 되지 않을 만큼의 작은 고통인 셈이다.

이러한 인생을 사는 동물은 사냥을 주로 해서 먹고 사는 송골매뿐만 아니라, 죽은 동물의 시체를 주로 먹고 사는 독수리도 마찬가지이다. 즉 수명이 40년 이내라면 별 문제가 없지만, 독수리도 수명이 80년 정도나 되는 동물이다. 하늘의 무법자라고 불리는 독수리들은 우리가 보기에도 별 문제 없이 오랫동안 승승장구할 것처럼 보이지만 독수리 역시 자신을 뛰어넘어 변화를 온몸으로 시도하며 변화를 추구해야만 할 시기가 찾아온다.

죽은 동물을 주로 먹고 살기 때문에 독수리의 부리는 동물의 질긴 살가죽을 잘 찢을 수 있도록 뾰족하고 휘어져 있다. 처음 40년 동안은 인간처럼 문제없이 살 수 있지만 수명이 긴 탓에 40년이 지나면 피할 수 없는 문제가 발생하는데, 바로 발톱과 부리가 길어져 자신의 몸을 찔러서 죽는다는 것이다. 다행히 자신의 몸을 찌르지 않고 발톱과 부리가 길어지는 독수리도 있지만, 결국에는 너무 길어진 부리 때문에 먹이를 제대로 먹지 못해 죽을 수밖에 없다. 결국 대부분의 독수리들은 40년 동안 멋지게 살다가 자신의 운명처럼 주어진 환경과 처지에 순응하여 생을 마감하게 된다. 하지만 극소수의 독수리들은 용감하게 자신의 형편과 처지를 뛰어넘어 변화를 추구한다. 그 독수리들은 부리와 발톱을 부러뜨리며 자신에게 주어진 숙명을 정면으로 거부하는 것이다. 그 결과 또 다른 40년의 기간을 하늘의 무법자로 살아간다고 한다.

이러한 이야기의 원천은 솔개의 환골탈태 우화이다. 뼈를 갈아 끼우는 환골(換骨)과 태를 벗긴다는 탈태(奪胎)를 통해 30년을 더 산다는 솔개의 환골탈태 우화는 많은 경영 혁신 서적과 강연장에서 자주 사용되는 테마이다. 하지만 필자는 솔개의 환골탈태 우화가 솔개나 송골매, 독수리 등에 적용되는 이야기가 아니라, 바로 우리 인간들에게 가장 잘 적용되는 이야기라는 점을 말하고 싶다. 왜냐하면 과거 수백 년 동안 인간의 평균 수명은 40세도 되지 않았다. 그렇기 때문에 현대에 와서 평균적으로 70살 이상을 살고 있는 인간은 바로 환골탈태를 통해 30년이라는 수명을 얻게 된 저 우화 속의 주인공인 솔개라고 말할 수 있다. 인간은 과학과 기술, 의학의 발전을 거쳐 환골탈태하는 고통을 감내하고 발전에 발전을 이룩하여 인류 전체의 평균 수명을 30년 더 연장하였다. 이제 남은 것은 각 개인들이 그 연장된 30년을 저 우화 속의 솔개처럼 멋지게 누리면서 살 것인지, 아니면 육체적인 생명만 연장되었을 뿐 정신적으로는 죽은 자처럼 꿈도 없이, 희망도 없이 좌절 속에서 죽지 못해 하루하루 전전하면서 살 것인지를 선택해야 한다는 점이다.

즉, 다시 말해 솔개의 환골탈태 우화의 주인공은 솔개가 아니라 바로 현대에 살고 있는 우리 인간들이다. 그러므로 40대 인생은 또 다른 인생인 셈이다. 또 다른 인생을 제대로 잘 살기 위해서 우리에게 필요한 것은 부리나 발톱을 새로 만드는 것이 아니라, 공부를 통해 우리의 사고를 확장시키고 공부를 통해 자신을 뛰어넘고 공부를 통해 보다 넓고 큰 세상을 만드는 것이다.

조류학자는 아니지만 이러한 우화를 책을 통해 읽을 때마다 왜 이렇게 가슴이 뛰고 힘이 나는지 모르겠다. 아마도 이 이야기가 바로 40대를 살고 있는 우리 인간들의 모습을 그대로 보여주기 때문이 아닐까? 이 이야기에서 중요한 사실은 20대 때 아무리 변화를 추구한다 해도 그것은 무용지물이라는 것이다. 그때는 변화를 추구하지 않아도 되기 때문이다. 그때는 삶 그 자체가 바로 변화이고 성장이다. 그렇기 때문에 그때는 변화를 추구한다 해도 날카로운 부리와 발톱이 건재한 시기이므로 불필요할 뿐이다. 단지 그때는 변화를 추구한다기보다는 성장을 추구해야 하고 발전을 추구해야 한다.

정말로 변화가 필요한 시기는 40대 때이다. 40대 때 변화에 성공하지 못하면 독수리나 매처럼 자신에게 주어진 운명을 받아들여야만 할 것이고, 그렇게 사라져 가야만 할 것이다. 이러한 점에서 우리 인생에서 가장 중요한 때는 20대가 아니라, 바로 40대라고 볼 수 있다.

이런 이야기와 정반대의 이야기도 있다.

《인생으로의 두 번째의 여행》이라는 알랜 B. 치넨의 책에서 나오는 이야기 중에는 인간의 수명과 관련된 이야기가 나온다. 특히 마흔을 넘어 살아가는 중년의 삶에 대한 이야기가 나오는데, 중년의 남자를 당나귀로 표현하고 있다. 이 이야기를 간단히 소개하면, 신께서 세상을 창조한 후에 모든 짐승들에게 30년이라는 수명을 주었는데, 공교롭게도 그것에 대해 많은 짐승들이 수긍하지 못하고 신께 여러 가지 요구를 하게 된다. 먼저 개는 늙는 게 두려워 몇 년을 덜 살기를 요청한다. 원숭이도 너무 많은 수명은 부담이 된다면서 빨리 죽기를 요청했다. 결국 신께서는 10년씩 줄여주기로 결정하셨다. 그런데 당나귀는 이와 반대로 자신은 힘든 짐을 나르며 살기 때문에 그 대가로 조금 더 오래 살게 해달라고 요청하였다. 그 요청이 받아들여져서 당나귀는 18년을 더 살게 된다. 마지막으로 인간은 30년이라는 수명이 너무 짧다고 불평하였다. 그 결과 개와 원숭이의 삶, 심지어 당나귀에게 주기로 된 18년이라는 수명까지도 모두 인간에게 몰아주었다고 한다. 그래서 인간은 첫 30년 동안은 원래의 자기 수명이므로 자연스럽고 건강하게, 행복하게, 활기차게 살아갈 수 있지만, 30년이 지나고 나서는 인간보다 못한 동물들, 즉 당나귀와 개와 원숭이와 같은 삶을 살아가게 된다고 말한다.

그래서 본래 주어졌다는 30년을 다 살게 되면 그 후부터 18년 동안 일만 하는 당나귀의 삶을 살아가게 되고, 그 기간이 끝나면 십 년 동안 놀고먹는 개와 같은 삶을 살아야 하고, 그 기간이 끝나면 자기 멋대로 살게 되는 원숭이와 같은 삶을 살아야 하는 것이 인간이라고 말한다.

이러한 두 가지 이야기를 통해 우리는 변화를 추구하는 삶은 독수리나 매와 같이 이전의 40년보다 더 멋진 인생을 살아갈 수도 있다는 것을 배웠다. 그리고 이와 반대로 그저 주어진 삶에 순응하며 40대에 변화를 추구하지 않는다면, 일만 하고 인생의 노화라는 채찍질에 맞으며 꿈이 없이 살아가는 당나귀와 같은 인생을 살아가야 한다는 사실을 배웠다.

"우리 시대의 가장 위대한 발견은 인간이 자신의 태도를 변화시킴으로써 삶을 변화시킬 수 있다는 것이다."

심리학자인 윌리엄 제임스의 말이다. 즉 그는 자기 자신의 변화를 통해 자신의 운명이 바뀔 수 있다고 말했다. 좀 더 구체적으로 말하면, '생각이 바뀌면 태도가 바뀌고, 태도가 바뀌면 행동이 바뀌고, 행동이 바뀌면 습관이 바뀌고, 습관이 바뀌면 인격이 바뀌고, 인격이 바뀌면 운명이 바뀐다'라고도 말했다. 그의 말처럼 우리는 변화를 추구해야 한다. 자신의 변화를 추구하면 그것이 곧 삶의 변화로 이어지고, 그것은 또한 우리가 머물고 있는 이 세상의 변화로 이어질 것이다. 운명을 바꾸는 것은 큰 행운이나 큰 성공이 아니라, 작은 변화에서부터 시작된다는 사실이 매우 중요하다. 그것도 눈에 보이는 행동이나 습관에서부터 시작되는 것이 아니라 더욱더 작아서 보이지 않는 것, 즉 생각의 변화인 것이다.

자, 이제 변화를 추구할 것인지 아니면 그대로 변화 없이 살다가 당나귀와 같은 꿈이 없는 삶, 일만 하다 가는 삶을 살 것인지 선택을 해야 한다. 하루하루 선택 없이, 변화 없이 사는 것 자체가 바로 당나귀와 같은 삶을 살기로 선택한 것과 다름없음을 알아야 한다.

"나는 힘이 센 강자도 아니고, 그렇다고 두뇌가 뛰어난 천재도 아닙니다. 날마다 새롭게 변했을 뿐입니다. 그것이 나의 성공 비결입니다."

세계 최고의 부자 중에 한 명인 빌 게이츠의 말이다. 그의 말처럼 날마다 새롭게 변화를 추구하는 것이 최고의 성공 비결인 것이다.

자, 40대여! 이제 일어나 변화하라. 멋진 새로운 또 하나의 인생을 위해 변화를 두려워하지 말고 즐기며 그 변화의 중심에 자신을 세워보도록 하자.

13 CHAPTER
40대 공부로 뜨거운 열정을 품을 수 있게 된다

　40대가 되면서 아침마다 눈을 뜨는 것이 매우 힘겹게 느껴지는 사람들이 많다. 왜 그럴까? 그것은 우리가 매일 하는 일이 우리로 하여금 가슴 뛰게 하며 행복감으로 미치게 할 정도로 좋아하는 일이 아니기 때문이다. 대부분의 사람들은 진정 자기를 행복하게 해주고 마음속 깊은 곳에서 잠자고 있는 열정을 깨울 수 있게 해주는 가슴 뛰는 일 대신, 먹고 살기에 급급하여 돈벌이만을 위한 일을 한다.

　꼭 하고 싶은 말은 이것이다.

　자신의 적성이나 즐거움이나 기쁨을 저버리는 돈벌이만을 위한 무미건조한 생업을 포기하고, 자기 자신을 오롯이 기쁘게 해줄 수 있는 일, 자신을 진정 행복함으로 미치게 하는 그러한 일, 자신의 숨겨진 열정이 오롯이 발산될 수 있는 일을 하라는 것이다.

생업을 포기하라고? 그렇다.

자신의 적성이나 꿈과 전혀 상관없는 생업, 그리고 자신의 기쁨이나 즐거움을 저버리는 무미건조한 생업은 인생을 살리는 생업이 아니라 참다운 인생을 죽이는, 마지못해 하는 일에 불과하다. 무엇보다 40대도 행복해질 권리가 있다. 아니, 힘든 삶을 살아온 40대이기에 행복해져야만 할 권리가 있는 것이다. 인생은 단 한 번뿐이다. 그러므로 자신이 진정 좋아하는 일을 할 권리가 있다. 그 권리를 찾기를 바란다. 그리고 그러한 권리를 찾도록 도와주는 것이 바로 40대 공부임을 명심해야 한다. 그래서 40대 공부를 하지 않은 자는 세상을 제대로 볼 수 없고, 자신을 제대로 볼 수 없다. 그래서 진정 자신이 가장 좋아하는 일이 무엇인지, 그리고 그 좋아하는 일을 제대로 해낼 수 있는 가장 최선의 길이 무엇인지 선택하고 발견할 수 없다. 이 또한 40대 공부를 해야만 하는 이유인 셈이다.

아침마다 잠자리에서 벌떡 일어나게 만드는, 열정이 넘치고 에너지가 다시 솟아나며 가슴 뛰게 만드는 그러한 일을 찾아라. 이것이 가장 중요하다.

수많은 성공학자들과 자기계발 서적의 저자들이 한결같이 주장하는 중요한 성공의 비결 중에 하나는 '자신이 진정 좋아하는 일을 찾아서 그것을 하라'는 것이다. 이것이 왜 중요한 성공의 비결일까?

자신이 좋아하는 일이 아니라 월급을 많이 주고 돈을 많이 벌 수 있는 일을 하면 오히려 더 빨리 부자가 되는 것이 아닌가? 라고 의구심을 품을 수 있다. 물론 세상은 이렇게 우리를 현혹한다. 그래서 많은 사람들이 현혹에 넘어가 자신이 진정 좋아하는 일보다 돈을 많이 벌 수 있는 일을 선택한다. 하지만 결과는 과연 어떨까? 흥미로운 사실은 재미있고 좋아하는 일을 선택한 사람이 돈만 보고 일을 선택한 사람보다 훨씬 더 큰 성공을 거두고, 훨씬 더 큰 부자가 된다는 통계가 있다는 사실이다.

성공하거나 부자가 되는 사람들의 공통점은 바로 '일' 자체의 노예가 되어 끌려 다니는 인생이 아니라, '일'을 주도하고 즐기며 그것으로 인해 행복해한다는 점이다. 이 점에서 자신이 노예가 되는 일을 할 것인지, 아니면 자신을 가슴 뛰게 하는 일을 할 것인지 그 이유가 명백해진다. 이 두 가지의 차이는 눈에 보이지 않지만, 우리에게 끼치는 영향은 매우 크며 광범위하다. 그래서 어떤 사람은 일을 하면 에너지가 다 소모되어 몸과 마음이 지치고 모든 능력이 고갈되는 것을 느낀다. 하지만 어떤 사람은 일을 하면 할수록 에너지가 샘솟고 몸과 마음에 알지 못했던 힘이 솟아나고 자신도 미처 몰랐던 능력이 발휘되는 것을 느낀다. 이 두 사람의 차이가 바로 돈벌이를 위한 일, 일의 노예가 되는 사람과 자신의 가슴을 뛰게 하는 일, 일의 주인이 되는 사람의 차이이다.

탁월한 성공을 거두고 일을 통해 큰 부자가 된 사람들에게 "왜 당신은 아직도 일을 하나요? 이제는 충분히 벌었잖아요?"라고 물어보면 하나같이 자신이 하고 있는 일이 자신을 행복하게 하고, 가슴 뛰게 하고, 즐겁게 해주기 때문에 일을 한다고 말한다. 결코 돈벌이 때문에 일을 하는 것이 아니라는 것이다. 자신이 좋아하는 일을 정신없이 하다 보니까 돈이 따라왔다는 것이다.

이러한 사례는 굉장히 많다. 수많은 자기계발 서적에 소개된 이야기

중 하나가 바로 이러한 내용과 관련된 이야기이다.

　하버드 대학교에서 졸업생들을 대상으로 한 연구 결과가 이러한 사실을 잘 말해주고 있는 하나의 사례라고 볼 수 있다. 자신이 좋아하는 일, 그래서 할 때마다 가슴 뛰는 일을 직업으로 선택한 졸업생들과 이와 달리 자신의 적성보다는 돈을 많이 주는 일을 직업으로 선택한 졸업생들 사이에는 확실히 큰 차이가 생겼다고 한다. 그 차이는 바로 어느 한쪽은 큰돈을 벌고 사회적으로도 높은 지위에 올라가서 큰 성공을 거두었고, 다른 한쪽은 큰돈도 벌지 못했을 뿐만 아니라 사회적으로도 높은 지위에 올라가지 못하고 큰 성공도 거두지 못했다는 점이다. 과연 어느 쪽이 전자일까? 아이러니하게도, 돈보다도 적성에 맞게 좋아하는 일을 선택한 졸업생들이 큰돈을 벌었을 뿐만 아니라, 사회적으로도 높은 지위에 올라가서 큰 성공을 거두었다는 사실을 밝혀냈던 것이다.

　워렌 버핏도 역시 이러한 사실을 잘 알고 있었고, 그로 인해 세계적인 부자가 될 수 있었다. "여러분이 좋아하는 일을 택하세요. 그러면 성공은 자연히 따라오게 됩니다."라고 말하기까지 한 그 역시 자신의 적성에 맞는 직업을 잘 선택하는 것이 성공과 실패에 매우 중요한 영향을 끼치는 조건이라고 주장했다.

　그렇다고 돈을 많이 벌기 위해서 자신이 좋아하는 일을 하라는 것만은 아니다. 돈을 많이 벌고 사회적으로 성공하는 것을 제외하더라도 좋아하는 일을 해야 하는 더 중요한 이유는 따로 있다. 그것은 바로 자신이 좋아하는 일을 할 때, 내면에 숨겨져 있고 잠자고 있던 수많은 재능과 상상력과 지혜와 통찰력이 비로소 깨어날 수 있는 유익함이 있기 때문이다. 마치 막혔던 물길이 외부의 큰 힘을 통해 비로소 뚫려서 물이 시원스럽게 흘러 내려가는 것과 같은 이치이다. 좋아하는 일을 하면 답답하게 막혔던 물이 시원스럽게 흐르듯 우리 내면에 존재하던 수많은 흥미와 에너지, 재능들이 깨어나서 한곳으로 흐르게 된다. 자신이 좋아하는 그 일이 내면의 바다에 흘러들어, 결국에는 다양한 재능과 흥미와 기쁨과 에너지와 재능과 지식과 경험들이 모두 그곳에서 만나게 되고 결합되어 상상도 못 할 일을 해내게 되는 것이다. 그렇기 때문에 자신이 좋아하는 일을 하는 것이 무엇보다 중요하다고 할 수 있다.

그리고 좋아하는 일을 하게 되면 그때부터는 지겨운 돈벌이인, 말 그대로의 일을 하지 않을 수 있게 된다. 자기계발 분야의 대가인 브라이언 트레이시는 '정말로 좋아하는 일을 하면 앞으로의 인생에서는 일을 하지 않을 수 있다'라는 간결한 표현으로 좋아하는 일을 하는 것의 유익함을 잘 말해주고 있다.

"일은 돈을 뛰어넘는 귀중한 가치 실현의 기회이다."

베스트셀러인 《죽음의 수용소에서》의 작가이며 심리학자인 빅터 프랭클이 이렇게 말한 바 있다. 우리가 하는 일이 단지 돈벌이만을 위한 일이라면, 그것은 너무나 큰 낭비일 수 있다. 일은 돈을 뛰어넘어 자신을 행복하게 해주고, 자신의 가슴을 뛰게 해주며, 자신이 살아 있다는 것을 온몸으로 느끼게 해주며, 자신이 살고 있음을 통해 이 세상과 타인에게 가치 있는 것을 생산해줄 수 있는 가치 실현의 기회인 것이다.

무미건조한 돈벌이를 위한 일은 지금 당장 그만두라. 일을 통해 자기 존재의 발전을 추구할 수 있고, 존재 가치의 실현이 되고, 열정이 샘솟고,

가슴이 뛰는가? 그렇지 않다면 자신의 가슴을 뛰게 하는 일을 찾아야 한다. 왜냐하면 성공을 하기 위해서뿐만 아니라 이것 외에도 다양한 유익함이 있기 때문이다. 먼저 가슴 뛰는 일을 하게 되면, 일을 하는 동안 누구보다 자기 자신이 행복해질 수 있다. 그리고 자신이 행복해지면 그 행복이 주위 사람들에게 고스란히 전파되어 주위 사람들도 행복해질 수 있다. 또 실패나 시련을 겪어도 쉽게 그 일을 포기하지 않는다. 자신을 가슴 뛰게 하는 일이기 때문에, 아무리 실패해도 다시 도전할 수 있는 힘이 되어주기 때문에 결국에는 성공하게 된다. 그리고 자신이 좋아하는 일을 하게 되면 매사에 긍정적이고, 밝고, 희망찬 모습을 주위 사람들에게 유감없이 보여줄 수 있게 되어 많은 사람들에게 사랑받게 되고 주위에 사람들이 모여들게 된다. 인간의 인내나 의지는 한계가 있지만 자신이 좋아하는 일, 자신의 가슴을 뛰게 만드는 일을 하게 되면 절대 포기하지 않고 끝까지 할 수 있게 된다. 그래서 그 분야에서 대가가 될 수 있다. 이러한 유익한 점들이 수도 없이 많다는 점을 생각할 때, 돈을 많이 벌 수 있는 일보다 자신이 좋아하는 일, 자신의 가슴을 뛰게 만드는 일을 선택하는 것은 매우 현명한 선택이 아닐 수 없다.

성경 다음으로 많이 번역된 책인 노자의 《도덕경》에서는 '좋아하는 일을 해야 한다'고 말하고 있다. 세상에서 가장 많이 번역된 책인 성경에서도 이와 비슷한 말이 나온다. '그러므로 나는 사람이 자기 일에 즐거워하는 것보다 더 나은 것이 없음을 보았나니 이는 그것이 그의 몫이기 때문이라(전도서 3장 22절)'라고 지혜의 왕 솔로몬이 말한 대목이 나온다. 자기가 하는 일에 즐거워할 수 있다면 이것보다 더 나은 것이 있으랴? 인간은 가정보다 직장에서 더 많은 시간을 보내고, 평생 동안 계산해보면 노는 시간보다 일하는 시간이 훨씬 더 많다. 그렇기 때문에 자신이 하는 일이 즐거운 일이라면, 더욱이 자신의 가슴을 뛰게 할 만큼 좋아하는 일이라면 그 사람은 더 이상 무엇이 부러울 것인가? 이미 인생에서 가장 큰 행복을 가지고 있는 사람이 아니라고 말하기 힘든 것이다. 그렇기 때문에 우리는 돈벌이에 불과한 일이 아니라, 가슴 뛰게 하는 그러한 일을 선택하는 것이 매우 현명한 일이다.

똑같은 40대를 살고 있지만 누구는 '사는 게 너무 재미없다'라고 말한다. 하지만 어떤 사람은 '사는 게 너무 재미있다'라고 말한다. 과연 그 차이는 무엇일까? 무엇이 이 두 사람을 갈라놓은 것일까? 바로 삶과 일에 대한 자신의 선택의 결과일 뿐이다. 돈이 아무리 많다고 사는 게 무조건 재미있는 것은 아니다. 아무리 큰 성공을 한다 해도 그것만으로 삶이 재미가 있다고 말할 수는 없다. 엄청난 부자들이 우울증으로 자살을 하고, 큰 성공을 한 연예인들과 기업인들이 자살을 하는 경우를 우리는 신문지면을 통해 자주 접하고 있다. 사는 게 힘들고, 고달프고, 탈출구가 더 이상 없다고 생각하기 때문에 자살을 선택하는 것이 아닐까? '사는 게 정말 너무 재미있다'라고 말하면서 살아갈 수 있는 방법 중에 하나는 자신을 미치도록 행복하게 하는 일을 찾아서 그 일에 미쳐보는 것이다.

40대 공부를 통해 우리는 무엇보다 뜨거운 열정을 품을 수 있게 된다. 그것은 인생을 누구보다 더 활기차고 열정적으로 살아가는 데 매우 중요한 조건을 갖추게 되는 것이다.

진시황은 한비자(韓非子)의 저서를 읽다가 자신의 몸속에서 알 수 없는 열정과 감동이 솟아나는 것을 느낄 수 있었다. 그래서 다음과 같은 말이 입에서 자신도 모르게 튀어나왔다. 그토록 죽기를 싫어하고 두려워했던 진시황이 아니었던가?

"이 책을 지은 사람을 만날 수만 있다면, 죽어도 한이 없겠다."

이처럼 책을 읽고 공부를 하게 되면 옹졸하고 편협한 인간도 열정에 사로잡혀 순수한 인간으로 되돌아갈 수 있는 것이다. 이만큼 공부의 위력은 대단하다. 나폴레옹으로 하여금 전쟁터에서도, 말 위에서도 책을 보게 하는 열정을 심어준 것은 바로 그가 평생 포기하지 않았던 공부였다. 그로 하여금 위대한 나폴레옹이 되게 해준 것은 바로 그가 한 공부 때문이다. 특히 손자병법에 대한 공부를 쉬지 않고 했고, 그가 정복자가 될 수 있도록 해준 것이 바로 병법에 대한 공부라고 하지 않을 수 없다. 그러한 공부를 통해 그가 수많은 전쟁에서 승리한 것보다 더 큰 유익은 말 위에서도 책을 읽을 만큼 열정적인 사람이 될 수 있게 해주었다는 것이다.

공부를 하는 사람은 나이에 상관없이 대부분 활기차고 열정적이다. 그 이유는 새로운 것을 끊임없이 배우고 익히는 사람은 누구보다 뇌가 활동적이고 기능적이기 때문이다. 우리가 쉽게 노화되는 것은 뇌가 쉬기 때문이다. 뇌가 쉬지 않고 잘 기능하여 활동적이 되면 노화의 속도가 늦춰지고 젊음을 유지할 수 있도록 뇌 명령을 내린다. 반대로 건강하게 사회생활을 하던 사람들이 은퇴를 하는 순간, 갑자기 늙어버리고 건강도 안 좋아지는 것은 그들의 뇌가 '이제 인생을 다 살았구나, 이제 내가 할 일이 없구나' 하는 부정적인 인식을 하기 때문이다. 이러한 인식을 하게 되면 뇌는 신체 각 부분에 알게 모르게 이제 죽을 때가 되었다는 메시지를 보내게 된다. 그 결과 건강하게 사회 생활하던 사람들이 은퇴만 하면 갑자기 여기저기 몸이 아프고 급작스럽게 늙어버리는 것이다. 하지만 공부를 하는 사람들은 이와 반대로 '아직도 새로운 것을 배우고 있구나, 아직도 한창 나이구나'라는 긍정적인 메시지를 뇌가 인식을 하고 젊음의 메시지를 온몸 구석구석으로 보내게 되는 것이다.

그 결과 없던 열정과 젊음이 계속해서 솟아나게 된다. 공부를 통해 우리는 뜨거운 열정을 품을 수 있게 되는 것이다.

40대 공부로 인생을 역전시킨 인물들의 위대함을 배울 수 있다

CHAPTER 14

　인생의 산전수전을 다 겪은 후 인생의 중년인 40대가 되어서 비로소 공부에 뜻을 두고 공부를 하여 인생을 역전시킨 사람들은 동서고금을 통하여 많이 존재한다.

　먼저 중국의 한무제 때 인물인 공손홍(公孫弘)에 대해 살펴보자.

　그는 한나라 때 인물로 산동 지방에 살았고, 전직이 옥리(獄吏)였다. 하지만 그 자리조차 죄를 짓고 쫓겨나는 산전수전을 겪게 된다. 결국 그는 시골에서 돼지를 키우며 생계를 꾸려나가는 처지까지 겪으며 하루하루를 희망도 없이, 도전도 없이 말 그대로 생명만 연장시키며 사는 사람이 되었다. 이것이 바로 우리의 모습이 아닐까? 하지만 그는 제2의 인생에 도전을 하기 시작했다. 그의 나이 마흔이 되어서 학문에 뜻을 두기 시작한 것이다. 즉 40대 공부를 시작했다. 돼지를 키우며 생계를 꾸려나가야 하는 그에게 40대 공부라는 것이 지금처럼 쉬운 것이 아니었다. 하지만 그는 '춘추잡설(春秋雜說)'을 독학하고, 공자가 말한 공부의 기쁨을 누리며 공부에 빠져들었던 것이다. 그렇게 20년의 세월이 흐른 후, 그의 공부는 비로소 빛을 발하기 시작했다. 그의 학문이 점차 인정을 받기 시작했고, 급기야는 지방관의 추천을 받아 벼슬길에 오르게 되어 일약 조정의 박사(博士)로 임명되었다. 하지만 관직에서 다시 물러나는 시련을 겪게 되었고, 40대 공부를 통해 자신을 뛰어넘고 세상의 풍파에 흔들리지 않는 큰 그릇으로 자신을 발전시킨 탓에 어떠한 요동도 좌절도 하지 않으며 의연하게 그것을 받아들였다. 그래서 또다시 66세 때 조정에 들어가게 되었으며 이때 역시 어떠한 경거망동도 하지 않고 변함없이 언행심사에 예를 다해 실천한 끝에 76세 때 비로소 승상의 위치에 오르게 되었다. 그로 인해 그는 중국 역사에 큰 족적을 남기는 인물 중에 한 명이 될 수 있었고, 인생의 후반기에 멋진 삶을 일구어낸 인물이 되었다.

만약에 그가 인생의 40대 때, 현실에 자포자기하여 돼지만 키우며 하루하루를 아무 목표도 없이 보내며 공부에 뜻을 두지 않았다면, 그가 과연 승상이 될 수 있었을까? 절대 불가능했다고 확실하게 말할 수 있다. 뜻밖의 행운이 찾아와서 관직에 오를 수는 있었을지 몰라도 얼마 못 가 자신의 역량과 학문과 그릇의 크기로 인해 관직에서 쫓겨날 것이 뻔하기 때문이다. 공손홍의 예를 통해 우리는 40대 공부가 왜 중요하며, 왜 꼭 필요한 것인지 이해할 수 있다.

40대 공부를 통해 인생을 역전시키고 큰 성공을 거둔 사람이 어디 그

뿐이겠는가? 현대에도 많은 사람들이 40대 공부를 통해 인생을 역전시키고 있으며, 이미 역전시킨 사람들도 있을 것이다. 이미 역전시켜 성공의 길을 가고 있는 사람 중에는 다양한 분야의 사람들이 존재한다. 그중에 한 명이 화가 폴 고갱이다. 그는 빈센트 반 고흐, 폴 세잔과 함께 20세기 현대 미술에 지대한 영향을 미친 작가로 꼽힌다. 그가 이렇게 영향력 있는 화가가 될 수 있었던 것은 40대의 도전 때문이었다. 그는 증권 거래소 직원이었다. 증권 거래소 직원의 삶은 안정과 평화와 만족스러운 결혼 생활을 보장했다. 하지만 그는 43세에 회화에 대한 열정을 품고 공부를 위해 안정된 증권 거래소 직원의 삶을 과감하게 포기하고 화가의 길에 전념하러 타히티 섬으로 떠났다. 비록 그의 삶은 순탄하지 않았지만, 40대의 나이에 자신의 꿈을 위하여 도전할 수 있었던 사람 중에 한 명이었다.

정신분석학의 대가이며 창시자로 평가받고 있는 지그문트 프로이트는 의사라는 안정된 직업을 과감하게 포기하고 심리학자로 변신하여 공부를 정식으로 시작한 것이 바로 40세 때였다. 오랫동안 그는 자기 자신이 진정으로 원하는 것이 무엇인지를 깊이 있게 고민한 결과, 심리학이야말로 자신이 공부해야 할 분야라는 것을 깨닫게 되었기 때문이다.

40대는 가장 좋은 혁명의 시기이고, 역전을 준비할 수 있는 시기이다. 하지만 40대를 훨씬 넘어서도 역전에 성공한 인물들은 너무나 많다. 그 중에 한 명이 미국의 국민 화가 모지스 할머니이다.

미국에서 '국민 화가'로 평가받는 화가 '모지스 할머니(Grandma Moses)', 즉 그랜드마 모지스는 76세에 화가의 삶을 시작했고, 그 결과

79세에 개인전을 열기까지 했으며 무려 101세 되던 해에 세상과 이별하기 전까지 붓을 놓지 않고 그림을 그린 것으로 유명하다. 그는 평범한 시골 주부였다. 72세 때 관절염 때문에 자신이 좋아하던 자수를 할 수 없게 되자, 주위 사람들의 제안으로 그림을 그리기 시작했고 결국 화가가 되었다. 70세를 넘은 나이에 평범한 가정주부가 전혀 다른 세계인 예술가로서, 화가로서의 삶을 살았던 사람도 있는 것이다. 그렇다면 40대의 나이는 무엇이라도 새롭게 시작하고도 남을 나이이다.

영화 〈슈렉〉의 원작 동화인 'Sherk!'을 쓴 동화작가이며 '안데르센 상' 수상자이기도 한 윌리엄 스타이그가 작가의 길을 시작한 것은 그의 나이 예순하나이다. 평생을 바쳐 작업한 카툰과 그림으로 인해 편안한 노후가 보장되었음에도 불구하고, 어린이 책 세상에 동화작가로 새로운 인생을 출발한 그는 무려 95세의 나이로 세상과 이별하기 전까지 동화작가로서 살았다.

이렇게 뒤늦게 새로운 인생을 살고 새로운 분야에 도전한 사람들은 하나같이 오래 살았다. 그 이유가 무엇일까? 그것은 아무 꿈도 없이 하루하루 사는 사람들이 도저히 가질 수 없는 꿈을 이루기 위해 날마다 자신이 진정 하고 싶은 일을 했기 때문이라고 할 수 있다.

이탈리아의 세계적인 작곡가인 주세페 베르디는 걸작 오페라인 〈팔스타프〉를 무려 80세의 나이에 작곡했다. 그리고 현대 경제학의 창시자로 칭송받고 있는 피터 드러커 박사는 《넥스트 소사이어티》란 위대한 책을 93세에 집필했다.

이런 사람들과 비교해보면, 우리가 40대에 새롭게 공부에 미치기만

한다면 어떤 일도 해낼 수 있다고 자신 있게 말할 수 있는 것이다.

혹자는 말할 수도 있다. 40대에 새로운 분야의 공부를 시작하여 그 분야에서 대성할 수 있을까? 라고 말이다. 하지만 대성할 수 있을 뿐만 아니라, 이전에 전혀 다른 삶을 살았던 경험과 전혀 다른 분야의 지식이 어우러져서 오히려 더 큰 성공과 발견을 할 수 있다고 말하고 싶다.

노벨상 수상자들 중에 어떤 사람들은 바로 이러한 원리, 즉 학문 분야의 경계를 넘나들었기 때문에 다른 분야의 지식들이 융합되고 잘 연결되어 위대한 학문적 발견이 가능했다는 점을 무시할 수 없다는 사실을 생각해볼 때, 40대에 이전에 전공하였거나 오랜 경험을 쌓아온 분야에서 완전히 벗어나서 전혀 다른 새로운 분야의 일에 도전할 때, 시간은 좀 오래 걸릴지 몰라도 더 큰 성공을 해낼 수 있는 것이다.

나이 40에 공부를 시작하여 위대한 학자가 되고 세계적인 명성을 떨치고 있는 사람들도 찾아보면 굉장히 많다. 이스라엘의 유명한 학자 중에 한 명은 원래 부잣집의 일꾼이었는데, 그 집의 딸을 사랑하게 되었고 결국 주인에게 발각되어 딸과 함께 쫓겨나게 되었다. 후에 부인의 권유로 공부를 시작하게 되었으나 처음에는 아무리 부인이 권해도 평생 공부라고는 해보지 못한 그는 쉽게 시작할 수가 없었다. 나이도 마흔이 넘었기 때문이다.

그러던 어느 날, 일을 하러 갔다가 목이 말라 바위틈에서 흐르는 물을 먹기 위해 바위에 가까이 다가섰는데, 그 바위에 구멍이 하나 나 있는 것을 볼 수 있었다. 처음에는 아무 생각 없이 그 구멍을 보고 있었지만, 나중에야 바위의 구멍은 바로 위에서 떨어지는 작은 낙숫물에 의해 생긴 것이었다는 것을 깨닫게 되었다. 그 순간 그는 큰 자신감과 교훈을 얻게 되었다.

"그래, 바로 이것이구나. 나도 이제부터라도 꾸준히 공부하면 무언가 이룰 수 있겠구나!"

그날부터 그는 곧바로 평생 해본 적도 없는 공부를 시작하게 되었다. 그 결과 그는 유명한 학자가 되어 이름을 날렸다고 한다. 이처럼 무식한 일꾼으로 평생 잡일만 하다가 세상을 마감해야 할 그였지만, 그는 40대 공부를 통해 유명한 학자로 인생을 역전시킬 수 있었다.

이처럼 40대 공부를 하게 되면 수도 없이 많은 인생의 역전을 일구어 낸 위인들을 만날 수 있게 된다. 그리고 결국에는 당신도 그러한 역전의 용사 중에 한 명이 된다. 그러므로 40대 공부는 인생 역전의 길이기도 한 것이다.

당신을 위대함으로 이끄는 것은 위대한 재능이 아니라, 위대한 공부이다

위대한 사람들이 보통 사람들과 다른 것은 그들의 재능이나 능력이나 실력이나 지식이 아니었다. 위대한 사람들이 보통 사람과 다른 가장 근본적인 것은 바로 그들의 생각인 것이다. 위대한 사람들의 생각은 보통 사람들의 그것보다 위대했기 때문에 위대한 인생을 살았던 것이다. 이것 말고는 다른 이유가 없다. 평범함을 뛰어넘게 만드는 유일하고도 근본적인 것은 바로 위대한 생각이다. 하지만 문제는 평범한 사람들은 도저히 위대한 생각을 항상 할 수 없다는 것이다.

인생은 날마다 맞이하게 되는 수많은 선택의 결과로 나타난다고 할 수 있다. 그 선택을 결정하는 것은 우리의 생각이다. 여기서 위대한 생각을 하는 사람과 평범한 생각을 하는 사람이 갈린다. 그리고 위대한 생각을 할 수 있는 사람과 그렇지 못한 대다수의 사람을 가르는 것은 그 사람이 지금까지 했던 공부의 양과 질이다.

즉 위대한 공부를 한 사람은 아무리 해도 평범한 생각을 할 수가 없다. 이미 위대한 사고의 틀이 형성되어 있기 때문이다. 반면에 평범한 공부를 한 사람은 아무리 해도 위대한 생각을 할 수가 없다. 왜냐하면 생각은 우리가 한 공부의 테두리를 벗어날 수 없기 때문이다. 공부한 만큼 생각하기 때문이다. 위대한 공부를 하지 않고 위대한 생각을 할 수 있었던 사람은 한 명도 존재하지 않는다.

'임금이라도 공부는 반드시 해야 한다'라고 말하면서 평생 위대한 공부를 했던 세종대왕도, '풍전등화와 같은 나라를 구할 길은 공부뿐'임을 깨닫고 위대한 공부를 하여 23전 23승이라는 위대한 전쟁사의 영웅이 되어 이 나라를 구한 이순신 장군도, '배우고 때로 익히면 즐겁지 아니하냐'라는 말로 공부의 참된 기쁨을 주장한 공자도, '미국인들이 다시 책을 읽게 만들겠다'고 말한 위대한 여성 오프라 윈프리도, '열등감과 정체성의 혼란도 공부를 이기지 못한다'라는 사실을 알고 위대한 공부를 한 미국 최초의 흑인 대통령인 버락 오바마 대통령도, '백 년도 못 되는 인생에 공부를 하지 않는다면 이 세상에 살다 간 보람을 어디서 찾겠는가?'라고 말하면서 위대한 공부의 중요성을 일깨운 다산 정약용도, '수많은 좌절과 시련에도 공부만은 포기할 수 없다'라고 말한 링컨 대통령도, '독방의 사형수에게도 희망은 있다, 그것은 바로 공부이다'라고 말하면서 독방에서 사형수의 신분으로 위대한 책을 집필한 보이티우스도 모두 '위대한 공부를 했던 사람들'이었다.

만고불변의 진리 중 하나는 '무엇을 심든 심은 대로 거둔다'라는 것이다. 이 말은 공부에도 그대로 적용이 된다. 위대한 공부를 한 사람은 위대한 인생을 산다. 그리고 평범한 공부를 한 사람은 평범한 인생을 산다. 이것이 자연의 정한 이치인 것이다.

그렇다면 왜 위대한 재능이 아닌 위대한 공부가 사람들에게 위대한 인생을 가져다주는 것일까? 그 이유는 무엇일까?

그것은 인간의 놀라운 미스터리인 '생각의 힘'에 있다. 인간의 놀라운 신비는 바로 생각에 따라 인간이 변화할 수 있다는 점이다. 참새는 평생 참새로 살아야 하고, 고양이는 평생 고양이로 살아야 한다. 코끼리는 평생 코끼리로 살아야 한다. 물고기는 평생 물속에서 살아야 한다. 물 밖에 나오면 죽을 수밖에 없다. 아무리 힘이 센 고래라고 할지라도 물속을 벗어나고 싶다면, 그래서 달려보고 싶다고 물 밖으로 나오게 되면 죽을 수밖에 없다. 그래서 달려볼 수 없다. 심지어 날아볼 수도 없다.

하지만 인간은 자신의 생각의 크기에 따라 얼마든지 달릴 수 있고 날 수 있다. 그것이 인간에게만 주어진 생각하는 능력의 위력이다. 인간은 이제 물속에서도 살 수 있고, 하늘에서도 살 수 있고, 심지어는 우주에서도 살 수 있게 되었다. '위대한 생각'을 했던 위대한 사람들 때문에 가능하게 된 것이다. 너무 큰 생각을 했기에 그 당시 사람들에게는 미쳤다는 소리를 들었던 위인들 덕분에 인류의 문명과 기술이 지금 여기까지 오게 되었다. 마찬가지로 앞으로도, 그리고 우리 각자의 인생 또한 얼마나 위대한 생각을 하느냐에 따라 우리의 인생도 달라질 것이다.

인간은 육체적으로는 매우 약한 동물임에 틀림없다. 하지만 인간은 물

속에 들어가 탐험할 수도 있고, 기구의 힘을 이용하여 날 수도 있다. 무엇보다 인간은 태어날 때는 보잘것없는 참새나 고양이와 같은 미약한 존재였을지라도, 무한 상상력과 사고력을 키우는 공부를 통해 얼마든지 참새와 고양이와 같은 인생에서 벗어나 하늘의 무법자인 독수리와 정글의 왕인 호랑이와 사자와 같은 인생을 살 수 있다. 생각의 힘을 키우는 유일한 방법인 위대한 공부를 통해 한마디로 거인이 될 수 있는 것이다.

생각이 크면 클수록 더 큰 인생을 살 수 있고, 더 충만하고 풍요로운 인생을 살 수 있게 된다. 동물들도 만약에 생각하는 힘이 주어진다면, 그때는 인간이 정말 그들의 노예가 될 수도 있을 것이다. 그만큼 생각하는 힘은 우리의 상상을 초월하는 큰 위력이 있다. 아무리 위대한 재능을 가진 사람이라도 생각이 받쳐주지 못하면 타인의 밑에서 평생 월급쟁이로 실먀 시키는 일만 하는 사람이 되지만, 위대한 재능은 없더라도 위대한 공부를 통해 위대한 생각을 할 수 있는 사람은 위대한 재능을 가진 이들보다 훨씬 더 위대한 일을 기획하고, 상상하고, 창출해낼 수 있으며 심지어는 자신보다 더 큰 능력을 가진 사람들을 자기 밑에 고용하여 월급을 줄 수 있는 위치가 될 수도 있다. 그래서 위대한 인생을 살게 하는 것은 위대한 재능이 아니라 위대한 생각을 할 수 있게 하는 위대한 공부라는 것이다.

이쯤에서 혹자는 '인간의 생각이 정말로 그토록 위대한 힘을 가진 것일까?'라고 반문할 수도 있을 것이다. 그렇다면 인간의 생각이 얼마나 위대한 것인지 살펴봐야 할 것 같다. 인간의 생각이 얼마나 위대한 것인지 이해할 수 있는 사례들이 많이 있다.

그중에 하나가 1981년도에 테네시 대학의 건강과학센터에서 측정된 연구 결과이다. 환자들에게 '나는 나을 것이다. 나는 좋아지고 있다.'라는 긍정적인 생각을 하게 한 후에 그 전과 그 이후의 척수액에서 발생되는 엔도르핀 수준을 측정해보는 실험을 실시했다. 그 결과는 매우 놀라운 것이었다. 왜냐하면 어떠한 화학 주사나 물질을 투입하지 않고도, 오직 생각만으로 인체 내 엔도르핀 수준이 높아질 수 있다는 사실이 밝혀졌기 때문이었다. 다시 말해, 우리가 하는 생각이 몸의 화학 작용을 바꾼다는 것이다. 이것이 전부가 아니다. 우리가 하는 생각은 몸의 화학 작용만 바꿀 수 있는 것이 아니라, 우리 인생을 전부 바꿀 수 있는 위력을 가지고 있다는 사실이다. 이러한 사실을 깨달은 현자들은 옛날부터 소수였지만 존재했고, 이 사실을 삶에 적용시킨 사람들은 위인이 될 수 있어서 역사에 그 이름이 남겨 지게 되는 것이다.

"인생이란 우리의 생각이 만들어내는 것이다."

위의 말을 남긴 로마의 철인이며 황제였던 마르쿠스 아우렐리우스도 그런 사람 중에 한 명이고, 20세기의 천재 과학자로 그 이름을 남기고 있는 알버트 아인슈타인도 그런 사람 중에 한 명이 아닐 수 없다. 그가 남긴 말 중에 이런 말이 있다.

"생각할 수 있는 것은 모두 실현 가능하다."

이왕 생각을 해야 한다면 자신의 발전을 가로막고 평범한 사람으로 이끄는 시시하고 평범한 생각보다는 자신을 위대함으로 이끄는 위대한 생각을 하는 것이 좋다. 왜냐하면 평범한 생각을 하는 사람이 그 생각 이상으로 위대한 삶을 사는 경우는 절대 없기 때문이다. 우리가 생각하는 크기가 우리 인생의 크기가 된다.

벼룩 실험을 통해 우리는 삶이 더 높게 뻗어나가지 못하게 가로막는 장애물은 바로 '자기 자신의 생각'임을 확실하게 알 수 있다.

벼룩은 매우 작은 곤충이다. 몸길이가 보통 2~4mm 정도로 매우 작다. 하지만 벼룩은 자신의 키보다 몇십 배에서 몇백 배나 높이 뛸 수 있는 잘 발달된 다리가 있다. 이 벼룩조차도 정형화된 생각의 틀 속에 갇히게 되면 자신의 능력을 100% 다 발휘하지 못하게 된다. 벼룩을 투명 유리 상자에 넣어놓고, 원래 높이 뛸 수 있는 높이를 관찰하면 자신의 키의 몇십 배나 몇백 배를 가볍게 뛴다. 하지만 유리 상자에 또 다른 투명한 유리판을 벼룩의 키 높이보다 약간만 높은 위치에 고정시켜 놓으면, 벼룩들은 처음에는 머리에 상처를 입을 정도로 많이 뛰어오르려고 시도를 한다. 하지만 시간이 흐를수록 그 유리판 높이만큼 뛰려고 하는 벼룩은 줄어들어, 급기야는 어떤 벼룩도 그 높이만큼을 뛰지 않는다. 어느 일정 시간이 지난 후 그 유리판을 제거해도 그 안에서 자신의 무기력함을 경험한 벼룩들은 더 이상 그 높이 이상을 뛰지 못하게 된다.

벼룩의 반응이 너무 답답할 수 있다. 하지만 우리들의 모습도 그와 별반 다르지 않다. 인생의 산전수전을 겪으면서 벼룩처럼 인생의 유리판에 제동이 걸리고 능력을 제대로 발휘하지 못하게 되면 이제 자신의 능력은 겨우 이 정도밖에 안 된다고 스스로 무기력함을 학습하여 40대가 된 지금 남은 것은 패배의식과 무기력함뿐일 수 있다는 것이다. 이것이 우리를 가로막는 장애물인 학습된 무기력, 즉 잘못된 생각과 평범한 생각이다.

코끼리 사육에도 이와 비슷한 원리가 사용된다고 한다. 코끼리가 어릴 때는 힘이 없기 때문에 작은 말뚝에 얇은 줄로 묶어놓아도 그 말뚝을 뽑을 수가 없다. 아무리 발버둥 쳐도 소용이 없기에 코끼리는 그 말뚝을 절대 뽑을 수 없다는 생각을 갖게 된다. 급기야는 성장을 마친 후 말뚝을 쉽게 뽑아버릴 수 있음에도, 생각의 노예가 된 코끼리는 말뚝을 뽑으려고 시도조차 하지 않는다는 것이다. 과거에도 안 되었으니까 지금도 안 되겠지 하는 생각이 코끼리를 사로잡고 있기 때문에 불이 나서 타 죽기 직전에도, 그 말뚝을 충분히 뽑을 힘이 생겼음에도 불구하고 결국 뽑지 못하고 변을 당하는 경우가 있는 것이다.

"더 이상 할 수 없어. 난 안 돼. 내가 어떻게 저런 것을 할 수 있어? 저런 것은 타고난 사람이 하는 거야. 나 같은 사람이 어떻게 저런 것을 할 수 있겠어. 벌써 인생의 반이 지났는데, 이미 늦었어. 이제 소용이 없어. 절대 안 돼."라고 생각하며 스스로의 한계선을 너무 낮게 그어버리는 것이 바로 우리 40대의 모습이 아닐까?

하지만 위대한 생각을 하게 된다면, 우리는 그 유리판 높이보다 더 높게 뛰어오를 수 있다. 그리고 위대한 생각을 한다면 우리에게 묶여져 있는 생각의 말뚝을 뽑을 수 있다. 20대 때 못 했던 것이라고 40대 때도 여전히 못 할 것이라는 생각을 하지 말자. 그러한 생각은 평범한 생각에 불과하기 때문이다. 20년 동안 인생을 살면서 놀라운 경험과 체험을 하였고 인생의 내공이 쌓였다. 그렇기 때문에 과거에는 절대로 할 수 없었던 일들이라도 충분히 40대 때는 해낼 수 있는 일들이 매우 많아졌다는 사실을 믿어야 한다. 그것을 재발견하게 해주는 것이 위대한 공부이다.

우리로 하여금 위대한 인생을 살 수 없게 가로막는 장애물 중에 하나가 '이 정도면 됐어'라고 만족하는 생각이다. 이렇게 만족하는 생각 또한 평범한 자들이 쉽게 하는 평범한 생각이다. 자신의 작은 성공에 도취되어 만족스러운 현실에 안주해버리게 만들어 나태하게 살도록 유인하는 평범한 생각인 것이다. 이 정도면 좋은 인생이고, 이 정도면 좋은 환경이고, 이 정도면 성공했다고 생각하는 그 생각이 바로 우리로 하여금 위대한 인생으로 나아가지 못하게 가로막고 있는 주범이다.

"좋은 것은 위대한 것의 적이다."

이런 말을 남긴 짐 콜린스는 자신의 위대한 저서인 《좋은 기업을 넘어 위대한 기업으로(Good To Great)》라는 책에서 위대한 인생을 살 수 있는 방법, 위대한 기업으로 발전할 수 있는 방법에 대해 잘 말해주고 있다. 그는 수많은 좋은 기업과 위대한 기업들을 연구하고 분석하여 왜 어떤 기업은 좋은 기업에서 멈추고, 어떤 기업은 위대한 기업으로 발전해 나가는지에 대해 오랫동안 연구한 결과를 자신의 저서를 통해 세상에 내놓았다.

그가 말하는 위대한 인생, 위대한 기업의 비밀은 바로 '위대한 생각을 하느냐, 아니면 평범한 생각을 하느냐'에 달려 있다. 다시 말해 그 책에서는 '위대한 인생을 살고 싶다면 좋은 인생을 거절하면 된다'라고 말한다. 그럭저럭 좋은 인생, 그럭저럭 좋은 직장, 그럭저럭 좋은 학교, 그럭저럭 좋은 환경에 만족하여 이 정도면 됐다고 하는 그 평범한 생각이 위대한 삶을 살 수도 있는 수많은 잠재적 위대한 사람들을 그저 평범한 삶에 머물러 있게 한다는 것이다. 평범한 생각이 위대한 삶으로 나아가는 것을 가로막는 가장 큰 장애물이라는 이야기다.

즉 위대한 기업들은 좋은 기업에 안주하는 생각을 떨쳐버리고 위대한 기업으로 나아가기 위하여 위대한 생각을 했고, 위대한 목표를 잡았기 때문에 그것이 가능했다고 말할 수 있는 것이다.

불가능하다고 생각하면 그 생각이 진짜로 불가능하게 만들고, 가능하다고 생각하면 진짜로 그 생각이 가능하게 만들 듯, 위대한 인생을 살고자 위대한 생각을 하면 그 생각이 진짜로 우리를 위대한 삶으로 이끌어 간다는 것은 명백한 사실이다.

러시아의 역도 선수에게 있었던 실화를 통해 작은 생각의 차이가 얼마나 큰 나비효과와 같은 결과를 우리 인생에 가져다주는지 알게 되면 놀라게 될 것이다.

매년 신기록을 갱신할 정도로 유망한 어느 역도 선수가 있었다. 그는 수많은 학자와 의사들이 말한 '인간이 들 수 있는 역기의 한계는 250kg'이라는 공공연한 주장에 순응이라도 하듯이, 오랜 연습에도 불구하고 250kg을 들지 못하였다. 아무리 연습을 해도 249.5kg까지는 힘들지 않고 잘 들어 올렸지만, 이상하게도 250kg의 역기는 좀처럼 들 수가 없다는 것이다. 이러한 모습을 옆에서 지켜보던 어떤 심리학자가 한 가지 묘한 제안을 하게 되었다. 선수에게는 비밀로 하고 251kg의 역기를 249.5kg의 연습용 역기라고 속여서 연습 시간에 들게 하자는 제안이었다. 처음에는 말도 안 되는 소리라고 했지만, 손해 볼 것이 없다고 생각한 코치와 감독은 실제 251kg의 역기를 249.5kg이라고 속여서 평소처럼 연습 시간에 들도록 했다.

선수가 연습실로 들어와서 평소와 같이 몸을 가볍게 푼 다음, 바로 그 역기(실제는 251kg이지만, 선수에게는 249.5kg의 역기라고 속여서 잘못 알고 있는 역기)를 가지고 연습을 시작했다. 그 결과 놀라운 일이 벌어졌다. 선수는 그 역기를 평소 연습할 때와 똑같이 쉽게 들어 올렸던 것이다. 놀라운 일을 경험한 역도 선수와 감독들은 우리가 하는 생각이 무척이나 큰 힘을 발휘할 수 있다는 사실을, 동시에 우리의 힘을 제한하는 큰 장애물이 될 수도 있다는 사실을 잘 알게 되었다. 선수와 감독들은 그 후로도 80여 차례나 더 세계 신기록을 경신하며 놀라운 역도사를 새로 쓰게 되었다고 한다.

스스로를 위대하게 만드는 힘의 원천은 자신 안에 존재하는 생각이다. 또한 자신을 별 볼일 없는 시시한 존재로 만드는 최대의 주범도 바로 생각이다. 우리가 위대한 생각을 하고 탁월함을 상상한다면 그것이 바로 우리의 인생이 되고, 우리의 현실이 된다. 또 우리가 시시한 생각을 하고, 평범한 인생을 상상한다면 바로 그것이 우리의 인생이 되고, 우리의 현실이 된다. 파블로 피카소의 말처럼 말이다.

"우리가 상상할 수 있는 모든 것이 곧 현실이다."

이 세상을 이기는 힘은 바로 '위대한 생각의 힘'이다. 위대한 생각은 긍정적인 생각의 힘을 능가한다. 긍정적인 생각은 잘될 것이라는 생각이고, 그러한 생각은 너무 막연하기 때문에 실제적으로 도움이 되지 않을 수 있다. 하지만 구체적으로 상상이 가능한 위대한 생각은 막연히 잘되는 것을 초월하여 최고의 상태를 능가하고 그 한계마저 뛰어넘을 것이라는 생각이기 때문에 상상도 하지 못하는, 차원이 다른 세상으로 나갈 수 있게 이끌어준다. 다시 말해 자신을 이기고 자신의 한계를 뛰어넘는 힘이 바로 '위대한 생각'인 것이다.

우리의 인생을 바꾸는 것은 우리의 성격이며, 그 성격을 바꾸는 것은 우리의 습관이며, 그 습관을 바꾸는 것은 우리의 행동이며, 그 행동을 바꾸는 것은 우리의 말이며, 그 말을 바꾸는 것은 바로 우리의 생각이다. 그러므로 위대한 생각을 하는 사람은 반드시 위대한 인생을 맞이하며 살아갈 수 있다. 이런 이유로 인해 위대한 생각을 할 수 있도록 만들어주는 바로 그 위대한 공부를 해야 하는 것이다.

우리의 크기를 결정하는 것은 재능이나 지식이 아니라, 어떤 크기의 생각을 하느냐에 달려 있다. 그 누구도 자신의 생각보다 더 큰 사람이 될 수는 없다. 그 누구도 자신의 목표보다 더 높이 올라갈 수는 없다. 그러므로 우리에게 가장 먼저 필요한 것은 실력이나 지식이 아니라, 위대한 생각이다.

"키 큰 사람이 거인이 아니라, 생각이 큰 사람이 거인이다."

우리 안에 잠자고 있는 거인을 깨우기 위해서는 키를 키워야 하는 것이 아니라 생각을 키워야 한다. 생각은 매우 견고한 성과 같아서 좀처럼 키우기가 어렵고 힘들다. 그래서 위대한 40대 공부가 필요한 것이다. 공부는 자신의 아집과 좁은 생각과 편견과 고집을 모두 깨어 부수고 생각을 키워준다. 그래서 공부는 생각을 키워주는 연료인 셈이며, 풍선의 크기를 키워주는 공기인 것이다.

평범한 생각을 하게 되면 평범함이 인생 속으로 알게 모르게 흘러 들어오고, 위대한 생각을 하게 되면 위대함이 흘러 들어온다. 우리가 생각하고 믿는 그대로 이루어지는 것이 우리의 인생이다.

《위대함에 이르는 8가지 열쇠(Eight Keys To Greatness)》란 책의 저자인 진 랜드럼은 '위대한 사람들이 가진 것은 과연 무엇인가?'라는 질문에 그들만의 특별한 신념체계일 뿐 다른 그 무엇은 아니라고 대답한다. 즉 위대함에는 유전적인 기질이란 있을 수 없을 뿐만 아니라, 위대한 존재가 되는 데 너무 늦은 때라는 것도 있을 수 없다고 주장한다. 모든 사람들은 다 잠재력을 가지고 있으며 성장 가능성이 있지만, 그것을 온전하게 일깨우는 사람과 그렇지 못한 사람, 즉 한평생 자신의 잠재력을 고이 잠재우는 사람 둘 중에 한쪽이라고 한다. 그리고 두 부류의 차이도 위대한 사람만이 가지고 있는 특별한 신념체계를 가지고 있느냐, 아니냐 하는 것이라고 한다.

이러한 특별한 신념체계를 가진 사람들의 특성은 자신이 어떻게 그런 생각을 하게 되었는지, 왜 그랬는지, 또 그게 무슨 말인지도 몰랐지만 자신을 특별하다고 생각한다는 것이다. 그들은 자신이 특별한 사람이기 때문에 스스로 자신의 내면에 있는 거대한 북을 울리고, 그 소리에 발맞춰 행진해야 한다고 느끼며 그러한 삶을 추구하면서 살게 된다고 한다. 그 결과 위대한 인생을 살게 된다는 것이다. 즉 특별한 신념 체계는 위대한 사람들의 공통점이며, 이것은 위대한 생각과 동일한 것이다.

그렇다면 왜 대부분의 사람들은 자기 자신을 위대함으로 이끄는 위대한 생각을 하는 것이 그토록 힘이 드는 것일까? 왜 대부분의 사람들은 평범한 생각밖에 하지 못하는 것일까? 위대한 생각을 하여 위대한 인생을 살아가는 사람과 평범한 생각밖에 하지 못해 그저 그런 인생을 살아가는 사람들의 차이는 무엇일까?

그것은 그 사람이 처음 이 세상에 나온 이래로 접했던 사람과 읽었던 책과 했던 공부의 차이라고 말할 수 있다. 실패자들 주위에는 실패자들만 모여들고 그들은 서로 영향을 준다. 성공한 사람들 주위에는 성공한 사람들만 모여들고 그들 또한 서로 영향을 준다. 읽었던 책 중에 위대한 책들이 많았다면 그 위대한 책들 또한 사고체계에 영향을 주어 위대한 생각을 할 수 있는 방향으로 우리를 이끌어 간다. 그리고 결국에는 우리를 위대함으로 이끈다. 하지만 읽은 책이 별 볼일 없는 책들밖에 없다면, 심지어 책을 읽지 않았다면 인생도 그렇게 된다.

무엇보다도 명심해야 하는 것은 평생 동안 했던 공부가 단순한 학교 공부, 시험 공부, 입학 공부, 졸업 공부, 승진 공부, 취직 공부가 전부라면 그 사람의 인생도 그것이 전부인 인생밖에 되지 않을 것이라는 사실이다. 하지만 일차원적인 공부를 뛰어넘어 자신을 넘어설 수 있고, 세상과 인생을 통찰할 수 있고, 자신을 성장시키고 발전시킬 수 있는 위대한 공부였다면 그 사람의 인생도 역시 그러할 것이다.

'우리는 모두 처음 이 세상에 나온 이래로 우리가 접한 모든 사람과 사건의 결과물이다'라고 짐 론(Jim Rohn)이 자신의 저서 《내 영혼을 담은 인생의 사계절》이란 책에서 밝힌 바 있다. 미 역사상 가장 영향력 있는 성공학 강사 중 한 명인 그는 우리가 접한 모든 사람과 읽은 책들과 공부한 것들이 현재의 자신의 모습을 만들었다고 주장한다.

이 중에서도 가장 큰 영향을 주는 것은 바로 '공부'이다. 우리가 만나는 사람은 만나서 사귀기 전에는 그 사람이 위대한 사람인지 아닌지 알 수 없다. 우리가 읽는 책도 읽어보기 전에는 자신에게 큰 영향을 주고 감동을 주는 책인지 알 수 없다. 베스트셀러라고 무조건 위대한 책은 절대 아니다. 베스트셀러는 단지 많이 팔린 책일 뿐, 그 이상도 그 이하도 아니다. 이런 점에서 가장 중요한 요인은 스스로 자신이 하는 공부인 것이다. 그래서 몇 년 전에는《공부하는 독종이 살아남는다》라는 제목의 책도 출간되었다. 하지만 뇌 과학을 중심으로 한 구체적인 공부법과 공부의 비결에 편중되어 있어서 아쉬움이 많이 남는 책이다.

위대한 인생은 위대한 공부의 결과물에 불과하다.

위대한 인생을 살 수 있게 해주는 것은 우리 자신이 하고 있는 위대한 공부이다. 이러한 사실을 잘 말해주는 위인들을 살펴보자.

링컨이 수많은 실패 속에서도 평생 동안 포기하지 않았던 것은 독학을 통한 공부였다. 링컨을 위대한 미합중국의 존경받는 대통령으로 만든 것은 국민도 아니고, 실력도 아니고, 미국도 아니고, 노예 해방도 아니었다. 바로 링컨 자신이 평생 했던 위대한 공부였던 것이다. 나폴레옹으로 하여금 연전연승할 수 있도록 해준 것도 그가《전쟁사》를 교재로 삼아 철저한 공부를 했기 때문이다. 해군 역사상 가장 위대한 해전을 만들어내 위대한 승리를 조선에 가져다준 이 순신 장군도 역시 엄청난 공부를 통해 그것을 가능하게 만들었다.

링컨의 경우, 그는 사실 초등학교조차 제대로 다니지 못한 인물이었다. 하지만 그는 평생 동안 공부의 끈을 놓지 않았다. 그가 한 공부는 암기를 위주로 하는 시험 공부나 졸업장을 위해 지식을 쌓기만 하는 학교 공부가 아니었다. 그가 한 공부는 진정 자신을 뛰어넘는 위대한 공부였던 것이다.

"나는 계속 배우면서 나를 갖춰간다. 언젠가는 나에게도 기회가 찾아올 것이다."

숱한 실패와 시련 속에서도 그가 공부를 포기하지 않았다는 사실은 그가 초등학교도 겨우 9개월밖에 다니지 못했음에도 변호사 시험에 합격한 것을 보면 알 수 있다. 그의 친한 친구 중 한 명은 언제나 공부를 하고 있는 링컨에 대해 다음과 같이 묘사하기도 했다.

"자다가 새벽에 일어나 보면, 종종 링컨은 그때까지도 잠을 자지 않고서 책과 씨름하고 있었다. 그는 보기 드문 책벌레였다."

매우 적은 함대로 일본의 대군에 맞서 전승무패의 신화를 만들어낸 이순신 장군이 그렇게 할 수 있었던 것도 바로 '위대한 공부' 때문이었다. 그의 해전에서 주로 사용되어 큰 성공을 거둔 거북선을 만들 수 있었던 것도, 그리고 전승무패의 위대한 전략을 구사할 수 있었던 것도 모두 그가 철저한 공부를 오래전부터 했었기 때문에 가능했던 것이다. 그는 일찍이 손무의 손자병법에 정통할 정도로 공부를 많이 한 사람이었을 뿐만 아니라, 일본의 해전 병법과 조선의 해전 병법에 대해 철저한 공부를 하여 서로의 장단점에 대한 치밀한 분석을 하였다. 전쟁은 칼로 싸우는 것이 아니라 머리로 싸우는 것임을 잘 알고 있었던 것이다. 그는 일본 수군의 함선인 아다케부네, 세키부네에 대해 공부를 하면서 더불어 조선 수군의 함선인 판옥선에 대해서도 공부하였다. 그리고 일본 수군의 전술과 전투 방법에 대해서도 공부를 하였다.

일본은 칼싸움이 주특기여서 일본 수군이 가장 즐겨 애용하는 전투 방법은 적선에 뛰어 올라 상대와 칼싸움을 하는 것이었다. 상대적으로 칼싸움에 약한 조선의 수군들에게는 매우 치명적이고 위협적인 적의 전투방법인 셈이다. 이러한 사실을 깨닫게 된 그는 함선 위에 덮개를 씌웠고, 그 결과 거북선이 탄생하게 되었던 것이다. 이렇게 해서 상대적으로 불리한 왜군과의 칼싸움을 미연에 방지할 수 있었다.

결국 이순신 장군으로 하여금 위대한 장군이 될 수 있게 만든 것은 위대한 공부의 결과였던 것이다.

위대한 공부가 위대한 인생을 만든다는 것에 대한 사례로 과거를 넘어 현대를 살펴보아도 많은 사례가 있다. 가장 최근의 사례를 살펴보면 단연 오프라 윈프리와 버락 오바마를 들 수 있다. 이들은 모두 불행한 청소년 시절을 보냈지만, 위대한 공부를 통해 위대한 인물이 된 사람들이 아닐 수 없다. 술과 마약과 담배에 손을 대고, 다문화가정에서 극심한 정체성의 혼란을 겪으며 살았던 불우한 청소년기를 보낸 오바마는 공부를 통해 하나씩 극복해나갈 수 있었고, 급기야는 미합중국 최초의 흑인 대통령이 될 수 있었다. 그는 지금 세계에서 가장 영향력 있는 사람 중에 한 명이다.

오프라 윈프리는 가난한 흑인 소녀에 불과했다. 더군다나 그는 사생아로 태어났고 아홉 살에 사촌 오빠에게 성폭행을 당했으며 옆집 아저씨와 어머니의 남자 친구에게도 수차례 성폭행을 당했다. 그리하여 14세에 미혼모가 되는 아픔과 시련도 겪었다. 심지어 가족들은 불행한 일들의 원인을 모두 그의 탓으로 돌렸다. 주위에 누구 하나, 심지어 가족들마저 따뜻하게 위로해주지 않았다. 20대가 되어서도 남자 친구 때문에 마약을 복용하는 등 그의 불운은 계속되었다. 그의 10대와 20대는 철저하게 패배자의 모습이었고, 낙오자의 인생이었다.

하지만 그는 모든 악조건을 극복하고 미국에서 가장 존경받는 여성이 되었다. 동시에 개런티가 가장 비싼 방송인도 되었다. 과연 무엇이 그로 하여금 세계에서 가장 영향력 있는 여성 중에 한 명이 될 수 있게 만든 것일까? 그것은 바로 위대한 공부였다. 오프라 윈프리는 자신의 입으로 말한다. 자신을 만든 것은 위대한 독서라고 말이다. 완전한 인생의 낙오자의 모습으로 10대와 20대를 살았지만 그는 엄청난 독서를 바탕으로 한 위대한 공부를 통해 지금 세계에서 가장 영향력 있는 여성 중에 한 명이 되었다.

세종대왕을 위대한 왕으로 만든 것도 따지고 보면 위대한 공부가 아니라고 말할 수 없다. 그는 누구보다 더 열심히 공부한 왕이었다. 이러한 공부는 세종대왕으로 하여금 위대한 왕이 될 수 있게 만들어주었다. 평범한 사람은 입학을 하거나, 자격을 따거나, 졸업을 하거나, 승진을 하거나, 어느 정도 성공을 하게 되면 그때부터 공부와 담을 쌓는다. 하지만 세종대왕은 왕이 되었음에도 불구하고 그 누구보다 더 열심히 공부를 하였다. 평범한 사람과 세종대왕의 차이점이 바로 이것이다. 세종대왕이 얼마나 열심히 공부한 사람이었는지 알 수 있는 여러 가지 그의 말들을 살펴보면 이렇다.

"임금이라도 공부하지 않으면 아무 데도 쓸모없는 인간이 될 수밖에 없다."

"읽기는 다 읽었으나 또 읽고 싶다."

그의 말뿐만 아니라《세종실록》에 보면 그가 얼마나 열심히 공부했던 사람인지 알 수 있는 대목이 여러 군데서 나온다. 그것을 살펴보면, 그는 몸을 축내면서까지 밤새 공부에 몰입한 적이 매우 많았다고 한다. 그는 세상 사람들이 하듯 교양이나 쌓고, 남에게 뒤떨어지지 않기 위한 적당한 공부를 한 것이 아니라 자신을 넘어설 수 있는 위대한 공부를 했던 것이다.

그의 할아버지인 태조는 세종대왕이 공부에 전념하는 모습을 보고 심히 걱정을 할 정도로 세종대왕의 공부는 평범한 공부가 아닌 위대한 공부였다.

"과거를 보는 선비라면 이와 같이 공부해야겠지만 어찌 임금이 그토록 신고하느냐?"라는 말을 들을 정도였으니 세종대왕이 얼마나 공부에 대한 열정을 가지고 있었는지 가늠해보고도 남을 것이다.

하루는 집현전 학사들에게 다음과 같은 당부의 말을 하기도 했다.

"우리 모두 목숨을 버릴 각오로 독서하고 공부하자. 조상을 위해, 부모를 위해, 후손을 위해, 여기서 일하다가 같이 죽자."

세종대왕으로 하여금 위대한 대왕으로서 역사에 길이 빛나는 위인으로 만들어준 것은 바로 '위대한 공부'였던 것이다.

세상엔 절대 공짜가 없다. 이 세상은 우리가 무엇을 뿌리든 반드시 뿌린 대로 거둔다. 이것은 진리이다. 그렇기 때문에 위대한 공부를 하지 않고, 위대한 인생을 꿈만 꾸는 사람은 누워서 달리면서 1등을 꿈꾸는 자와 다를 바 없다. 달리기에서 1등을 하고자 하는 꿈을 가진 자는 달려야 하듯, 위대한 인생을 꿈꾸는 자는 위대한 공부를 해야 한다. 위대한 인생은 위대한 공부의 결과물이기 때문이다.

이왕 공부할 바에는 위대한 공부를 해야 한다. 위대한 공부는 지식을 채우기만 하는 그러한 입학 공부나 자격증 공부, 승진 공부, 취업 공부, 졸업 공부가 절대 아니다. 그러한 것들은 위대한 공부라고 할 수 없다. 왜냐하면 위대한 공부는 자신의 사고력과 상상력을 확장시키고, 자신을 성장시키고, 자신을 큰 그릇으로 키워나가는 공부이기 때문이다.

세종대왕과 이순신 장군은 과거의 인물이고, 과거에는 현대보다 덜 복잡하고 덜 바쁘기 때문에, 그리고 변화의 속도도 느리기 때문에 공부를 통해 큰 업적을 달성할 수 있었던 것이라고 생각하는 독자가 있을 수 있다. 하지만 지금처럼 바쁜 현대 사회에서도 수많은 위인들은 책을 통해 어떤 한 분야에 천착하여 공부하고, 그것을 통해 통찰력과 혜안을 얻고 있는 사람들이라는 사실을 우리는 알아야 한다.

가장 예측 불가능하고, 가장 바쁘게 돌아가는 현대의 주식 시장과 투자자들의 세계에서도 공부를 통해 큰 통찰력을 얻고, 그로 인해 큰 손실을 보지 않고 큰 성공을 거두고 있는 세계적인 투자가인 워렌 버핏과 조지 소로스 모두 엄청난 공부를 하는 독서광들이라는 사실을 알고 있는가?

워렌 버핏은 날마다 엄청난 양의 독서를 통해 공부하는 사람이며, 조지 소로스 역시 철학과 역사 분야에 심취되어 어마어마한 공부를 하는 사람이었다. 그는 심지어 자신이 얼마나 철학 공부를 좋아하고 있는 사람인지에 대해 다음과 같은 짧은 말로 토로하고 있다.

"펀드매니저가 아니었으면 철학자가 됐을지 모른다."

그렇게 바쁜 투자자의 삶을 살면서도 그토록 엄청난 철학 공부에 심취해온 그를 볼 때, 위대한 공부가 그로 하여금 세계적인 투자자의 반열에 오를 수 있도록 해준 것이라고 말할 수 있을 것이다.

10대와 20대 때 학교 공부는 시험 점수만을 향상시키는 공부이지, 우리에게 사고력의 확장과 통찰력과 혜안을 주는 공부는 절대 아니라는 사실을 여러 번 강조해왔다.

이런 이유로 좋은 대학에 입학하고, 좋은 대학을 졸업했다고 위대한 공부를 했다고 말할 수 없는 것이다. 현대 위대한 인물들은 대개 대학을 중퇴했던 사람들이다. 현대뿐만 아니라 과거에도 학교생활에 잘 적응을 못 했던 이들이 세계 최고의 천재 과학자라는 소리를 듣는 것이다.

빌 게이츠도, 스티브 잡스도 대학을 중퇴한 사람들이다. 그리고 천재 과학자 아인슈타인은 학교 교육을 제대로 따라가지 못했다. 이들은 학교에서 강요하는 정형화된 사고의 틀을 감당하지 못했던 것이다. 학교에서 강요하는 획일화된 사고의 틀을 받아들이기에는 자신의 사고가 너무 유연하고 창의적이라는 사실을 발견했던 사람이다.

그들이 공부를 싫어해서 학교와 맞지 않았던 것이 아니라, 그들의 공부가 정형화된 교육 과정과 맞지 않았기 때문이라는 사실을 반드시 알아야만 한다. 그들이 학교를 그만두거나 학교 교육을 제대로 따라가지 못했던 이유는 공부가 하지 싫어서가 아니라, 좀 더 제대로 된 공부를 해보기 위해서라는 점이다.

우리 주위에는 학교를 중퇴한 사람들, 학교의 교과 과정을 따라가지 못하는 사람들을 보면 하나같이 책하고는 담을 쌓고 살아가는 사람들이다. 그들은 결코 독서를 하지 않는 사람들이라는 공통점이 있다. 하지만 빌 게이츠도, 스티브 잡스도, 아인슈타인도 모두 엄청난 독서광들이라는 공통점이 있다. 즉 위대한 공부를 했던 사람들이라고 할 수 있다.

알베르트 아인슈타인은 "나는 술 대신 철학고전에 취하겠다."라고 말한 바 있다. 이러한 그의 말을 통해 그가 공부하기 싫어하는, 공부와 담을 쌓은 사람이 아니라 술 대신 철학 공부에 심취했던 사람이라는 점을 발견할 수 있다.

빌 게이츠, 스티브 잡스 역시 학교를 중퇴했지만, 공부가 싫어서 학교를 중퇴한 것이 아니, 더 크고 더 넓은 세상을 위해, 더 큰 공부를 하기 위해 학교를 중퇴한 사람들이었던 것이다. 그러한 사실은 그들이 얼마나 독서광인지 이미 세상이 다 알고 있다. 빌 게이츠는 이런 말도 했다.

"인문학(공부) 없이는 나도, 컴퓨터도 있을 수 없다."

또한 스티브 잡스는 누구보다 시에 대한 관심이 많았고, 특히 영국 시인 윌리엄 블레이크의 시에 대해서는 어떤 팬 못지않게 좋아한 열렬한 팬이기도 했다.

나폴레옹은 손자의 《손자병법》의 대가라고 할 수 있다. 모든 전투에 그는 손자병법이 가르치고 있는 전술을 활용하여 전승을 거듭할 수 있었다. 그만큼 그는 공부를 많이 했던 인물이다. 그리고 알렉산더 대왕 역시 인문고전의 광신도에 해당된다. 그가 죽는 순간에도 손에는 공부하고 읽고 있었던 고전 《일리아스》가 들려 있었다는 사실을 통해, 이러한 사실을 확실히 알 수 있다.

'두바이 신화'의 주역인 모하메드 국왕은 과연 어떻게 해서 그토록 놀라운 리더십과 통찰력, 도전 정신, 무한한 상상력을 갖출 수 있었을까?

사막에서 스키를 탈 수 있게 했고, 바다에 인공 섬을 만들고, 세계 최고의 호텔을 사막 한가운데 지었고, 전 세계인들이 부러워하는 두바이 신화를 창조할 수 있게 된 것일까? 사막 밖에 없던 두바이를 불과 십수 년 만에 세계에서 가장 가보고 싶은 곳 중에 하나로 변화시킨 그 힘은 무엇일까?

바로 그가 시에 대한 공부를 남달리 하는 사람, 즉 공부하는 사람이라는 것이다. 그가 남달리 하는 위대한 공부가 그로 하여금 위대한 리더가 될 수 있는 상상력과 통찰력을 불어 넣어주어 위대한 인생을 살아갈 수 있게 이끌었던 것이다. 그는 수천 편의 작품을 발표하는 시인이라는 사실을 통해, 우리는 그가 어떤 한 분야에 철저하게 공부를 하고, 연구를 하고, 고민을 하고, 창작을 하는 사람이라는 사실을 알 수 있다.

이순신 장군, 세종대왕, 에이브러햄 링컨, 오프라 윈프리, 오바마, 아인슈타인, 나폴레옹, 알렉산더 대왕, 빌 게이츠, 스티브 잡스, 모하메드 국왕 등과 같은 위인들을 만든 것은 위대한 공부였다.

"위대한 인생을 살아갈 수 있도록 이끄는 것은 다름 아닌 위대한 공부이다."

40대 공부로 인생의 참된 주인으로 거듭날 수 있게 된다

CHAPTER 16

누군가의 묘비에 다음과 같은 재미있는 말이 쓰여 있다.

"내 인생, 우물쭈물하다가 내 이렇게 끝날 줄 알았지!"

이 묘비의 주인공은 바로 노벨 문학상을 수상한 바 있으며, 94세까지 열정적으로 인생을 살다 간 조지 버나드 쇼(George Bernard Shaw)이다. 그는 정말 우물쭈물하며 자신의 인생을 허비하는 것이 얼마나 큰 손해이고 낭비인가를 잘 알고 있었다. 때문에 노벨 문학상을 수상하기까지 하고 94세까지 장수를 누렸음에도 불구하고 그 나이까지 아주 왕성한 활동을 하며 청년처럼 살았다. 자신의 묘비에 '내 인생, 우물쭈물하다가 내 이렇게 끝날 줄 알았지'라는 해학이 넘치는 묘비명도 그야말로 버나드 쇼다운 글이라고 할 수 있다.

그의 인생의 초반기를 보면 그렇게 엘리트다운 면모는 없다. 오히려 남들과의 경쟁에서 언제나 뒤로 밀리는 아이였다. 1856년 아일랜드 더블린에서 태어난 그가 인생의 참된 주인으로 살게 된 것은 인생의 후반기라고 할 수 있다. 왜냐하면 어린 시절의 그는 정말 용기가 없고 내성적이며 우물쭈물하는 그런 삶을 살았기 때문이다. 심지어 사람들 앞에서 자신의 생각을 제대로 말로 표현하지 못할 정도의 내성적인 아이였다. 특히 그는 타인을 이겨야 하는 경쟁에 대해 심한 혐오감을 가지고 있었던 것 같다.

"나는 선천적으로 경쟁에 약하다. 칭찬이나 표창을 받고 싶지 않다. 따라서 경쟁을 전제로 하는 시험 따위에는 아무 관심이 없다."

그는 타인을 이겨야 하는 경쟁을 전제로 하는 시험 따위에는 관심이 없었다. 그래서 정규 교육을 받은 기간이 고작 4년밖에 되지 않는다. 그 4년 동안도 그의 학교 성적은 거의 최하위이다. 즉 학교에서 배운 것이라고는 기본적인 읽고 쓰기가 고작이라고 말할 수 있다. 그는 부유하지도 못하고 가난해서 겨우 초등학교만 나올 수 있었다. 하지만 노벨 문학상을 수상하며 극작가로, 비평가로, 소설가로 매우 큰 업적을 남기는 사람이 되었다.

겨우 최하위 성적으로 초등학교만 겨우 다닌 그가 노벨 문학상과 오스카상을 모두 수상한 유일한 작가가 되기도 하고, 20세기 최고의 극작가로 평가받으며 박학다식하고 위트와 재치가 넘치는 사람이 될 수 있었던 것은 과연 무엇 때문일까? 그것은 바로 독학, 즉 공부의 위력 때문이라고 할 수 있다. 그는 절대 공부를 포기하지 않았다. 그리고 자신의 인생의 주인으로 살고자 노력했다. 20대에 그는 좌절과 빈곤을 겪었고 사환으로 일하면서도 책을 읽었으며 음악과 그림과 같이 분야를 제한하지 않고 폭넓게 배우고 소설을 썼다. 저녁에는 런던의 지식인들 사이에 성행한 강의와 논쟁의 장소에 찾아가 자신의 부족한 지식을 보충하며 공부를 계속 했다. 20대를 이어 30대까지 그는 실패를 거듭했다. 자신이 쓴 소설은 완전히 실패하여, 소설가로서 인생의 중반까지는 완전히 실패한 것이었다. 하지만 그러한 20, 30대의 실패와 시련과 좌절과 빈곤을 통해 그는 점점 더 내공이 쌓이게 되었다. 뿐만 아니라 1차, 2차 세계 대전을 몸소 겪으면서 보다 더 큰 세상을 경험하게 되었다. 이러한 다양한 인생 경험이 어울려져서 40대가 된 그는 비로소 자신이 언변과 재치와 평론과 극작가로서의 재질이 있음을 발견하게 되었다. 뿐만 아니라, 인간과 사회의 본질을 통찰하는 통찰력과 그러한 인간과 사회의 내면에 존재하는 숨어 있는 진실을 파헤쳐서 그것을 토대로 하여 희곡으로 만들어내는 데 남다른 재능이 있음을 또한 발견하게 되었던 것이다. 그는 비로소 인생에서 무엇을 해야 할지를 발견하고, 자신의 인생의 참된 주인으로 살아가기 시작했던 것이다.

그는 남들을 따라 살아가지 않았다. 자신만의 길을 개척하고자 했고 수많은 시행착오를 걸쳤으며 20대와 30대 때는 참된 인생을 제대로 인생 후반기에 살아갈 수 있도록 다양한 경험을 하고 많은 것을 체험하는 시기로 삼았다.

"나는 상황이나 환경을 믿지 않는다. 이 세상에서 성공한 사람들은 자리에서 일어나 그들이 원하는 상황이나 환경을 찾는 사람이다. 그리고 그들이 원하는 상황이나 환경을 찾지 못할 경우에는 그들이 원하는 상황이나 환경을 만든다."

바로 이러한 자세가 인생을 주인으로 살아가는 사람들이 갖추고 있는 자세이다. 그의 말처럼 우리가 원하는 환경이나 상황이 저절로 주어지는 경우는 매우 적다. 그래서 우리는 직접 찾아나서야 하고, 찾지 못할 경우에는 직접 만들어야 한다.

우리는 이제 인생의 반을 살았다. 지금까지는 우물쭈물하며 우왕좌왕하며 살았더라도 전혀 문제가 없다. 왜냐하면 철없던 시절의 실패와 시련과 실수는 보다 나은 삶을 살기 위한 좋은 재료가 될 것임을 믿기 때문이다. 20대와 30대는 내가 인생의 주인이라기보다는 부모님이 주인이다. 인생의 성공과 출세, 좋은 대학, 좋은 직장, 좋은 직업이 내 인생의 주인이라고 할 수 있다. 그것이 비참하게 들릴지 몰라도 사실이다. 성공하기 위해, 좋은 직장에 들어가기 위해, 좋은 대학에 들어가기 위해, 돈을 많이 벌기 위해 노예처럼 열심히 일하고 공부해야 하던 시기이기 때문이다. 하지만 40대 이후의 삶은 누가 뭐래도 자기 자신을 위해 살아야 한다. 그렇게 하려면 인생의 주인이 다른 것들이 되어서는 절대 안 된다. 세상의 부와 명예, 높은 직위, 많은 인기, 큰 권력 같은 것들이 인생을 좌지우지하는 주인이 되어서는 안 된다. 자기 자신이 주인이 되어야 한다. 40대는 불혹의 나이에 접어든 시기이다. 비로소 인생의 주인으로서 살 수 있는 시기라고 할 수 있다. 세상의 어떠한 유혹에도 흔들이지 않는 것이 주인으로 사는 삶이다. 그렇게 살기 위해서는 무엇보다 참다운 공부가 필요하다. 왜냐하면 그것을 통해 유혹에 심히 약한 자신을 뛰어넘을 수 있기 때문이다. 흔들리는 이 세상의 가운데서 요동치지 않는 균형 잡힌 삶을 살아갈 수 있도록 공부가 큰 힘의 원천이 되어주기 때문이다.

"멀리 내다보고 느긋해져야 인생의 주인이 될 수 있다."

우리가 인생을 살면서 멀리 내다보고 느긋해져야 하는 이유는 인생의 큰 성공은 항상 제일 마지막에 오기 때문이다. 그리고 또 한 가지 이유는 멀리 내다보고 느긋해질 때만이 인생의 주인으로 살아갈 수 있기 때문이다. 이렇게 멀리 내다보고 느긋해지기 위해서는 공부로 인한 사고의 확장과 유연한 사고의 형성이 필요하다.

공부의 매력은 하면 할수록 사고가 확장되고 유연해진다는 것이다. 그래서 공부한 만큼 이 세상이 넓게 보이고 멀리까지 보인다. 또 공부를 하면 할수록 그 사람의 내면은 동산에서 태산과 같은 큰 산으로 커지고 내면의 세계가 형성되며 더 나아가 바다를 품게 되고, 좀 더 나아가 우주를 품을 수 있는 세계가 형성되는 것이다.

여기서 우리가 이해해야 하는 한 가지 사실은 인생의 귀한 경험들이 공부하는 지식과 사고에 녹아 들어갈 수 있는 40대 공부만이 이러한 효과가 배가된다는 것이다. 그래서 철이 없을 때 하는 공부인 10대와 20대의 공부는 지식을 축적하는 공부밖에 되지 못하지만, 인생의 경험이 녹아 들어가 경험과 지식이 통합되면 시너지 효과가 발생하여 더 큰 세계를 내다볼 수 있는 시야가 형성되고 안목이 길러지고 여유가 생기게 되는 것이다.

물이 끓는 시점은 끓는점에 해당하는 100도가 되어야 하듯, 인생의 성공도 성공 온도에 미쳐야 맞이할 수 있다. 물이 가열되어 서서히 온도가 높아지고 100도가 될 때 비로소 끓는 것처럼, 인생도 수많은 도전과 실패를 통해 서서히 온도가 높아져서 가장 마지막에 성공 온도에 다다르면 인생이라는 물이 끓게 된다. 인생을 멀리 내다보고 느긋해지지 않으면 안 되는 이유가 바로 이것이다. 물은 100도보다 단 1도가 낮은 99도까지 올라가도 절대로 끓지 않는다. 마지막 1도가 더해져야 물이 끓는 것처럼, 우리의 인생도 마지막 한 번의 도전과 마지막 한 번의 노력이 더해져야 비로소 성공이라는 물이 끓는 것이다. 그러므로 우리는 멀리 내다보고 느긋해져야 한다.

우리가 인생을 살면서 멀리 내다보며 느긋해져야 하는 또 다른 이유는 눈앞에서는 손해인 것 같지만, 보다 더 멀리 내다보면 손해가 아니라 훨씬 더 큰 이익이 되는 경우가 다반사이기 때문이다. 많은 사람들이 인생을 멀리 내다보지 않고 눈앞의 이익만 챙기다가 결국에는 신의를 잃고 인생을 성공적으로 살지 못하게 되는 경우가 매우 많다. 조금만 더 멀리 내다보고 느긋해진다면, 그리고 여유를 가질 수 있다면 우리는 인생을 좀 더 잘 살 수 있을 것이다. 그렇기 때문에 우리는 좀 더 멀리 내다보고 느긋해질 필요가 있다.

우리가 아등바등하며 목숨을 걸고 붙잡으려고 했던 모든 것들이 지나고 보면 아무것도 아닌 사소한 것들이라는 사실을 뒤늦게 깨닫게 되기도 한다. 그렇기 때문에 우리는 그러한 실수와 후회를 하지 않기 위해서라도 인생을 멀리 내다보고 느긋해져야 할 필요가 있다.

40대 공부로 대기만성의 토대를 닦을 수 있게 된다

 마흔이 되어도 아무것도 이룬 것이 없고 모아놓은 재산도 없고 뭐 하나 내세울 것이 없다고 해서 결코 좌절해서는 안 된다. 앞에서도 누누이 말했듯이 진짜 인생은 마흔부터이다. 그러므로 절대로 인생의 길가에서 흔들려서는 안 된다. 정말 아름다운 꽃은 가장 늦게 피는 꽃이며, 진정 아름다운 석양은 가장 마지막에 볼 수 있는 석양임을 알아야 한다. 그래서 대기만성이라는 말이 나온 것이다. 가장 큰 강물은 가장 마지막인 바다에서 이루어지듯, 가장 큰 그릇을 만들 수 있는 시기는 가장 오랜 시간이 필요한 법이다.
 그릇이 작은 자들은 언제나 성급하고 경솔하고 조급하여 큰일을 이룰 수 있는 기회가 와도 자신의 그릇이 작음으로 인해 큰일을 이룰 수 있는

기회를 보기 좋게 차버리고 만다. 하지만 그릇이 큰 자들은 타인과 비교하지 않고 자신만의 길을 묵묵히 갈 수 있는 도량이 있으며 자신을 낮출 줄 아는 겸손이 있다. 그래서 타인이 성공하고 잘된다고 해서 절대로 조급해하지 않고 시기하거나 질투하지 않는 다. 자신의 길은 저 사람의 인생과 다르다는 사실을 확실히 알기 때문이다.

그릇이 클수록 알량한 자존심에 매달리지 않는다. 그래서 사소한 것들에 연연하지 않게 되고 결과적으로 큰 자유를 누리며 살 수 있다. 하지만 그릇이 작을수록 자신의 자존심에 얽매여서 사소한 것들에 너무 많이 연연하게 되고 사소한 것들에 매여 살아가게 된다. 그래서 그릇이 작은 사람일수록 양보하는 것이 매우 힘들고 타인을 용서하는 것이 매우 힘들 수밖에 없는 것이다.

그릇이 클수록 타인의 실수에 대해 관용과 관대함을 베풀 수 있다. 그래서 어떠한 사람과도 잘 융화되어 잘 지낼 수 있다. 그러면서도 쉽게 물들지 않는다. 물들기에는 그릇이 너무 크기 때문이다. 하지만 그릇이 작은 사람일수록 타인의 실수에 대해 용서와 관대함을 베풀지 않는다. 그래서 주위 사람들과 잦은 마찰이 생기며 잘 융화되지 못한다. 그럼에도 불구하고 그릇이 작은 사람들은 쉽게 타인의 약점과 단점에 물들기 쉽다. 그릇이 작기 때문이다.

그릇이 클수록 자신을 낮출 줄 알고 진정으로 타인을 존중할 줄 안다. 진정으로 타인의 말에 귀담아 듣고 항상 자신의 부족함을 알고 있기에 노력도 마다하지 않는다. 그래서 시간은 많이 걸리지만 종국에는 큰 그릇을 이룰 수 있는 것이다. 큰 그릇이기 때문에, 자신을 낮출 줄 알기에 인생을 통해 얻게 되는 것이 더 많다. 그러한 배움과 경험을 통해 더욱더 자신을 낮출 줄 알게 되고, 더욱더 그릇이 커지게 된다.

그릇이 큰 사람일수록 흔들리지 않는 신념을 가지고 있지만 절대로 자신을 과신하지는 않는다. 이것은 그릇이 작은 자들이 주위의 조언과 충고를 절대로 귀담아 듣지 않는 것과 정반대의 모습이다. 그릇이 큰 자들은 언제나 주위의 조언과 충고 역시 귀담아 들으며, 자신의 진로와 방향을 항상 조율하고 자신을 반성한다. 그렇게 하면서도 신념을 가지고 있으며 또한 자신을 절대로 과신하지 않기에 큰 실수를 하지 않는다.

그릇이 큰 사람일수록 출세나 성공, 부나 명성, 권력과 인기에 연연하지 않는다. 그래서 쉽게 흔들리지 않고 요동치지 않는다. 한마디로 태산처럼 굳건한 인생을 산다. 하지만 그릇이 작은 자들은 쉽게 흔들리고 요동치는 인생을 산다. 세상의 출세와 성공, 부와 명성, 권력과 인기에 쉽게 좌지우지되기 때문이다. 이러한 것들은 언제나 부침이 심하다는 것이 인생이다.

그릇이 큰 사람일수록 나서지 않으며, 잘난 척하지 않는다. 자신의 부족함과 무지를 너무나 잘 알고 있기 때문이다. 그래서 이런 사람들은 언제나 타인의 말에 경청하며, 자신을 낮추고 또 낮춘다. 땅이 낮아야 바다를 이룰 수 있듯이, 잘난 척하지 않고 낮음에 거할 수 있는 도량이 넓은 사람만이 바다와 같은 큰 그릇을 이룰 수 있다.

40대 공부로 인생 후반기를 당당하게 살아갈 수 있다

    우리가 인생을 살면서 현실에 주눅 들지 말아야 하는 이유는 현실에 주눅 들면 앞으로의 삶에서 미래가 없는 길로 자꾸 스스로를 몰아가게 되어 결국에는 인생의 막다른 골목에 다다르고 비참한 인생을 살게 되기 때문이다.

    동서고금을 통해 위대한 인생을 살았던 위인들은 하나같이 암울한 현실에 주눅 들지 않았던 사람들이었다. 현실이 아무리 암울하고 비참하더라도 그들은 모두 내일의 희망을 보고 앞을 향해 전진했던 사람들이다. 이러한 모습은 주위 사람들에게 당연히 비범하게 보이고 담대하게 보인다. 이러한 담대함과 비범함이 바로 그들을 위대한 길로 이끌었던 것이다.

이러한 담대함과 비범함은 무엇보다도 공부를 통해 후천적으로 학습되고 획득할 수 있다. 그렇기 때문에 위대한 위인들은 알게 모르게 어떤 분야를 놓고 그것에 광적으로 공부를 하고 붙잡았던 사람들이었다.

중국의 역사상 가장 위대한 중국의 역사서인 《사기(史記)》는 인간의 역사를 냉엄하게 통찰한 최고의 역사서로 평가받고 있다. 하지만 이러한 최고의 역사서가 하마터면 이 세상에 탄생하지 못했을 수도 있었다는 사실을 우리는 알아야 한다.

인생의 산전수전을 다 겪은 40대 때, 억울한 모함을 받아 사형을 선고받게 된다면 어떨까? 그것도 돈이 없어서 그 사형을 면할 수 없게 된다면 또 얼마나 비참한 현실일까? 결국 남자로서의 자존심인 자신의 생식기를 자르는 형벌인 수치스러운 궁형(宮刑)을 받아 환관이 된다면 얼마나 암울할까? 바로 《사기》의 저자인 사마천(司馬遷)이 정확히 그런 경우의 사람이었다.

그는 주나라의 역사가 집안 출신으로 그의 아버지는 태사령(太史令) 사마담(司馬談)이다. 이러한 아버지의 영향을 받아 사마천은 역사를 서술하고 기록하는 데 매우 큰 관심을 보였고, 급기야는 아버지의 유지를 받들어 역사서 집필을 위한 자료 수집과 집필을 하게 된다. 그리고 본격적으로 그는 B.C. 104년, 즉 그의 나이 43세부터 《사기》 저술에 본격적으로 착수하였다. 하지만 그에게 불행한 일이 발생했다. B.C. 99년, 그의 나이 48세 때 흉노 정벌에 나섰던 이릉(李陵) 장군이 적의 기마 부대에 포위를 당하게 되었고 수적으로 도저히 상대를 할 수 없는 상황이라 흉노에 투항을 하게 되었다. 이때 이릉 장군은 겨우 5천 명의 보병 부대를 이끌고 있었고 흉노의 기마 부대는 8만 명이나 되었다. 사마천은 이릉 장군을 변호하다 한나라 조정 대신들과 무제의 노여움을 받게 되고 결국 황제를 무고했다는 억울한 죄명으로 사형을 선고받게 되었다.

이 당시에 사형을 선고받을 경우, 사형을 벗어나는 방법이 두 가지 있었다. 하나는 오십만 냥으로 감형을 받는 방법이고, 또 하나는 생식기를 제거하는 형벌인 궁형을 받아 환관이 되는 방법이다. 하지만 후자의 경우 대부분 수치심을 견디지 못하고 결국에는 자살하는 경우가 대부분이라고 한다. 그래서 궁형을 받을 바에야 죽음을 택하는 것이 그 당시 대부분의 사람들이 선택하는 길이었다.

하지만 사마천은 그러한 암담한 현실과 타협하지 않았다. 만약에 그러한 현실에 주눅이 들었다면 중국 역사상 최고의 역사서로 평가받고 있는 귀중한 책이 이 세상에 존재하지 않았을 수도 있었다. 인생을 살다 보면 인생 최고의 위기는 40대 때 오는 경우가 많다. 또한 40대 때 인생의 성공과 실패를 결정짓는 최고의 선택의 기로에 설 때가 많다. 그렇기 때문에 40대는 매우 중요한 시기이다. 이때 공부를 통해 자신을 보다 더 나은 사람으로 만든다면 우리는 보다 나은 선택을 할 수 있을 것이다.

참으로 암담한 현실인 궁형을 받은 사마천은 현실에 주눅 들지 않고 자신이 해야 할 일, 즉 아버지의 유언과 자신의 사명을 위해 수치스러운 현실에 휘둘리지 않고 자신의 길을 걸어갔던 것이다. 죽음보다 더한 현실에 처해진 사마천은 오히려 그러한 현실을 역이용하여 불후의 명작이 될 역사서인 《사기》의 집필에 더욱더 몰두하게 되었다. 그 결과 그는 모두 130권에 이르는 대작인 《사기》를 완성하였고 큰 업적을 달성한 위인으로 지금까지도 존경을 받는 인물이 되었다.

이처럼 인생을 결정짓는 시기는 40대라고 할 수 있다. 물론 50대와 60대에 큰 성공을 하여 존경을 받는 인물도 많지만, 이런 인물들도 찬찬히 살펴보면 40대부터 공부를 통해 준비를 차근차근 해나갔던 인물임을 알 수 있다.

자기가 힘들게 창립한 회사에서 쫓겨난다면 어떨까? 그것도 서른 살의 나이에 말이다. 십중팔구 대부분의 사람들이 절망과 배신감에 치를 떨며 원망과 분노에 사로잡힌 채 아무것도 하지 못하고 패배자로 살아가지 않을까? 노숙자로 살아가는 많은 사람들처럼 말이다. 하지만 이러한 힘든 현실에서도 주눅 들지 않고 당당히 자신의 길을 갔던 이가 있다. 그는 사망률이 가장 높다던 췌장암으로 시한부 인생을 선고받았을 때도 자신의 암울한 상황에 주눅 들지 않고 자신의 길을 헤쳐 나갔다. 그뿐만 아니라 그는 입양아라는 현실과 대학 중퇴자라는 현실, 그리고 가난이라는 현실들 앞에서도 절대 주눅 들지 않고 세계에서 가장 창조적인 CEO로 여러 번 선정되는 위대한 사람이 되었다. 그가 바로 애플의 스티브 잡스이다.

그로 하여금 처량한 현실에 주눅 들지 않고 앞을 향해 나아갈 수 있게 만들어준 것이 바로 공부였다는 사실을 아는 사람은 별로 없다. 하지만 그는 누구보다 공부를 열심히 했던 사람이다. 특히 영국의 시인 윌리엄 블레이크를 너무나 좋아한 독서광이었다. 그로 하여금 현실의 암담함을 극복하고 혁신의 아이콘으로 부상할 수 있었던 것은 그가 책을 좋아하고 특히 시를 좋아하며, 그것을 공부하고 가까이 했기 때문이다.

PART 03

40대, 이제부터가 진짜 인생이다

40대 공부로 끊임없이 자신을 발전시킬 수 있다 | 40대 공부로 우리 안의 거인을 깨울 수 있다 | 40대 공부로 활력과 유머를 되찾을 수 있다 | 40대 공부로 재미와 즐거움을 회복할 수 있다 | 40대는 가장 중요한 혁신의 시기이다 | 40대 공부로 좋은 인간관계를 형성할 수 있다 | 40대 공부로 고정관념을 타파할 수 있다 | 40대 공부로 남과 다르게 생각하고, 남과 다른 것을 볼 수 있다

인생은 대담무쌍한 모험이 아니면 아무것도 아니다.
- 헬렌 켈러

이 세상은 쾌활한 모습으로 원대한 목표를 향해 변화해가는 사람의 것이다.
- 랄프 왈도 에머슨

40대 공부로 끊임없이 자신을 발전시킬 수 있다

19
CHAPTER

　진짜 제대로 된 인생을 살기 위해 40대가 가장 먼저 해야 하는 일은 바로 자기 자신을 발견하는 것이다. 자신이 무엇을 좋아하고, 무엇을 남들보다 잘할 수 있고, 자신이 꿈꾸고 있는 삶의 모습은 무엇인지를 확실하게 발견하는 것이다. 그리고 나서 해야 할 일은 그러한 자신을 끊임없이 발전시키는 일이다. 그렇게 하기 위해 반드시 필요한 것은 자신을 뛰어넘을 수 있는 제대로 된 공부, 40대 공부이다.
　"풍부하고 다양한 호기심은 타고나는 것이지만, 그 이후에는 끊임없이 정보와 지식을 습득하는 노력이 필요하다. 나는 날마다 배운다. 뭔가 새로운 것을 얻지 못한 날에는 '시간을 잃어버렸다'고 생각한다."
　프랑스의 소설가 베르나르 베르베르의 말이다. 이처럼 우리가 끊임없이 자신을 발전시키지 않는 시간은 바로 잃어버린 시간이요, 인생인 셈이다.

큰 성공을 이룩한 사람들을 살펴보면 하나같이 겸허하고, 인격적으로 높은 수준에 올라가 있고, 유머러스하고, 눈빛이 반짝반짝 빛나며, 자신감이 넘치고, 얼굴에는 윤기가 흐르고, 말이 유창하고, 행동도 민첩하다는 사실을 알게 된다. 왜 성공한 사람들은 하나같이 이럴까? 그것은 끊임없는 공부로 자신을 성장시키고 발전시켰기 때문이다.

개울가에 가서 반짝이며 부드럽고 단아한 조약돌을 보라. 얼마나 많은 물살을 이겨내고 얼마나 많은 시련과 역경을 이겨내었을까? 자신을 끊임없이 갈고 닦았기에 지금의 아름다운 조약돌이 될 수 있었던 것이다. 만약에 이 조약돌이 끊임없이 자신을 갈고 닦을 수 있는 환경 속에 놓이지 않고, 그곳을 힘들다며 벗어났다면 볼품없고, 빛도 없고, 표면이 거친 평범한 돌로 끝까지 남아 있게 되었을 것이다. 그러한 돌을 누가 거들떠 볼 것인가? 아무 데도 쓸모가 없는 돌이 되고 만다.

돌의 세계도 이러할진대 인간의 세계는 어떨까? 굳이 말하지 않아도 알 것이다. 현재의 우리의 모습은 중요하지 않다. 중요한 것은 얼마나 끊임없이 자신을 발전시켜나가며, 절차탁마(切磋琢磨)하는 모습으로 인생을 살아가느냐 하는 것이다. 더욱이 인생이 길어진 이 시대, 프리 에이전트의 시대에는 두 말 할 필요가 없는 것이다.

세상의 빠른 변화와 흐름을 공부가 아니고서 무슨 방법으로, 무슨 전략으로 따라갈 수 있을 것인가? 오직 공부 외에는 방법이 없다. 40대 공부를 통해 자신을 부단히 성장시키고 발전시키는 것은 이제 선택이 아니라 생존의 필수 전략이다.

우리가 공부를 통해 자신을 끊임없이 성장시키고 발전시켜야 하는 또 다른 이유는 너무나 빠른 시대의 변화 속에서 정신적으로 조난당하지 않기 위해서이다. 2차 세계 대전에서 패한 일본 국민들에게 큰 용기와 희망을 주고, 다시 일하며 공부할 수 있게 만든 위대한 책인 새무얼 스마일즈의 《자조론》과 《인격론》이란 책에 보면 이러한 말이 나온다.

"독서를 하고 지식을 추구함으로써 정신적으로 '조난'당하는 일이 없도록 나를 보호할 수 있다."

독서를 하고 지식을 추구하면서 끊임없이 공부를 하지 않으면 자신도 모르게 정신적으로 '조난'을 당하여, 왜 사는지? 무엇을 위해 사는지? 삶의 참된 의미가 무엇인지? 무슨 가치를 추구하며 살아야 하는지? 우리의 인생의 숭고한 목적과 목표는 무엇인지? 등등의 근본적인 삶의 질문에 대해 깨닫지 못 한 채 하루살이처럼 살아가게 될 수 있다. 반면에 날마다 공부를 하는 사람은 어제보다 더 나은 오늘을 살 수 있고 오늘보다 더 나은 내일을 살 수 있기 때문에 날마다 늙어가는 것이 아니라 성장해갈 수 있고, 이를 통해 삶의 근본적인 질문에 대해 좀 더 올바른 답을 해나갈 수 있다.

위대한 사람들의 80퍼센트가 독학인 이유에 대해서 새무얼 스마일즈는 '최고의 인간 교육은 학교 교육이 아니라, 스스로 자신을 가르치는 교육'이기 때문이라고 말한다. 최고의 공부는 누가 떠먹여주는 것이 아니라 스스로 공부의 중요성을 깨닫고, 스스로 공부를 중단하지 않고 해나가는 것이라고 한다.

위에 소개된 두 책 중에 《자조론》은 일본에서 후쿠자와 유키치의 《학문의 권유》와 함께 메이지 유신의 정신적 교과서이자 '오늘날의 부강한 일본을 만든 두 권의 책' 중 한 권으로 꼽히는 책이다. 그렇다면 후쿠자와 유키치의 《학문의 권유》란 책이 과연 어떤 책이기에 일본에서 그렇게 놀라운 책으로 손꼽힐까? 이러한 질문에 대한 대답은 차치하고, 일단 이 책의 서두에 나오는 말을 살펴보자.

"하늘은 사람 위에 사람을 만들지도, 사람 밑에 사람을 만들지도 않았다고 전한다. 그럼에도 오늘날의 넓은 인간세계를 보면 현명한 인간과 어리석은 인간, 가난한 인간과 부자인 인간, 신분이 높은 인간과 낮은 인간이 있다. 그 차이는 어디에서 오는 것일까?

그것은 명백하게 말할 수 있다. 현명한 사람과 어리석은 사람의 차이는 배움과 배우면서 깨달은 것에 의해 생긴 것이다. 인간은 태어날 때부터 귀천상하로 나눠진 것이 아니지만 학문을 권유함에 의해 많은 것을 알게 되는 것으로 귀인이 되고 부자가 되며 배움이 없는 자는 가난해지며 하인이 되는 것이다."

그의 말처럼 인간을 나누고 성공과 실패를 가르는 것은 바로 공부이다. 40대 공부를 통해 끊임없이 자신을 발전시키고 성장시켜야 하는 이유가 분명해지는 것이다. 공부를 하지 않는 자는 가난해지고, 신분이 낮은 자가 되고, 쓸모가 없는 사람이 되지만 공부를 통해 자신을 성장시킨 사람은 부자가 되고, 귀하게 쓰임을 받는 사람이 되고, 가치 있는 일을 하는 사람이 된다.

40대 공부로 우리 안의 거인을 깨울 수 있다

 인생의 목적은 성공이 아니며 타인을 이기는 것도 아니다. 인생의 불변의 목적은 성장하고 자신을 발전시켜 이 사회에 공헌하는 것이라고 할 수 있다. 하지만 선한 의도만 가지고 있다고 해서 저절로 되는 것은 절대 아니다. 제대로 된 인생을 살기 위해서는 우리 안에 잠자고 있는 거인을 깨워야 한다. 그래야 이전과 다른 삶을 살 수 있기 때문이다.
 이전과 다른 삶을 살기 위해 가장 먼저 필요한 것은 자신을 성장시키고 발전시키기 위해 자신의 내면에 잠자고 있는 무한 잠재력인 거인을 깨우고자 결단하는 것이다.
 "시작과 창조의 모든 행동에는 한 가지 기본적인 진리가 있다. 그것은 우리가 진정으로 결단을 내리는 순간 하늘도 움직이기 시작한다는 것이다."

괴테가 말했듯, 우리가 무엇을 하든 그것의 시작은 우리의 내면에서부터 시작되고, 그 핵심은 바로 결단하는 것이다. 이전과는 다른 새로운 삶을 살겠다고 결단하라. 그것이 시작이다. 하지만 이러한 결단이 저절로 되는 것은 아니다. 어떠한 계기가 있어야 인생을 변화시킬 만큼 강력한 결단을 하게 된다. 그렇다면 인생을 변화시킬 만큼 강력한 결단은 어떻게 해야 만들어지는 것일까?

그것은 바로 공부를 통해 가능할 수 있다. 공부는 우리의 정신과 사고방식을 바꾸어놓는 힘이 있다. 그래서 지식만 쌓이는 공부는 공부라고 할 수 없다. 참된 공부를 하게 되면 자신의 생각이 바뀌고 삶이 바뀌게 되어 있다. 그러한 변화 중에 하나가 '보다 나은 삶을 향한 결단'이다. 어느 정도 공부가 되면 자연스럽게 흘러나오는 부산물, 즉 결과물이 바로 결단이라고 할 수 있다.

《네 안에 잠든 거인을 깨워라》의 저자인 앤서니 라빈스는 모든 변화에 있어서 가장 중요한 요소는 바로 결단의 힘이라고 자신의 저서를 통해 말한 적이 있다.

"결단에 의해 운명이 결정되고도 남는다."

그의 말처럼 거대한 운명이 결정되는 것은 마음속의 결단에서부터 시작된다. 그리고 그 결단은 충분한 공부를 통해 자연스럽게 맺히게 되는 열매이다. 물이 한 방울씩 깡통에 떨어지다 보면, 어느 순간에 그 깡통은 물로 가득 채워져서 흘러넘치게 된다. 그때 흘러넘치는 것이 바로 결단의 순간인 것이다. 공부를 통해 자신의 내면에 올바른 사고방식과 사유의 확장과 상상력과 창의성이 개선되고 증가하게 되면, 그것이 밖으로 튀어나올 수밖에 없다. 그때 결단이라는 형식의 옷을 입고 밖으로 외출하게 된다. 공부를 통해 세상과 자신에 대해 올바른 시각과 통찰력을 가지게 되고, 그로 인해 보다 가치 있는 일을 하는 자신을 만들고자 하는 생각을 갖게 되고, 그러한 생각들이 모여 결단이라는 부산물로 세상 밖으로 튀어나오게 되어 있는 것이다.

이러한 이유로 40대 공부를 통해 그 결과물로 나오는 결단은 공부를 하지 않고 인위적으로 만들어서 하는 결단과 큰 차이가 있다. 40대 공부를 통해 자연스럽게 흘러나오는 결과물인 결단은 무엇보다도 자신의 내면에서 잠자고 있는 거인을 깨우는 결단이며, 자신의 성장과 발전을 추구하는 결단인 동시에 세상에 공헌하기 위한 결단이다. 하지만 공부를 하지 않고 인위적으로 하는 결단은 대부분이 자신의 성장보다는 외형적인 성공이라는 결과에 치중된 결단들이다. 그래서 그러한 결단들은 모두 결과 위주의 결단이 되기 쉽다.

가령 '나는 꼭 성공하고야 말겠다'라든가 '나는 반드시 부자가 되고 말겠다'라든가 '나는 꼭 변호사가 되겠다', '나는 꼭 가수가 되겠다'라는 식의 결단은 공부를 통해 자연스럽게 흘러나오는 결단이 아니라 공부를 하지 않고 인위적으로 만든 결과 위주의 결단이다. 그리고 이러한 결단일수록 결단에 집착하는 인생을 살게 만들고, 그 결단에 매인 삶을 살게 한다. 그래서 삶은 더욱더 각박해지고 아등바등 살게 된다. 삶에서 중요한 것들을 희생시키면서까지 결과에 집착하게 되는 부작용도 낳는다. 이것이 공부를 하지 않고 만드는 인위적인 결단의 병폐라고 할 수 있다.

반면에 40대들이 참된 공부를 통해 그 공부의 결과로 자연스럽게 흘러나오는 결단들은 차원이 다르다. 공부의 결과로 나오는 결단들은 삶을 더 풍요롭게 만들고, 더 행복하게 만든다고 볼 수 있다. 가령 '나는 이 세상에 가치 있는 사람이 되겠다. 그래서 더욱더 자신을 쓸모 있는 사람으로 발전시켜 나가겠다.'라든가 '나는 부귀영화보다 오직 이 세상에서 누구에게나 존경받는 그러한 삶을 살겠다.'와 같은 결단들이라고 할 수 있다. 링컨 대통령이 미합중국 역사상 가장 존경받는 대통령이 될 수 있었던 것도 이러한 공부를 통한 결단 때문이었다고 볼 수 있다.

자신의 내면에 있는 거인을 깨우는 결단을 할 것인지, 자신의 내면에 있는 욕심과 집착을 깨우는 결단을 할 것인지는 우리가 선택해야 한다. 하지만 선택 이전에, 공부를 통해 자신을 성장시키고 발전시킨 사람은 자연스럽게 전자의 결단을 하게 된다는 사실을 알아야 한다.

성공과 실패를 가르는 것이 이 세상에는 무수히 많다. 어떤 이는 열정과 노력 덕분에 성공을 하게 되었고, 또 어떤 이는 상상력과 통찰력 때문에 큰 성공을 맛볼 수 있었다. 또 어떤 이는 도전과 모험 정신이 강해서 큰 성공을 거두게 되었다. 이처럼 성공의 길과 방법은 저마다 다를 수 있다. 하지만 이러한 성공의 방법들이 공통적으로 가지고 있는 본질은 자신의 내면에 잠자고 있는 거인을 깨우는 도구의 역할을 하는 방법들이었다는 점이다.

어떤 이는 열정과 노력을 통해, 또 어떤 이는 상상력과 통찰력을 통해, 그리고 또 어떤 이는 도전과 모험을 통해 자신의 내면에서 잠만 자고 있던 거인을 단숨에 깨워버렸기 때문에 그들이 성공의 잔을 마실 수 있었던 것이라고 생각할 수 있다. 하지만 이러한 특성이 매우 부족한 이들은 어떻게 해야 할까? 아무리 노력을 하고 상상을 하고 도전을 해도, 자신의 내면에서 잠자고 있는 거인이 깨어나지 않는 이가 있다면 어떻게 해야 할까? 이러한 방법을 통해 자신의 내면에 있는 거인이 깨어났다고 해도 좀 더 큰 거인을 깨우고 싶은 자는 어떻게 해야 할까?

그 해답은 바로 인생이 녹아 들어갈 수 있는 40대 공부를 하는 것이라고 밖에 말할 수 없을 것이다. 공부를 통해 우리는 스스로 거인이 될 수 있기 때문이다. 나이는 중요하지 않으며 오히려 인생의 산전수전을 다 겪은 경험이 공부와 함께 녹아들어 시너지 효과가 발생할 때, 더 큰 거인이 깨어나게 되는 것임을 자각하도록 해야 한다.

CHAPTER 21

40대 공부로 활력과 유머를 되찾을 수 있다

　인간은 사회적 동물이다. 즉 혼자서만 독불장군처럼 살아갈 수 없으며 타인과 좋은 관계를 형성하며 살아가는 동물이다. 이러한 인간의 사회적 생존 특성을 잘 설명해주는 것 중에 하나가 바로 인간의 행복과 성공은 얼마나 많은 부를 획득했는가가 아니라, 얼마나 좋은 인간관계를 맺고 있느냐 하는 것으로 결정된다는 사실이다.

　'성공한 사람들의 85%는 인간관계에서 성공이 비롯되었으며, 인간관계의 성공은 유머에 있었다'라고 카네기 멜론 대학의 연구진들은 발표한 적이 있다. 그리고 최고의 동기 부여가로 평가받고 있는 브라이언 트레이시도 이와 비슷한 말을 했다. '성공의 85%는 인간관계에 있다'고 말하면서, 좋은 인간관계는 상대방을 잘 웃기고, 자신도 잘 웃는 데에 달려 있다고 말했다. 또 미국의 전설적인 판매왕인 조 지라드(Joe Girad)는 '웃음의 위력을 알지 못하는 사람은 결코 성공할 수 없다, 웃음만이 모든 것을 여는 만능열쇠다'라고 말한 바 있다. 찰스 디킨스는 '질병과 슬픔이 있는 이 세상에서 우리를 강하게 살도록 만드는 것은 웃음과 유머밖에 없다'라고 했다.

미합중국 역사상 가장 위대한 대통령으로 평가받고 있는 대통령 중에 한 명인 링컨도 어떠한 상황에서도 활력과 유머를 잊지 않았던 사람이다. 남북 전쟁이 한창일 때, 매우 불리한 상황과 많은 아픔과 슬픔 가운데에서도 그는 각료회의를 할 때 꼭 해학과 유머가 가득한 책을 각료들에게 읽어주었다. 상황이 상황이다 보니 대부분의 각료들은 나라의 상황과 형편 때문에 웃을 수가 없었다. 그때 링컨은 다음과 같이 말했다고 한다.

"여러분! 왜 웃지를 못하십니까? 밤낮으로 나라 안팎의 여러 가지 문제들과 긴장과 안타까운 소식 속에 사는데, 만약 우리가 웃지도 못한다면 모두 다 긴장과 슬픔에 묻혀서 죽고 말 것입니다."

이뿐만 아니라 링컨은 심한 우울증으로 고생을 하기도 했다. 링컨만큼 가난, 고독, 슬픔, 이어지는 파산, 수많은 낙선, 사업 실패, 약혼녀 사망, 신경 쇠약으로 정신병원 입원 등등의 시련과 역경과 실패를 경험한 사람은 흔하지 않다. 그럼에도 다시 일어설 수 있게 만든 것은 바로 활력과 유머이며 웃음이었다. 그는 이 사실을 한마디의 말로 잘 표현한 적이 있다.

"나는 울지 않기 위해 웃어야 했습니다. 밤과 낮 동안 나를 짓누르는 두려운 고통 때문에 만약 내가 웃지 않았다면 나는 이미 죽었을 겁니다."

그의 말처럼, 그는 너무나 많은 아픔과 시련과 역경과 슬픔을 활력과 웃음, 유머를 통해 극복해냈던 인물이기도 하다. 다시 말해 활력과 유머, 웃음은 우리에게 큰 힘과 에너지를 부여해주며, 큰 시련과 역경과 슬픔을 잘 극복해낼 수 있도록 도와준다. 이러한 점을 잘 알고 있었기에 로버트 슐러 목사는 '꾸어서라도 웃어라'고 우리에게 주장한다. 웃는 것이 우리의 생명과 직결되는 심신의 건강에 큰 영향을 끼치기 때문이다. 심지어 웃는 것이 생명을 연장시켜준다고 해도 과언이 아닐 정도로 웃는 것은 건강에 좋다.

"그대의 마음을 웃음과 기쁨으로 감싸라. 그러면 1천 가지 해로움을 막아주고 생명을 연장시켜줄 것이다."

윌리엄 셰익스피어도 위와 같이 말한 바 있고, '웃으면 사람의 몸과 마음을 이롭게 하는 온갖 경이로운 일들이 일어난다'라고 앤드류 매튜스도 말한 바 있다.

활력과 유머를 가져야 하는 또 다른 이유 중에 하나는 그것들이 두뇌를 부드럽게 해주고 심신에 에너지를 공급해주기 때문이다. 침울한 분위기보다 웃는 분위기에서 뇌는 더 잘 동작하도록 만들어졌다. 그래서 웃음과 유머를 중시하는 유태인들이 인구 대비 노벨상 수상자 비율이 그 어떤 민족들보다 높다. 유태인들이 모든 분야에서 큰 성공을 거두고 있는 비결은 바로 유머를 중시한다는 데 있다. 아인슈타인이 이렇게 말했을 정도이다.

"내가 상대성 원리를 발견한 비결은 어릴 때부터 웃음을 중시한 데 있습니다."

상대성 원리를 발견한 비결이 웃음을 중시한 것이라면, 과연 웃음의 위력이 사람에게 끼치는 영향이 얼마나 크고 광범위한 것인지 짐작할 수 있을 것이다. 이러한 사실을 야구 경기에 잘 적용하여 큰 성공을 거둔 사람이 있다. 바로 LA 다저스 감독이었던 토미 라소다 감독이다. 그는 '기분 좋은 선수가 더 나은 경기를 합니다. 그래서 전 늘 선수를 즐겁게 하기 위해서 노력합니다. 명랑하고 기분이 좋으면 모든 것이 잘 풀립니다.'라고 말한 바 있다. 그는 유머와 웃음이 인간의 신체와 마음에 끼치는 영향력에 대해 누구보다 잘 알고 있었던 사람이다. 선수들을 이끌어 최고의 결과를 만들어내는 비결은 바로 팀원들을 웃도록 만들어주는 것이다. 웃으며 기분 좋은 소가 더 좋은 우유를 만들 듯, 웃으며 기분 좋은 팀원들이 더 좋은 경기 결과를 만든다.

이러한 활력과 유머, 웃음의 위력은 스포츠맨들에게만 적용되는 것이 아니다. 세일즈맨들과 장사를 하는 사람들에게도 반드시 필요한 자질이다. 프린스턴 대학의 판매 연구소에 있는 제이슨 박사는 웃음과 판매실적의 관계에 대해 재미있는 실험을 하였다.

우선 피실험자들을 세 그룹으로 나누어 물건을 팔게 하였다. 첫 번째 그룹에게는 웃는 표정으로 물건을 팔도록 하였고, 두 번째 그룹에게는 무표정한 얼굴로 물건을 팔게 하였고, 마지막 세 번째 그룹에게는 인상을 쓰게 하였다. 그 결과 세 번째 그룹의 피실험자들은 하나도 물건을 팔지 못했고, 무표정한 얼굴로 물건을 판 두 번째 그룹은 목표량의 30% 정도만 판매하는 실적을 올렸다. 그리고 웃는 얼굴 표정으로 물건을 팔도록 한 첫 번째 그룹은 목표량을 훨씬 초과하여 서너 배의 판매량을 올렸다. 이러한 실험 결과는 우리들에게 확실하게 말해주고 있다. 웃음의 위력이 자기 자신뿐만 아니라, 물건을 사러 온 고객들에게도 직접적인 영향을 끼친다는 사실을 말이다.

이뿐만 아니다. 유머는 연봉하고도 매우 밀접한 관련이 있다는 사실이 밝혀졌다. 〈하버드 비즈니스 리뷰〉에서 실시한 연구 조사 결과에 따르면, 평범한 임원과 업무 실적과 능력이 골고루 뛰어난 임원의 차이 중에 하나가 바로 '유머가 섞인 발언'의 빈도수라고 한다. 평범한 임원의 경우 동일한 시간에 유머가 섞인 발언을 7.5회 정도 했지만, 뛰어난 임원들의 경우에는 이것보다 두 배 이상 많은 17.8회를 한다고 한다. 더욱더 흥미로운 사실은 이들이 받는 연봉이 이들이 사용하는 유머의 빈도수와 비례한다는 것이다. 다시 말해 능력 있는 임원들은 유머를 아주 잘 사용하며, 더구나 평범한 임원보다 더 많이 사용한다는 사실을 알 수 있다.

이러한 사실을 알고 있었다는 듯, 찰리 채플린은 웃음과 성공의 관계를 간단한 말로 정의했다. "웃지 않고 보낸 날은 실패한 날이다."라고 말이다. 그의 말에는 큰 의미가 담겨 있다. 웃으며 보낸 날은 최소한 실패한 날은 아니다. 더군다나 웃으며 보낸 날이 많을수록 우리는 성공으로 좀 더 가까이 다가갈 수 있음을 알 수 있다. 그러므로 활력과 유머를 잊지 않는 것이 중요하다.

니체도 이와 비슷한 말을 했다.

"오늘 가장 크게 웃는 자는 최후에도 역시 웃을 것이다."

그의 말이 의미하는 것은 활력과 유머를 잊지 않고 웃으면서 즐겁게 생활하는 사람은 건강하게 살 수 있고 좋은 인간관계를 형성하고 유지할 수 있으며 긍정적 사고를 할 수 있기 때문에 전반적인 인생의 질이 향상

되어 만족스러운 인생을 살다 갈 수 있다는 사실이다.

뿐만 아니라 부침이 심한 인생길에서 큰 상처와 아픔에 가장 잘 대처해낼 수 있는 방법이 바로 웃음과 유머이다. 정신분석학의 창시자인 프로이트는 '웃음과 유머는 억압된 적대감과 긴장을 해롭지 않은 방식으로 정화(Catharsis)시키기 때문에 심리적 안정을 찾게 해주고 긴장 완화 기능이 있다'고 말한 바 있으며, 더불어 '유머야말로 인간이 가지고 있는 가장 우아한 방어 기제 중 하나이다'라고도 말했다.

언제나 활기차고 유머러스하고 웃는 사람은 그렇지 못한 사람들보다 많은 것들을 성취하고 이룰 수 있다. 그것 자체가 하나의 경쟁력이요, 힘이기 때문이다. 장사를 하는 사람이라면 반드시 웃는 얼굴을 가져야 한다. 그리고 혼자 살기를 결심한 사람이 아니라면 활력과 유머를 반드시 잊어서는 안 된다. 어떠한 재능이나 수단보다 웃음은 가장 큰 수단이며, 도구가 되기 때문이다. 이러한 점을 셰익스피어는 한마디로 설명한 바 있다.

"원하는 것이 있을 때 칼로 얻으려 하지 말고 웃음으로써 그것을 이루라."

40대 공부로 재미와 즐거움을 회복할 수 있다

요즘 텔레비전에서 가장 인기 있는 프로그램은 바로 오디션 프로그램이다. 가수 지망생들이 지원하여 여러 번의 오디션을 통해 서로 경쟁하며 우열을 가려서 1등을 선발하는 프로그램이다. 이런 프로그램이 매우 인기가 좋아서 여러 방송국에서 방영하고 있고, 감동과 재미가 있어서 매주 빠지지 않고 시청하고 있다.

이런 프로그램을 보면 볼수록 한 가지 확실하게 깨닫게 된 사실이 있다. 오디션을 볼 때 너무 긴장을 하는 도전자들은 자신의 실력을 제대로 발휘하지 못한다는 사실이다. 평소에 없던 안 좋은 버릇까지 나오고 심지어는 노래 중간에 가사를 까먹어 그로 인해 심사위원들로부터 엄청난 질책을 받게 된다. 또 재미있는 사실은 심사위원들조차 감탄을 하게 만들고 보는 사람들로 하여금 소름 끼칠 정도로 노래를 잘하는 사람도 있는데 오디션을 본다는 것을 잊어버리고 노래할 때, 그 노래 자체를 오롯이 즐기는 도전자들이 바로 그러하다.

자신의 노래를 즐기는 도전자들은 결과에 상관없이 듣는 이로 하여금 기쁨을 선사해주며, 즐거움을 전파한다. 무엇보다 자신의 평소 실력보다 뛰어난 무대를 선보인다. 오디션을 잘 보려면 어떠한 잡념도 없고, 조금의 긴장도 하지 않고, 노래 자체를 오롯이 즐길 수 있어야 한다는 사실을 알 수 있다.

이러한 점이 노래 오디션에만 적용이 되는 것일까? 아니다. 이러한 현상은 세상만사에 두루 적용된다. 가령 스포츠 경기에 있어서도 이러한 사실은 입증이 된다.

《골프, 완벽한 게임은 없다(Golf Is Not A Game Of Perfect)》란 책을 보면 저자인 밥 로텔라(Bob Rotella)는 자신의 실력을 제대로 발휘할 수 있는 최고의 스윙은 잘하려고 의식하지 않고 즐기면서 자연스럽게 하는 스윙이라고 설명하고 있다. 이러한 사실을 잘 말해주는 책이 또 있다.《칭찬은 고래도 춤추게 한다》의 작가인 켄 블랜차드의 또 다른 저서인《멀리건 이야기(The Mulligan)》이다. 이 책은 골프와 인생에서 멋지게 성공하는 법에 대해 아주 잘 말해주고 있다. 이 책에서 그는 '결과에 집착하지 않고 과정에 집중할 때 더 좋은 결과까지 얻게 된다'라는 교훈을 한 아마추어 골퍼의 이야기를 통해 보여준다.

골프를 즐기는 한 아마추어 골퍼는 좋은 결과를 얻기 위해서 결과에 집착할 때에 오히려 결과가 더 안 좋게 나온다는 사실을 알게 되었다. '이

번에도 물웅덩이에 빠지면 절대 안 돼', '이번에는 OB(실수)가 되면 안 돼', '이번에도 실수하면 어떻게 하지'라는 걱정과 고민에 빠져 골프 그 자체를 즐기지 못하고 나쁜 결과에 집착할 때 실제로 결과마저 나쁜 쪽으로 흘러 들어가게 된다는 것이다. 몸과 마음, 의식과 무의식을 지배하고 있는 우리의 뇌는 부정어에 대한 인식을 잘 구별하지 못하기 때문에 '물웅덩이에 절대 빠지면 안 돼'라고 계속 생각하고 집착하는 것은 뇌의 입장에서는 '물웅덩이에 꼭 빠져야 돼'라는 의미로 받아들이게 된다. 그 결과 '물웅덩이에 공이 빠지는 결과'가 나온다는 것이다. 하지만 결과에 연연하지 않고 골프 그 자체에 집중하여 즐기면 결과도 더 잘 나온다고 하였다.

더욱더 중요한 것은 이러한 사실이 기업과 일에도 그대로 적용이 된다는 것이다. 우리가 일을 하든 인생을 살든 즐겁게 해야만 하는 또 다른 이유는 성과에 있는 것이 아니라, 그 자체로 행복해질 수 있고, 즐거워질 수 있기 때문이다. 그래서 레오나르도 다빈치가 이런 말을 남겼다.

"일을 즐겁게 하는 자는 세상이 천국이요, 일을 의무로 생각하는 자는 세상이 지옥이다."

자, 천국에 살고 싶은가? 지옥에 살고 싶은가? 그 선택은 바로 삶의 태도에 달려 있는 것이다. 아무리 힘든 일을 하고 있어도 재미와 즐거움까지 포기해서는 안 된다. 그리고 재미와 즐거움은 또 다른 보상을 가져다준다. 그것은 우리의 내면으로부터 에너지가 샘솟게 하고 덜 지치게 한다는 보상이다. 무슨 일을 하든 에너지가 필요하고 체력이 필요하다. 어떤 일을 하든 즐겁고 재미있게 그것을 즐기는 사람은 그렇지 못한 사람보다 훨씬 더 에너지가 많이 샘솟아 나오고, 훨씬 덜 지치게 된다. 그래서 덜 피곤하게 된다.

재미와 즐거움은 우리에게 상상 이상으로 다른 많은 유익함을 가져올 뿐만 아니라, 그것 자체로도 큰 유익함이다. 즐기기만 한다면 우리는 어떤 힘든 일이나 환경이라도 이겨낼 수 있고, 잘할 수 있다. 이러한 사실은 영화 속의 대사 속에서도 쉽게 찾아볼 수 있다. 좋은 영화 중에 하나인 〈밀리언 달러 베이비〉의 대사 중 하나를 보자.

"권투는 너무 힘든 스포츠야. 네 몸이 망가지고 코뼈도 부러뜨리지. 그러나 네가 그 고통을 무서워하지 않고 즐기기만 한다면, 네 몸에서는 신비한 힘이 솟아날 거야!"

우리가 진정 무엇을 하든 재미와 즐거움을 회복하여 오롯이 즐겨야 하는 또 다른 중요한 이유는 그것이 수준 높은 경지에 도달하는 지름길이기 때문이다. 자다가 높은 침대에서 떨어져도 거의 다치지 않는 것은 우리가 떨어진다는 것에 대한 두려움을 갖지 않기 때문이다. 즉 잠자는 것도 일종의 무아지경의 상태라고 볼 수 있다. 이러한 무아지경의 상태에서 우리는 내면 속에 숨겨진 최고의 능력을 발휘하는 것이기 때문이다. 술에 취한 사람도 일종의 무아지경의 상태이다. 그래서 술 취한 사람은 아무리 넘어져도 크게 다치거나 죽지 않는 것이다.

목욕탕에서 몸과 마음이 최상의 조건일 때, 자신도 모르게 노래를 흥얼거리곤 한다. 이때 부르는 노래는 자신이 들어봐도 너무나 듣기 좋은 노래이다. 그것은 목욕탕이라는 특수한 공간적 조건 때문이기도 하지만, 그것보다 더 중요한 이유는 무아지경의 상태에서 즐겁게 그것을 즐겼기 때문이다. 반대로 수많은 사람들 앞에서 노래하라고 하면 잘해야 한다는 부담감과 수많은 사람들을 의식해야 하기 때문에, 무아지경의 경지에 도달하기가 힘들어 자신의 실력보다 훨씬 못하는 경우가 많다.

수많은 사람들 앞에서 무언가 해야 할 경우, 무아지경의 경지에 도달하는 가장 좋은 방법은 그것을 오롯이 즐기는 것이다. 즐기기 위해서는 눈앞의 어떠한 것에도 연연해서는 안 된다. 눈앞에 보이는 수많은 사람들도 의식해서는 안 되며, 눈앞에 보이는 달콤한 당근에도 연연해서는 안 된다. 눈앞에 보이는 달콤한 당근이나 물질에 연연한다는 것은 바로 욕심이나 집착, 욕망이 생긴다는 것이다. 이러한 욕심이나 욕망, 집착을 가지고 있을 때는 절대로 무아지경의 경지에 도달할 수 없다. 그래서 성공을 추구하되, 성공에 너무 집착하지 않는 것이 성공하는 방법인 것이다.

그래서 옛말에 '아무 사심 없이 활시위를 당기고 있는 궁수는 자신의 능력을 유감없이 발휘해낼 수 있지만, 돈이나 어떠한 이익을 탐내어 활을 쏜다면 자신의 능력을 절대 발휘하지 못할 것이다. 그러므로 욕심을 버리고 마음을 비우는 것이 가장 최선의 방법이다.'라는 말이 있는 것이다. 이와 관련되어 생각나는 옛 이야기가 있다. 어느 궁수가 산을 넘다가 해가 질 무렵이 되자, 저 멀리에 무섭게 서 있는 산채만 한 호랑이를 보았다고 한다. 궁수는 호랑이를 잡기 위해 자연스럽게 활시위를 힘껏 당겼고, 훌륭하게 명중시켰다. 그리고 얼른 그 호랑이에게 가까이 다가가 보았는데, 호랑이인 줄로만 알았던 그것은 사실 큰 바위였다. 화살은 돌에 박히지 않는데, 자신의 화살이 보란 듯이 큰 바위에 꽂혀 있었다. 궁수는 놀랍고 신기해서 자신이 화살을 쏜 그 자리로 다시 돌아와서 바위를 향해 한 번 더 활시위를 당겼다. 하지만 이상하게도 아무리 활시위를 당겨도 그 이후에는 절대로 화살이 바위에 꽂히지 않았다. 즉, 아무 사심도 없이 호랑이인 줄 알고 활시위를 당길 때는 그야말로 무아지경의 경지에서 활을 쏠 수 있었지만, 그것이 바위인 줄 알고 쏠 때는 이미 바위라는 사실에 연연하여 의식하게 된다는 것이다. 그래서 이러한 의식이 자신의 정신과 에너지를 분산시키고 집중하는 데 방해하고 만다는 것이다.

이런 점에서 재미와 즐거움은 우리로 하여금 무엇인가를 의식하여 그것에 얽매일 수 있는 상황에서도 오롯이 즐기며 무아지경의 경지에 도달할 수 있도록 도와주는 힘인 것이다. 재미와 즐거움을 회복해야 하는 또 다른 중요한 이유 중에 하나는, 즐기는 사람이 그렇지 못한 사람들보다 훨씬 더 창의적인 사람이 되기 때문에 무엇을 해도 상당히 유리한 조건에서 하게 된다는 점이다.

또한 무엇보다 재미와 즐거움을 회복해야 하는 이유 중에 가장 큰 이유는 무엇을 하든 끝까지 할 수 있게 해주는 토대가 되어주기 때문이다. 그래서 아는 자보다 좋아하는 자가 더 낫고, 좋아하는 자보다 그것을 오롯이 즐길 수 있는 자가 결국엔 대가가 되며 승자가 되는 것이다.

재미와 즐거움의 영향은 개인에게만 적용되는 것이 아니라, 수많은 사람들로 구성된 복잡한 조직과 기업에도 그대로 적용된다는 사실에 주목할 필요가 있다. 재미와 즐거움을 경영 철학으로 승화시키고 기업 경영에 적용하여 큰 효과를 거두고 있는 기업들이 적지 않게 있으며, 이러한 경영을 펀(fun) 경영이라 부른다.

펀 경영이란 쉽게 말해 기업의 종사자들과 고객이 재미와 즐거움을 느낄 때 생산성이 증대될 수 있다는 사실에 근거하여, 기업과 조직에 관계된 모든 이들에게 재미와 즐거움을 창출하기 위한 경영 전략이라고 말할 수 있다. 펀 경영이 21세기의 새로운 기업 경영 트렌드로 꾸준히 각광을 받고 있는 이유는 '즐거운 기업'이 바로 '좋은 기업'이며 '훌륭한 일터'이기 때문이다.

'훌륭한 일터(GWP: Great Work Place) 운동'의 창시자인 미국의 경영 컨설턴트 로버트 레버링 (Robert Levering) 박사는 미국에서 처음으로 펀 경영 신드롬을 일으킨 주인공이다. 그는 회사의 번영과 성패는 그 누구보다도 종업원인 인간에게 달려 있다고 한다. 그래서 기업의 구성원인 인간들이 만들어내는 기업 문화와 같은 내부가치를 외부가치보다 더 중요시해야 한다고 설파했다. 그는 '훌륭한 일터'의 정의를 다음과 같이 정하고 있다.

"훌륭한 일터란 상사와 경영진을 신뢰하고, 일에 자부심을 느끼며, 동료 간에 재미를 느낄 수 있는 곳이다."

즉 재미와 즐거움이 가득하고 구성원들이 서로 신뢰하며 일에 자부심을 느낄 수 있는 곳이 바로 훌륭한 일터라는 것이다. 그의 주장에 근거하여 〈포춘〉은 해마다 미국에서 일하기에 가장 좋은 100대 기업을 매출액이나 회사 규모가 아닌 자기 일에 대한 자부심, 상사와 부하 또는 동료 간의 신뢰, 일에 대한 재미 등을 기준으로 삼아 선정하고 있다.

펀 경영은 우리나라에도 많이 도입되어 훌륭한 일터를 만들기 위해 노력하는 기업들도 적지 않다. 하지만 단순히 이벤트나 오락프로그램, 게임 등을 일 중간에 자주 개최하는 것을 펀 경영이라고 오해하기도 한다.

펀 경영의 진정한 핵심은 '일 자체에서 즐거움을 느끼게 하는 것'이다.

펀 경영의 시작은 1970년대 초 사우스웨스트 항공사를 꼽을 수 있다. 이 항공사는 펀 경영을 최초로 도입하여 항공업계의 불황 속에서도 유독 흑자 행진을 한 기업이다. 좀 더 구체적으로 이 기업에 대해 살펴보면, 사우스웨스트 항공사는 1971년에 설립되었으며 항공업계에서는 후발 주자에 속한다. 하지만 이 기업의 업적은 매우 놀랍다. 고객 만족도 4년 연속 1위, 미 교통부 선정 트리플 크라운상 5년 연속 수상, 〈포춘〉 선정 '미국에서 가장 일해보고 싶은 100대 기업'에 3년 연속 선정, 미국 항공사 시가 총액 중 73% 차지, 최근 20년 동안 주가 수익률 1위, 그리고 가장 최근에 2011년 〈포춘〉이 선정하는 '세계에서 가장 존경받는 기업 50위'에 4위로 선정되기까지 했다.

우리를 더욱 놀라게 하는 것은 부침이 심한 항공업계의 특성에도 불구하고, 설립 이후 현재까지 매해 흑자 행진을 계속하고 있다는 사실이다. 주목할 만한 성과를 내고 있는 사우스웨스트 항공사의 비결은 과연 무엇일까? 그것은 직원들에게 최고의 배려를 해주고 있기 때문이다.

기업의 경영진들이 직원들에게 해줄 수 있는 최고의 배려는 무엇일까? 많은 보수와 긴 유급 휴가일까? 아니다. 직원들에게 해줄 수 있는 가장 큰 배려는 일터가 가정과 같이 신뢰로 가득 차 있고, 놀이터와 같이 재미와 즐거움이 가득 차 있는 것이다. 즉 직원들 모두는 자신의 직장인 사우스웨스트 항공사가 자기의 가정과 같은 신뢰와 유대감으로 가득 차 있다는 사실과 놀이터 놀 때처럼 재미와 즐거움으로 가득 차 있는 직장이라는 사실을 깨닫게 되었고, 누구보다 재미있고 즐겁게 일을 하기 때문에 그토록 위대한 업적을 달성해내고 있다고 볼 수 있다. 이 회사는 단 한 번도 정리해고를 하지 않았으며, 항공 사고도 거의 나지 않았다. 이것은 바로 경영진들이 일관되게 베풀어준 신뢰와 배려를 잘 나타내 주는 현상이며, 또한 직원들이 얼마나 신명 나게 자신의 일을 제대로 해내는 것인지를 보여주는 현상에 불과하다.

"재미는 인류 생존을 위한 생명 요소이며 결정적인 요소이지만 우리는 자주 재미를 잊어버리고 간과한다. 우리는 웃음, 즐거움 그리고 유머와 놀이가 어른스럽지 못하고 반지성적이며 전문가에게 어울리지 않는다고 말한다. 이건 진실과 아주 동떨어진 얘기다. 대부분 마음의 병이 시작되는 최초의 증상은 현실의 삶 속에서 재미의 의미를 잃어버리는 데 있다."

경영 컨설턴트인 멧 칼프(Met Calfe)가 위와 같이 말한 바 있다. 그의 말처럼 삶을 더욱 생기 있게 해주고 활기차게 해주는 것이 바로 재미와 즐거움이라고 말할 수 있다. 현실의 삶과 직장 생활 속에서 재미를 상실하는 순간, 우리는 살아가는 것이 아니라 시들어가고 있다는 사실을 명심하도록 하자.

일터에서 일하는 종업원들이 즐거워야 그들을 접하는 고객들이 즐거울 수 있고, 그러한 즐거움의 전염은 기업의 이익 극대화로 이어지게 된다. 다음은 사우스웨스트 공항사를 이용하면 듣게 되는 기내 방송이다.

"오늘도 저희 항공사를 애용해주셔서 감사합니다. 저희는 여러분을 사랑합니다. 그리고 고객 여러분의 돈도 사랑합니다."

"담배를 피우실 분들은 밖으로 나가서 비행기 날개 위에 앉아 마음껏 피우셔도 됩니다. 흡연 중에 감상하실 영화는 〈바람과 함께 사라지다〉입니다."

이처럼 재미와 즐거움은 그곳에서 일하는 직원들도 행복하게 해줄 뿐만 아니라, 고객들에게도 큰 기쁨을 선사한다. 이 두 가지 측면이 융합되어, 작은 사우스웨스트 공항사는 천하무적의 거인 항공사들을 다 제치며 수많은 항공사들이 벤치마킹을 하는 그런 항공사가 될 수 있었다.

이러한 재미와 기쁨과 즐거움이 좋은 영향을 끼치는 상황은 기업에만 적용되는 것이 아니다. 축구라는 스포츠에도 기쁨과 즐거움이 승리에 큰 영향을 끼친다는 사실을 네덜란드의 그러닝겐 대학의 스포츠과학 연구팀이 발견했다. 승부차기를 할 때 선수들이 성공한 킥을 통해 얼마나 많이, 그리고 얼마나 강하게 기뻐하는지를 비교하면 어느 팀이 승부차기에서 승리할 것인지를 예측할 수 있다. 즉 승부차기 시에 어떤 선수가 승부차기를 성공한 뒤 그것을 함께 기뻐해주는 동료 선수가 많을수록 승리할 확률이 높아진다고 한다. 그리고 동료 선수들이 진심으로 기뻐해주는 정도가 강한 팀일수록 승리할 확률이 높다는 것이다. 즉 기뻐하고, 즐거워하는 것이 축구의 승부차기의 결과에 큰 영향을 끼친다는 것이다.

하물며 우리의 인생에서 재미있게 사는 것은 건강과 수명에도 직접적으로 영향을 끼칠 뿐만 아니라, 삶의 내용과 질을 향상시킬 수밖에 없다.

조지 H. 부시 전 미국 대통령은 2009년도에 자신의 생일을 기념해 스카이다이빙을 직접 몸으로 체험하였는데, 이때 나이가 85세였다. 그는 스카이다이빙을 한 뒤 '노인들도 재미있는 일을 할 수 있다는 것을 보여주고 싶었다'고 말했다. 이처럼 재미와 즐거움은 팔순 노인일지라도 스카이다이빙과 같은 익사이팅한 취미생활을 즐길 수 있도록 만들어주는 힘이 있다. 그러한 취미생활을 즐기다 보면 그로 인해 더 건강해지고 더 젊어지게 된다. 그래서 재미와 즐거움을 추구하는 사람은 다양한 취미활동과 재미있는 일을 하면서 인생을 즐기게 되고, 그러한 즐김과 재미를 통해 인생은 더욱더 젊어지고 더욱더 건강해지고, 더욱더 풍요로워지는 것이다. 이것은 일종의 선순환인 셈이다.

건강한 사람이기 때문에 운동을 좋아하게 되고, 운동을 좋아하기 때문에 운동을 자주 하다 보면 그것으로 인해 더 건강해진다. 그리고 더 건강해지니까 더욱더 운동을 좋아하게 된다. 이렇게 건강과 운동 사이에서도 선순환이 발생하게 되듯, 재미와 즐거움과 건강 사이에도 똑같은 원리가 적용 되는 것이다.

40대는 가장 중요한
혁신의 시기이다

 "마흔 살 10년은 모름지기 인생의 가장 중요한 혁명의 시기이다. 이때 전환하지 못하면 피기 전에 시든 꽃처럼 시시한 인생을 살게 된다."
 《익숙한 것과의 결별》의 저자이기도 한 구본형 작가가 한 말이다. 그의 말처럼 마흔 살 10년은 우리 인생에서 가장 중요한 혁명의 시기라고 할 수 있다. 이때 제대로 된 공부를 통해 자신을 성장시키지 못한다면, 우리 인생은 그의 말처럼 피기도 전에 시들어버리는 꽃처럼 되어 시시한 인생을 살게 될 것이 분명하다.
 인생을 살면서 가장 혁명이 필요한 시기가 바로 40대이다. 가장 큰 변화가 필요한 시점도 바로 40대이다. 40대 때 제대로 혁명을 하지 못한다면, 인생의 후반기는 아무것도 제대로 시도해보지 못하고 세월이 이끄는 대로 이리저리 떠밀려 살다가 역사의 저편으로 사라지게 될 것이다.

55세에 은퇴하여 아무것도 시도하지 못하고 그저 죽는 날만 기다리다 보면, 30년 이상의 세월을 허송세월로 보내야 할지도 모른다. 하지만 40대 공부를 제대로 하여 변화와 혁신에 성공하는 사람은 55세에 은퇴했을 때 바로 자신의 제2의 인생을 찾아 도전하며 아름다운 인생, 의미 있는 인생을 정열적으로 살아갈 수 있다. 그래서 40대 공부를 한 사람과 하지 않은 사람은 하늘과 땅 차이이다.

좋은 대학에 입학하고, 좋은 직장에 취직하여, 남들보다 더 안정적이고 화려한 삶을 살아가고 있는 사람이라 할지라도 40대에 그것으로 안주하고 안도의 숨을 내쉬며 좀 편하게 살고자 하는 사람이 있다면, 그는 인생이 얼마나 길어졌고 시대와 상황이 얼마나 많이 변하고 있는지를 전혀 느끼지 못하고 있는 사람이 아닐 수 없다. 현재 자신의 위치와 형편이 아무리 좋다 해도 그것은 십 년을 넘기지 못 한다. 우리가 살아가야 할 세월은 지금까지 우리가 살아온 세월만큼이나 많이 남아 있을 수도 있다.

그러므로 현재의 삶과 직장에 만족한다고 해도 절대로 안주해서는 안 된다. 40대는 가장 치열하게 혁신과 변화를 시도해야 할 나이이기 때문이다. 마흔 살의 10년은 그 이후의 30년하고도 바꿀 수 없는 매우 귀중한 시간이다. 이때 철저하게 자신을 성장시킨 사람과 그렇게 하지 않고 현재의 삶에 만족하여 나태하고 편한 삶을 살고 있는 사람은 정확히 50대와 60대에 가장 큰 차이가 나게 되어 있다.

이런 점에서 40대는 인생에 있어서 가장 중요한 혁명의 시기, 혁신의 시기라고 할 수 있다. 인생을 살 때, 육체적으로 가장 최고의 상태가 유지

되는 것은 아마도 20대일 것이다. 그렇다면 지적으로, 정신적으로 가장 최고의 상태가 유지되는 시기는 언제일까?

이러한 질문에 대한 해답의 실마리를 발견할 수 있는 아주 귀한 책이 세상에 나왔다. 《가장 뛰어난 중년의 뇌(The Secret Life Of The Grown-up Brain)》라는 제목의 책이다. 이 책의 저자는 〈뉴욕 타임스〉의 의학 및 건강 전문기자이며, 베스트셀러 작가이기도 한 바버라 스트로치(Barbara Strauch)이다. 그는 가장 중요한 결정은 중년에게 맡겨야 한다고 저서를 통해 역설하고 있다. 중년일 때의 뇌가 가장 똑똑하고, 가장 침착하고, 가장 행복하기 때문이라고 말한다.

"인류 역사의 오랜 기간 동안 중년은 대개 무시되었다. 탄생, 젊음, 노년, 죽음은 모두 나름의 대우를 받아왔지만 중년은 무시되었을 뿐만 아니라, 심지어 별개의 실체로 여겨지지도 않았다. 물론 인류 역사의 대부분 기간 동안 중년이 무시된 것은 충분히 이해할 수 있는 것이다. 삶이 가혹하고 짧았으므로 중간에 할당할 시간이 없었던 것이다.

그리스 시대에 이르러서는 원숙함이 존경을 받았다. 예컨대 그리스 시민들은 50세가 되어야 배심원이 될 수 있었다. 하지만 그리스 시대에 중년에 해당하는 연령은 현재 중년 연령의 근처에도 미치지 못한다. 무엇보다 그렇게 오래 사는 그리스인이 그다지 많지 않았다. 고대 그리스인의 평균 기대수명은 서른 살이었다. 더 오래 산 행운의 영혼들이라 해도, 인생의 높은 봉우리에 도달해 상쾌한 공기를 들이마시자마자 허겁지겁 노년의 골짜기로 하산했다고 보면 될 것이다.

물론 지금은 그 모두가 달라졌다. 1세기 전만 해도 약 47세였던 선진국의 평균 수명이 지금은 78세에 달하는 등 인간의 수명이 늘어남에 따라 우리에게는 더 이상 걸음마를 배우는 아이를 쫓아다니지도, 그렇다고 휠체어를 타고 복도를 굴러다니지도 않는 긴 폭의 시간이 생겼다. 그러한 전환과 함께 중년이 인정을 받았다. 중년에 관한 책들이 나왔고, 영화들이 만들어졌으며, 연구가 시작되었다."

- 바버라 스트로치, 《가장 뛰어난 중년의 뇌》 서문 중에서

이제 인류는 중년의 시기가 긴 인생을 사는 데 얼마나 중요한 시기인지에 대해 서서히 깨닫기 시작 했다고 볼 수 있다. 지금까지 중년의 삶을 주도하는 중년의 뇌란 것이 따로 있다 하더라도 서서히 막을 내리는 젊은 뇌에 불과하다는 낡은 시각이 바뀌고 있다고 한다. 과학 기술의 발전으로 인해 뇌 스캐너와 유전자 분석 같은 새로운 도구와 더 정교해진 장기적 연구로 인해 중년의 뇌는 마침내 받아야 할 대우를 받게 되었다고 한다.

패턴 인지, 어휘력, 종합 능력, 통찰력, 판단력, 직관력에서 최고의 능력을 보인 사람들은 이름을 자주 잊어버리고, 열쇠를 어디 두었는지 곧잘 깜박깜박하는 중년들이었다고 말한다. 즉 최신 뇌 과학을 바탕으로 이제 중년의 위기라는 말은 사라져야 한다고 한다. 중년의 뇌야말로 가

장 뛰어나다고 역설하고 있다. 핵심을 꿰뚫어보는 능력이 가장 뛰어난 시기가 바로 중년이라고 한다.

이러한 현상을 볼 때, 40는 인생에서 가장 뛰어난 직관과 통찰력을 가지고 있는 시기라고 말할 수 있다. 그렇기 때문에 가장 중년의 중년인 40대 때가 가장 중요하고 가장 혁신이 필요한 시기라는 것은 두 말 할 필요가 없는 기정사실이 되었다. 그러므로 우리는 40대를 매우 잘 보내야 한다.

인생의 후반기의 번영과 성공을 결정짓는 시기는 바로 40대이기 때문이다.

40대 공부로 좋은 인간관계를 형성할 수 있다

인생의 행복과 성공을 결정짓는 것은 재능이나 능력보다 인간관계라는 사실을 우리는 알고 있다. 하지만 10대와 20대 때 맺은 인간관계와 인생을 산전수전을 다 겪은 후인 40대 이후에 맺은 인간관계는 다르다. 인간의 행복과 성공에 절대적으로 큰 영향을 끼치는 인간관계는 10대와 20대 때 맺은 인간관계가 아니다.

우리의 삶에 큰 영향을 끼치는 실질적인 인간관계는 40대 이후에 맺은 인간관계라는 사실이 어떤 연구 결과에서 밝혀졌다. 하버드 대학교의 인생성장보고서인 《행복의 조건》이란 책에서 결론지은 행복과 성공의 조건은 뜻밖에도 부나 재능이나 성공이 아니었다. 그것은 '사랑과 신뢰를 주고받을 수 있는 좋은 인간관계'였다.

이 책의 저자인 조지 베일런트 교수는 '행복하고 건강한 삶에도 법칙이 있을까?'라는 질문을 중심으로 반세기를 넘게 진행해온 '하버드 대학교 인생성장보고서'라는 프로젝트에 참여한 교수이다. 그는 이 프로젝트의 연구팀들이 70년 동안 하버드대 졸업생들의 인생을 추적 조사한 결과를 한 권의 책으로 만들었다. 바로 《행복의 조건》이란 책이다.

이 연구의 후임 책임자인 조지 베일런트 교수는 행복하고 건강한 삶을 위해 필요한 것들 중에 하나로 '성숙한 방어기제'와 함께 꼽은 것이 바로 '40대 이후의 좋은 인간관계'라는 것이다. 우리의 인생길은 매우 부침이 심하다. 이러한 인생길에서 누구나 다 슬픔과 아픔이 있지만, 누구는 그럼에도 불구하고 행복하고 기쁘게 살아가지만 어떤 사람은 언제나 슬픔에 젖어 우울하고 불행하게 살아간다. 그 차이가 바로 조지 베일런트 교수가 자신의 저서에서 밝힌 행복의 조건인 '성숙한 방어기제'와 '40대 이후에 맺은 좋은 인간관계'의 차이라는 것이다.

'성숙한 방어기제'란 인생을 살면서 만나게 되는 여러 가지 상황들에 대하여 성숙하고 의연하게 대처해나가며 극복해나가는 삶의 태도와 자세, 마음가짐 등을 말한다. 그래서 시련과 역경, 슬픈 환경을 만났을 때, 그것을 어떤 식으로 대처해나가며, 극복해나가느냐 하는 것이 행복하고 건강한 삶의 중요한 조건 중에 하나라는 것이다. 그리고 그가 결론 내린 또 다른 하나의 행복의 조건은 '40대 이후의 좋은 인간관계'인데, 특히 나이가 들면 들수록 사람은 혼자서만 행복하게 살 수 없을 뿐만 아니라 행복할 수조차 없다는 사실을 강조한다.

우리의 인생이 얼마나 풍요롭고 충만하며 행복한 인생인지를 결정짓는 것은 세상의 부와 명예와 권력이 아니라, 인생의 산전수전을 다 겪은 후에도 함께 기쁨과 슬픔을 나눌 수 있는 진실된 인간관계이다. 특히 인생을 제대로 알고 깨닫게 되는 40대 이후에 새롭게 형성하는 인간관계의 질과 양은 절대적으로 우리의 인생의 성공과 행복에 큰 영향을 미치게 된다.

"인간의 행복은 90%가 인간관계에 달려 있다."

키르케고르도 말한 바 있듯이, 우리는 인간관계를 잘 맺어야 한다. 그러기 위해서는 상대방을 제대로 이해해야 한다. 마음이 넓어져야 한다. 그리고 겸손하고 겸허해야 한다. 성격이 밝아야 하고, 언제나 활기가 넘쳐야 한다. 자신감이 넘치고 설득력이 있어야 한다. 이러한 것들은 돈을 주고 살 수 없다. 하지만 공부를 통해 하나씩 몸과 마음에 익힐 수 있다. 그러므로 40대 공부를 하는 사람 주위에는 사람들이 모여들게 되어 있다.

돈을 보고 모여드는 사람은 돈이 없어짐과 동시에 소리도 없이 사라지지만, 공부를 하는 사람의 삶의 모습과 자세, 인격과 품성을 보고 모여드는 사람들은 끝까지 사라지지 않는다. 책을 읽지 않고, 공부를 하지 않고, 매일 TV만 멍청하게 보는 사람은 말을 해도 매력이 없다. 하지만 책을 읽고 날마다 공부하는 사람의 말에는 묘한 매력이 있다. 그래서 사람들이 모여드는 것이다. 이로 인해 40대 공부를 하는 사람들은 그렇지 못한 사람들보다 훨씬 더 좋은 인간관계를 맺을 수 있는 것이다.

사람은 끼리끼리 모이기 마련이다. 주야장천 놀기만 하는 사람 주위에는 그런 사람들만 모이게 되어 있고, 열심히 자신을 성장시키는 공부하는 사람 주위에는 그러한 훌륭한 사람들만 모이게 마련이다. 그래서 인간관계의 질이 공부를 하는 사람과 하지 않는 사람은 차이가 크게 날 수밖에 없는 것이다.

40대 공부로 고정관념을 타파할 수 있다

왜 비슷한 능력의 사람들 중에 성공하는 사람은 1% 정도, 많아 봐야 10% 정도밖에 되지 않는 것일까? 이 세상에 차고 넘치는 수많은 자기계발 도서를 본 사람들은 적어도 50% 이상은 성공을 해야 하는 것이 아닌가?

아무리 지식적으로 성공의 비법과 행복의 비결을 알고 있다고 해도, 성공보다는 실패하기가 쉽고 행복하기보다는 불행하기가 더 쉽다. 그 이유는 우리를 실패하게 만들고 불행하게 만들고 온 종일 걱정 속에서 사로잡히며 살아가게 하는 무의식의 영향이 의식적인 노력보다 훨씬 더 크기 때문이다. 놀라운 사실은 자신도 모르게 무의식이 조종하는 대로 살아가고 있는지도 모른다는 사실이다.

어떤 심리학자는 '의식이 1이라면 무의식이 9에 해당된다'라고 말하기도 한다. 그리고 또 어떤 심리학자는 '의식이 1이라면 무의식이 24에 해당된다'라고 말하기도 한다. 그리고 어떤 학자들은 그 이상이라고 주장하기도 한다. 물론 무의식의 크기를 정확한 수치로 표현할 수는 없다. 하지만 최근에 발표되는 연구 결과에 따르면, 무의식의 영향력은 우리가 지금까지 알고 있던 것보다 훨씬 더 크다는 방향으로 흘러가고 있다. 확실한 사실은 모든 학자들이 의식보다 무의식의 영역이 훨씬 더 크다는 것에는 다들 공감한다는 사실이다.

바로 여기에 우리가 그토록 많은 성공의 방법과 비밀을 알고 있음에도 성공하지 못하고 실패하는 이유가 있다. 그것은 우리의 능력을 제한하고 사고를 마비시키고 부정적으로 흘러가게 하는 고정관념을 우리의 의식으로는 바꾸기가 매우 힘들다는 것 때문이다.

다시 말해 우리가 고정관념을 바꾸기가 어려운 것도 그것이 무의식의 영역이기 때문이다. 우리를 성공하지 못하게 하는 고정관념이 나의 의식과 몸과 마음을 제한해버리기 때문이다. 고정관념을 바꾸기 위해서는 높은 의식의 생각과 스스로에 대한 믿음이 결부되어 있어야 한다. 불행히도 그것은 쉽게 이루어지지 않는다. 고정관념이 무의식의 영역에 너무 깊숙이 자리하고 있기 때문이다.

가장 큰 문제는 고정관념이란 괴물이 우리의 능력과 잠재력을 사장시켜버리고, 우리로 하여금 날아오를 수 없도록 우리의 날개에 무거운 추를 달아버려 재능과 무한한 상상력과 사고를 모두 제한해버린다는 것이다. 결과적으로 인생의 산전수전을 다 겪어온 40대들이 꿈을 포기하지 않는 것이 힘든 이유가 여기 있는 셈이다. 새로운 꿈을 꾸지 못하게 하고, 도전도 해보지 않고 포기하게 하는 주범이 바로 무의식 속에 자리 잡고 있는 고정관념인 것이다. 이것은 우리가 새로운 희망적인 사고를 하지 못하게 희망의 싹을 밟아버리고, 우리를 부정적이고 절망적인 사고의 감옥 속으로 옭아매어버리고, 그로 인해 인생의 낙오자와 패배자로 살면서 그곳에서 벗어나오지 못하도록 인생에 견고한 진을 쳐놓고 있다. 마치 난공불락의 요새와 같다. 이러한 곳을 공격하여 성을 빼앗기가 힘들기 때문에 그토록 실패자들이 이 세상에 차고 넘치는 것이다.

이러한 난공불락의 성을 공략하기 위해 반드시 필요한 것은 무의식의 무시무시한 영향력과 맞서 싸울 수 있는 사고의 확장과 사고력의 향상이다. 이러한 것들은 노력으로만 길러질 수 없다. 이러한 것들을 만들기 위해서 40대 공부가 필요한 것이다. 공부를 통해 우리는 사고의 틀을 격파할 수 있고, 새롭고 유연한 사고를 할 수 있게 되며 사고력을 키울 수 있는 것이다.

이런 점에서 공부를 하지 않고 성공한다는 것은 매우 불가사의한 것이다. 그렇기 때문에 우리는 공부를 통해 고정관념을 타파할 수 있고, 그 결과 마음껏 꿈을 꿀 수 있고 도전할 수 있으며 궁극적으로는 성공할 수 있는 것이다.

40대 공부로 남과 다르게 생각하고, 남과 다른 것을 볼 수 있다

우리가 보다 나은 삶을 살기 위해 필요한 것은 남과 다른 생각, 남과 다른 시각과 남과 다른 방식이다. 즉 '지금까지 아무도 시도해보지 않았던 새로운 방식'이 필요하다. 누구나 다 하던 방식대로 살면 결과는 누구나 다 할 수 있는 정도에만 머물게 된다. 하지만 아무도 시도해보지 못했던 방식, 즉 그 누구도 생각해내지 못했던 방식을 생각해내고 그 방식대로 시도하면 그 결과는 절대 누구나 다 할 수 있는 수준에서 머물지 않는다. 이러한 사실을 잘 말해주는 사례가 바로 1968년 멕시코 올림픽에서 남과 다른 방식으로 높이뛰기를 하여 신기록을 세우고 금메달을 딴 딕 포스베리(Dick Fosbury)의 사례이다.

그가 멕시코 올림픽에서 신기록(2.24m)을 세우며 금메달을 따게 된 것은 바로 남과 다른 것을 볼 줄 알았고, 남과 다른 방식을 시도할 줄 알았기 때문이다. 똑같은 높이뛰기 선수의 입장에서 딕 포스베리는 남과 다른 것을 볼 줄 알았고, 그것을 자신의 높이뛰기에 접목시켜 지금까지 아무도 생각해내지 못한 새로운 방식, 새로운 높이뛰기법을 시도했기 때문에 신기록을 세우고 우승할 수 있었다. 기존까지 누구나 다 알고 있고 연습했던 높이뛰기는 앞으로 뛰는 방식인 가위 뛰기, 엎드려 뛰기 등의 방식이 전부였다. 그리고 그것이 대세였다. 포스베리 역시 학창시절부터 엎드려 뛰기를 연습했다.

하지만 남들이 다 하는 방식으로는 도저히 남들보다 잘할 수 없다는 사실을 깨달았다. 자신은 남들보다 수직도약이 약하다는 점을 간파했고, 남들보다 더 엉덩이가 처진다는 문제점이 있음을 발견한 것이다. 그러한 약점들을 하나씩 보완해나가기 위해 그는 연습을 거듭했다. 그럼에도 불구하고 과거보다는 좀 더 높게 뛸 수는 있겠지만, 남들보다 더 높이 뛸 수는 없다는 점을 깨달았다. 그에게는 새로운 방식이 필요했다. 남들이 보지 못한 것을 보고, 남들이 시도하지 않은 전혀 다른 새로운 방식으로 시도해야 한다는 점을 확신하게 되었던 것이다.

그 결과 그는 기존까지의 전통 방식과는 차원이 다른 높이뛰기 방법인 배면 뛰기, 즉 포스베리 플롭(Fosbury Flop)이라 불리는 배면뛰기(Flop Jump)방식을 탄생시켰고, 올림픽에서 자신의 한계를 뛰어넘어 세계 신기록을 세우게 되었다. 이것이 바로 '지금까지 아무도 시도해보지 않았던 새로운 방식'을 시도했을 때의 엄청난 결과인 것이다.

이와 같은 사례는 이것뿐만이 아니다.

역대 올림픽 배영 100m 종목에서 그 어떤 선수도 1분의 벽을 깨지 못하던 시절이 있었다. 1908년 런던 올림픽에서는 1분 24초가 세계 기록이었고, 20년 후인 1928년 암스테르담에서의 우승 기록은 1분 8초였다. 아무리 노력해도 그 누구도 배영 100m 종목에서 1분의 벽을 넘지 못했던 것이다. 이러한 1분의 벽을 깬 것은 실력이나 능력, 피나는 훈련과 연습이 아니라 바로 '지금까지 아무도 시도해보지 않았던 새로운 방식'이었다.

마의 '1분의 벽'을 깬 장본인은 바로 아돌프 키에퍼였다. 그는 올림픽이 아닌 고등학교 수영 대회에서 58.5초라는 기록을 세웠다. 그가 마의 장벽을 깰 수 있었던 근본적인 비결은 남들이 아무도 시도해보지 않았던 전혀 새로운 방식인 플립 턴(Flip turn)이라는 방식이었다. 기존의 수영 선수들은 모두 전통적인 방식인 사이드 턴, 즉 손으로 벽을 짚고 턴을 하던 방식만을 알고 있었고, 그 방식만을 사용했다. 사이드 턴 방식은 선수들이 앞으로 전진하는 힘을 많이 소멸시키는 방식이었다. 하지만 아돌프 키에퍼가 시도한 새로운 방식인 플립 턴 방식은 벽에 도달하기 1m 전 지점에서 미리 회전하여, 손이 아닌 발로 벽을 짚고 밀어내는 방식이기 때문에 선수들이 가지고 있었던 전진하는 힘이 그대로 보존되는 새로운 방식이었던 것이다.

즉 기존의 방식인 사이드 턴은 손으로 벽을 짚고 턴을 했지만, 아돌프 키에퍼는 손이 아닌 발로 벽을 짚고 턴하는 방식을 만들어 새롭게 시도하였고, 그 결과 배영 100m 종목에서 오랫동안 깨지 못했던 1분의 벽을 깰 수 있게 되었다.

바로 이것이 남과 다른 것을 볼 줄 알고, 남과 전혀 다른 방식을 시도할 수 있는 자의 위력이다. 우리에게 필요한 것은 피나는 훈련과 연습, 뛰어난 재능뿐만이 아니라 남과 다른 시각과 견해를 가지고, 남들이 한 번도 시도하지 않았던 새로운 방식에 대한 발견과 도전인 것이다.

남과 다르게 생각하고, 남과 다른 것을 보고, 남과 다른 방식을 시도하는 것이 우리 시대의 성공의 비결이다. 그러므로 40대여! 당신만의 방식을 발견하고 시도하라. 가장 당신다운 방식이 바로 남과 다른 방식이기 때문이다. 당신의 인생 경험과 모든 지식을 통합하여 남들이 한 번도 시도해보지 않았던 방식으로 새로운 인생에 도전해보자. 새로운 세상이 다가올 것이다. 40대의 10년은 이러한 시도와 도전을 하기에 가장 좋은 나이임을 우리는 알고 있지 않은가? 남들은 너무 늦었다고 말하지만 그들이 하지 않을 때, 남들이 시도하지 않는 새로운 방식으로 인생을 만들어 나가자. 우리 인생의 플립 턴은 바로 40대 공부인 것이다. 우리 인생의 플립 턴을 통해 인생 역전을 꿈꾸어보고, 시도해보자. 그 자체가 아름다운 인생이다.

남과 다른 것을 보고 남과 다른 생각을 해야 하는 이유 중 하나는 그러한 행동을 통해 복잡하게 얽히고설킨 인생의 고르디아스의 매듭을 가장 쉽게 끊을 수 있기 때문이다. 알렉산더 대왕은 남과 다른 것을 보고 남과 다른 생각을 할 줄 알았기 때문에 복잡하게 묶여 있는 고르디아스의 매듭을 손이 아닌 칼로 잘라버렸던 것이다. 그 결과 그는 예언대로 동방의 왕이 되었다. 만약에 알렉산더 대왕 역시 남들과 동일한 생각을 가지고 복잡한 고르디아스의 매듭을 손으로 풀려고 했다면, 아마 실패했을 수도 있었을 것이다.

　유태인들은 전 세계 인구의 0.2%에 불과하지만, 그들의 업적과 성공은 가히 기적이라고 말할 수 있을 정도이다. 미국의 억만 장자들 중에 40%가 유태인들이며, 역대 노벨상 수상자들 중에 23%가 유태인들이다. 어떻게 유태인들은 이러한 놀라운 업적을 달성할 수 있었던 것일까?

　그들이 다른 민족들보다 지능지수가 월등히 뛰어나서일까? 그것은 아니다. 각 나라별로 평균 지능지수를 조사한 스위스 취리히 대학의 토마스 폴켄 박사가 발행한 연구 논문의 결과를 보면, 유태인들이 그렇게 머리가 좋은 민족은 아니라는 결과가 나왔다. 대한민국 국민들의 평균 지능지수가 106으로 세계 1등이었다. 2위가 일본으로 105, 3위가 대만으로 104였고, 이스라엘 국민들은 94로 공동 45위로 조사되었다. 조사 결과에 따르면 머리가 좋기 때문에 유태인들이 그렇게 큰 업적을 달성했다고 보기는 힘들다.

　그렇다면 유태인들은 어떻게 큰 성공을 이룩하며, 다양한 분야에서 큰 업적을 달성할 수 있었을까? 유태인들의 성공 비결을 소개하고 있는 많은 책들에서 꼽는 대표적인 비결로 '남다른 유태인들의 발상, 자유분방한 유태인들의 발상'을 들고 있다.

　즉 남과 다른 것을 보고, 남과 다른 생각을 하고, 남과 다른 방식으로 시도할 줄 아는 유태인들은 결국 남과 다른 위대한 업적을 달성해내는 셈이다.

　한 사람의 성공은 그의 사고방식과 사고의 범위와 사고의 길이와 사고의 폭에 의해 결정된다. 그리고 이러한 것들보다 더 중요한 것이 남과 다른 사고, 곧 사고의 독창성이다. 사고의 독창성이 없다면 그 사고가 아무리 넓고 깊어도 큰 이용가치가 없으며, 삶에 도움이 되지 않기 때문이다. 사고가 얼마나 남과 다를 수 있는지의 정도, 즉 사고의 독창성의 정도가 성공과 실패를 가를 수 있다. 누구나 다 생각할 수 있는 것들은 아무리 사고의 범위와 길이와 폭이 크고 길고 넓어도 인생에 도움이 되지 않는다. 그러므로 남과 다른 생각을 하는 것이 가장 중요하다.

남과 다른 위대한 인생을 살고 싶다면 남과 다른 위대한 생각을 해야 한다. 왜냐하면 우리의 생각이 바로 우리의 삶으로 나타나기 때문이다. 로마의 황제 마르쿠스 아우렐리우스도 이러한 사실을 일찍이 알고 있었던 사람이다. "한 사람의 인생이란 그의 생각을 따라 만들어져간다."라는 발언을 통해 알 수 있다. 미국의 위대한 사상가이자 시인이었던 랄프 왈도 에머슨도 "사람이 하루 종일 품고 있는 생각은 바로 그 자신이 된다."라고 말했다. 세계적인 성공학 강사인 노만 빈센트 필 박사 역시 "그대의 생각을 변화시켜라, 그러면 그대는 그대 자신의 세계를 변화시키게 될 것이다."라고 말한 바 있다.

PART 04

40대, 운도 공부하는 사람에게 더 많이 따라온다

궁하면 반드시 통한다, 그리고 공부하는 자에게는 더 통한다 | 인맥 형성도 공부하는 사람이 더 잘한다 | 공부하는 사람이 더 건강하고, 더 오래 산다 | 공부하는 자만이 부를 창출할 수 있다 | 40대에 공부하는 사람은 진정 행복한 사람이다 | 공부하는 사람이 진정한 인생의 의미와 가치를 발견할 수 있다 | 공부는 지금까지의 자신을 뛰어넘을 수 있게 해준다 | 40대 공부로 편안하고 익숙한 것들과 결별하라

우리는 길을 찾거나 아니면
만들게 될 것이다.
- 한니발

궁하면 반드시 통한다,
그리고 공부하는 자에게는 더 통한다

우리가 살아온 인생도 그렇지만, 앞으로 살아가야 할 인생도 역시 부침이 심하다는 사실은 부인할 수 없다. 어떨 때는 마냥 좋은 일만 생길 것 같지만 그 기쁨은 오래가지 못하고, 또 어떨 때는 극복하기 힘든 슬픔과 시련이 닥쳐와서 도저히 이겨낼 수 없을 것 같기도 하다. 또 어떨 때는 도저히 답이 없어 보이는 진퇴양난의 위기 속에 놓일 때도 있다. 그래서 귀중한 인생을 스스로 포기해버리는 안타까운 사람들이 적지 않다.

하지만 이 세상에는 영원한 성공도, 영원한 실패도 없다. 정말 답이 없어 보이고 가장 힘들 때, 그때가 바로 위기의 전환점을 돌아서 희망으로 방향을 돌릴 때라는 사실을 우리는 알아야 한다.

가장 어두울 때가 새벽 미명이듯, 우리 인생에서 가장 힘들 때는 또 다른 인생의 새벽의 미명이라는 사실을 명심하자. 가장 힘들 때, 이미 또 다른 해결책이 우리를 향해 다가오기 위해, 출발을 한 시점이라고 생각해도 좋을 것이다.

주역에서는 바로 이러한 사실을 다음과 같은 말로 설명하고 있다.

> "궁즉변, 변즉통, 통즉구(窮卽變, 變卽通, 通卽久)"

궁하면 변하게 되고, 변하면 통하게 되고, 통하면 오래가게 된다는 의미이다. 주역은 음과 양, 두 개의 핵심적인 요소를 통해 세상만사의 변화의 이치에 대해 담아내고 있다. 가장 성할 때, 바로 그때 이미 쇠퇴의 길로 전환하게 되고 가장 밑바닥일 때, 바로 그때가 다시 오르막의 길로 전환되는 시기라는 것이다. 이것을 주역에서 말하는 음과 양의 이치로 설명하면 음의 기운이 다하면 양의 기운으로 변하고, 양의 기운이 다하면 음의 기운으로 변한다고 할 수 있다. 그래서 주역의 변화의 핵심을 4가지 단어로 요약할 수 있다. 궁(窮), 변(變), 통(通), 구(久)가 그것이다.

궁이란 양적 변화를 비롯하여 모든 상황이 극에 달한 상태를 말한다. 이 상태에서 가장 변화가 잘 일어날 수 있다고 한다. 인간이든 사물이든 변화가 일어나기 위해서는 가장 극한 상황, 궁극에 이르러야 한다는 의미이다. 가장 극한 상황에 놓일 때 사람은 궁구하게 되고 최선을 다하게 된다. 지금까지 한 번도 시도해보지 않았던 방법을 궁구하게 되면 그것이 곧 변화로 이어지게 되는 것이다.

'궁즉통'이란 '궁하면 반드시 통하게 되어 있다'는 희망적인 메시지가 담겨져 있다고 보아야 한다. 물론 우리가 가장 잘나갈 때, 그때가 바로 우리 인생에서 다시 내리막을 가야 할 시기라는 깊은 뜻도 포함하고 있다. 그래서 가장 힘들 때 좌절하지 말라는 희망과 가장 잘나갈 때 교만하지 말고 내리막을 준비하라는 처세의 교훈까지 담겨 있는 말이다.

'해가 중천에 이르면 기울기 시작하고, 달이 보름달이 되면 이지러질 것이며, 천지가 가득 차면 빌 것이다. 이는 때에 따라 없어지고, 멈추게 되는 이치이다.'라고 주역에서 말하고 있듯이 '궁즉통'이 우리에게 일러주는 철학적 사유는 '궁할 때는 반드시 통하게 되어 있듯이, 통할 때 역시 반드시 궁하게 될 수 있으므로 아무리 힘들더라도 포기하지 말고 나아가라'는 것이며, 아무리 잘나가더라도 멈추라는 것이다.

우리의 인생에서 더 이상 나아짐이 없고 미래가 보이지 않으며 한계에 봉착했을 때, 그때가 바로 변화를 시도해야 할 절호의 기회라는 점을 또한 시사하고 있다. 가장 힘들고 자신의 인생의 모든 문들이 다 닫혀버린 듯한 느낌이 들 때, 새로운 열림이 바로 눈앞에 다가와 있음을 믿고 포기하지 말라는 것이다. 가장 중요한 것은 스스로 변화의 길을 궁리하라는 의미도 포함되어 있는 것이라는 점을 간과해서는 안 된다.

스스로 변화의 길을 궁리하지 않는 자에게는 아무리 궁하더라도 그 궁함이 변화로 이어지지 않는 다. 궁함이 변화로 이어지기 위해서 반드시 필요한 것이 스스로 변화를 궁리하고, 그 궁리함을 실행해야 한다는 이치도 담겨 있다. 자연을 보라. 봄이 극에 달하면 그때부터 이미 여름으로 나아가고 있다. 이때 자연은 봄의 모든 모습들과 특징들을 스스로 변화시켜 여름의 옷으로 갈아입는 것이다. 그렇게 하기 위해서는 이미 만들어놓은 봄의 모든 모습들을 스스로 버려야 한다. 봄이 봄을 온전하게 버리기 시작할 때, 비로소 그때부터 여름이 시작되고 변화가 시작되듯 우리 인생에 있어서 과거의 삶은 완전히 버려야 한다. 과거의 습관, 과거의 생각, 과거의 모습을 완전히 버릴 때, 보다 나은 자신의 모습과 습관과 생각이 비로소 시작되는 것이다.

궁즉통의 핵심은 바로 변화를 위한 비움이다. 모든 것이 다 극에 달했을 때 더 이상 채울 수 없게 되고, 그때 자연은 누가 시키지 않아도 비우기 시작한다. 그러한 비움이 바로 변화로 이어지는 것이다. 인간은 이러한 이치를 간과해서는 안 된다. 삶에서 큰 위기를 만났을 때 우리가 해야 하는 것은 변화를 시도하는 것이다. 그리고 그 변화의 핵심은 비움이다. 자신이 가지고 있었던 삶에 대한 불신, 두려움, 과거 성공에 대한 도취, 현실에 대한 안주(安住), 좌절감과 자포자기와 같은 것들을 내면으로부터 온전하게 비울 때, 참된 변화가 시작된다는 것을 명심하자.

인생을 살다 보면 운이 따라주지 않아서 실패를 경험하게 될 때가 실제로 많다. 똑같은 능력과 실력을 가지고 있고 비슷한 노력을 했지만 어떤 동료는 회사에서 인정을 받고, 인간관계도 좋고, 평판도 좋아서 오랫동안 회사에서 쫓겨나지 않고 높은 직위에까지 올라가는 것에 반해 어떤 동료는 인정을 못 받고, 인간관계도 자신의 의도와 달리 나빠지고, 평판도 덩달아 좋지 않게 되어 회사에서 일 이 년도 버티지 못하고 쫓겨나 이 회사 저 회사 옮겨 다니는 신세가 된다.

또한 똑같은 명문 대학을 나오고, 실력도 비슷하고, 업무 능력도 비슷하고, 입사한 회사도 똑같은 두 사람이지만 십 년 후에 그들의 삶을 비교해보면 어떤 사람은 크게 성공하여 잘 살고 있으나 어떤 사람은 이혼을 하고 직장에서는 이미 오래전에 쫓겨나 별 볼일 없는 직장에서 별 볼일 없는 일을 하며 가난하고 혼자서 외롭게 살고 있는 것을 종종 볼 수 있다.

즉 인생의 성공과 실패가 비단 노력이나 실력에만 좌우되는 것이 아니라, 분명히 운이라는 것이 크게 영향을 미친다고 볼 수 있다. 하지만 이러한 운이 좋아하는 사람은 따로 있다. 바로 '공부'를 하는 사람이다. 운도 공부하는 사람에게 잘 따라온다는 사실이다.

물론 항상 운이 좋은 사람이란 없다. 하지만 나쁜 운이라 할지라도 공부하는 사람에게는 그러한 나쁜 운마저 좋은 운으로 바뀔 수 있다. 그래서 공부는 단순한 취미 활동 차원의 활동이 아니다. 그것을 훨씬 더 뛰어넘어 인간과 삶을 한 단계 승화시키는 고차원적인 활동이라고 할 수 있다. 뿐만 아니라 인간을 둘러싸고 있는 기와 운마저 좋은 것으로 바꾸어 줄 수 있는 놀라운 활동이라고 말할 수 있다.

인맥 형성도 공부하는 사람이 더 잘한다

행복한 사람들과 성공적인 인생을 살아가고 있는 사람들의 공통점으로 네트워킹, 즉 인맥이 뛰어나다는 점을 들 수 있다. 다시 말해 네트워킹이 강한 사람은 행복하게 사는 사람들이고, 그러한 네트워킹은 성공적인 인생으로 이어진다. 특히 40대 이후에 새롭게 관계를 형성하는 사람들에 의해 인생의 행복과 성공이 결정된다고 볼 수 있다. 그렇다면 어떻게 해야 인맥 형성을 제대로 잘할 수 있는 것일까?

이제 철없던 20대가 아니다. 이제는 프로다운 면모를 갖추어야 한다. 가장 힘든 것이 사람을 만나고 사귀는 것일 수 있다. 그렇기 때문에, 인맥 형성을 잘하는 사람과 못하는 사람은 간격이 점점 더 벌어지게 된다. 그러므로 우리는 프로답게, 고수답게, 40대답게 인간관계를 형성하고 유지해야 한다.

《개구리 성공학》이라는 책의 저자 중 한 명인 달시 레자크는 성공적인 인생을 살고 싶다면 무엇보다도 적극적인 네트워킹의 파워를 이용하라고 주문한다. 그 이유는 성공한 사람들이라고 해서 반드시 훌륭한 네트워커라고 볼 수는 없지만, 훌륭한 네트워커들은 모두 성공한 사람들이기 때문이다. 그러므로 훌륭한 네트워커가 되라고 설파하면서, 그렇게 하는 방법은 바로 적극적 네트워킹을 구축하는 것이라고 말한다. 적극적 네트워킹의 가장 중요한 첫 번째 비결은 모든 관계에 뛰어들어서 발을 담그는 것이다. 그렇게 하는 것은 결국 '한 명의 왕자를 발견하기 위해서는 많은 개구리들과 키스해야 한다'는 점을 강조한다. 많은 개구리들과 키스한다는 말은 많은 사람들과 만나라는 것이다. 그래서 더 많은 개구리들을 만날수록 더 좋은 네트워커가 될 수 있다는 것이다.

어설픈 아마추어는 자기를 위해서 인맥을 형성한다. 하지만 40대 프로는 진정 타인을 위해 할 수 있는 일이 무엇인지 발견하고, 도와주기 위해 좋은 네트워크를 만든다. 이것이 아마추어와 프로의 차이라고 할 수 있다. 자기 자신만을 위한 네트워크는 좋은 네트워크가 아니다. 하지만 타인을 먼저 생각하고, 배려하고, 위하는 네트워크는 좋은 네트워크이며 40대 프로가 비로소 만들 수 있는 수준 높은 네트워크이다. 이러한 좋은 네트워크를 만들게 되면 좋은 일들이 연달아 일어난다는 사실을 우리는 알아야 한다.

이러한 네트워킹을 많이 하면 할수록, 40대 이후의 인생은 더욱더 풍요롭고, 다채롭고, 더욱더 좋은 것들을 많이 얻게 된다. 네트워킹이 좋으면 좋을수록 더 많은 것을 얻게 되고, 진실하면 진실할수록 더 많은 것을 얻게 된다. 이렇게 바람직하고 진실한 네트워킹의 핵심은 다른 사람을 위하는 것이다.

좋은 네트워킹을 만들기 위한 비결들 중에 꼭 알고 있어야 하고 실천해야만 하는 비결 몇 가지만 소개해본다. 첫 번째는 먼저 베풀라는 것이다. 먼저 주고, 먼저 칭찬하고, 먼저 인사하고, 먼저 대접하고, 먼저 봉사하고, 먼저 섬기라는 것이다. 이것이 네트워킹의 비결이다. 두 번째는 다른 사람을 위해 할 수 있는 일을 발견하고, 그것을 하라는 것이다. 좋은 네트워킹을 만드는 요체는 바로 자기를 위하는 것이 아니라 타인을 위하는 것이다.

"내가 당신을 위해서 무엇을 할 수 있는가?"

이런 태도로 네트워킹을 실천할 때 네트워킹에 성공할 뿐만 아니라 좋은 네트워킹이 될 수 있으며, 네트워킹에 대한 두려움을 극복해내는 데 도움이 된다. 세 번째로 꼭 말하고 싶은 비결은 모든 사람을 동등하게 대하라는 것이다.

모든 사람을 동등하게 대해야 하는 이유는 전설적인 자동차 판매왕인 조 지라드가 판매왕이 될 수 있었던 비결에서 분명하게 찾을 수 있다. 그는 교육도 많이 받지 못했고 화목한 가정에서 자라지도 못했다. 그는 1928년 디트로이트 동남부 빈민가의 어느 가난한 가정에서 태어났을 뿐만 아니라, 주정뱅이 아빠의 상습적인 구타에 시달려야 했다. 불우한 환경 탓에 고등학교도 졸업하지 못한 채 중퇴할 수밖에 없었고 그때부터 그는 30대 중반까지 큰 성공도 하지 못한 채 40여 가지의 직업을 전전하며 살았다. 자동차 판매 일을 하게 된 그는 우연히 참석한 어느 친지의 결혼식장에서 아주 중요한 인간관계의 원리에 대해 통찰하게 되었다. 그가 깨닫게 된 인간관계의 원리는 바로 그 유명한 '지라드의 250명의 법칙'의 토대가 되었다. 그는 결혼식장에 모인 사람의 숫자가 250명이라는 점과 장례식장에 가도 250여 명이 모였다는 점을 발견하고, 그러한 사실에 의문을 가지고 꾸준한 연구를 하게 되었다. 그 결과 250명 법칙이라는 인간관계에서 중요한 원리가 되는 신념을 가지게 되었다.

그가 말하고 있는 250명의 법칙은 한 사람이 미칠 수 있는 사람들의 범위가 250명이라는 사실이다. 이 사실이 내포하고 있는 중요한 사실은 한 사람에게 신뢰를 잃는 것은 곧 그 한 사람이 영향을 미칠 수 있는 250명에게 동시에 신뢰를 잃는 것과 같다는 사실이다. 그래서 그는 단 한 사람을 만나도 250명을 만나는 것과 동일하게 행동했으며, 어떤 사람이라도 극진히 대우하며 귀인 대접을 했다고 한다. 그 결과, 그는 혼자서 13,001대의 차를 판매한 사람으로 기네스북에 오르게 되었다.

그의 성공 비결은 어떤 사람이라도 그 사람 한 명만을 대하는 것이 아니라 그 사람이 영향을 미칠 수 있는 250명을 동시에 대하듯 극진히 대우한 것이며, 이것은 바로 차별 없이 동등하게 사람을 대하라는 것이다. 신분이나 재산과 상관없이 모든 사람은 250명에게 영향을 끼칠 수 있는 동등한 사람이라는 생각을 토대로 하여, 한 사람을 얻는 것은 250명을 얻는 것이며 한 사람과의 관계를 잃는 것은 바로 250명과의 관계를 잃는 것이라는 생각을 가지고 사람을 대한다면 반드시 좋은 네트워킹을 형성할 수 있을 것이다.

그가 기네스북에 오를 만큼 많은 차를 판매할 수 있었고 인맥 형성을 성공적으로 할 수 있었던 가장 중요한 이유 중에 하나는 한 사람이 미칠 수 있는 사람들의 범위가 250명이라는 사실에 대한 고찰과 공부를 통해서 이러한 사실에 확신을 할 수 있었기 때문이다. 즉 공부를 통해 세상과 인간관계 속에 흐르는 원리와 이치를 깨달았기 때문이라고 할 수 있다.

인간관계를 잘 형성하는 사람들은 생각이 깊고 멀리 내다볼 줄 아는 사람들이다. 이런 사람들은 눈앞의 이익이나 분노를 잘 참아내고, 먼 훗날 자신의 경솔한 행동이 어떤 비극을 초래할 것인지를 미리 생각하고 그 결과를 내다볼 수 있는 사람들이다. 그래서 자신을 언제나 낮출 줄 알며, 사소한 것에 흥분하지 않고 절대 경솔한 행동을 하지 않는다. 이러한 사려 깊음은 저절로 생겨나거나 타고나는 것이 절대 아니다. 바로 참된 공부를 통해 생각이 깊어지고, 멀리 내다볼 수 있는 눈을 습득할 수 있는 것이다.

그래서 공부하는 사람들은 생각이 깊고, 경솔하지 않고, 쉽게 교만해지지 않는다. 공부를 하면 할수록 자신의 무지를 더욱더 절실하게 알기 때문이다. 이러한 겸손과 사려 깊음의 자세는 다른 모든 사람들이 좋아할 수 있는 기본 자질인 것이다. 그래서 공부하는 사람들 주위에는 사람들이 모이게 되어 있다.

공부하는 사람들 주위에 사람들이 모이는 또 다른 이유는 인간은 모두 자신의 이익을 위해 활동하는 동물이기 때문이다. 사람들은 누군가를 사귈 때 한 가지라도 더 배울 수 있는 사람을 선호하는 경향이 있다. 그래서 공부를 하지 않고 맨날 TV만 보는 사람보다는 다양한 분야의 책을 읽고 공부를 하는 사람들과 친하게 지내려고 하기 때문에, 공부하는 사람은 인맥 형성도 잘할 수 있는 내적, 외적 조건이 형성되는 것이다.

공부하는 사람이 더 건강하고, 더 오래 산다

인간의 평균 수명은 불과 백 년 전과 비교하면 2배 가까이 늘어났다. 이것은 정말 놀라운 일이 아닐 수 없다. 그 이유는 의학 기술의 발달과 전반적인 위생 관리 덕분이라고 말할 수 있다. 풍요로운 식사와 영양가 높은 음식들 때문이라고 말할 수도 있다. 혹자는 문명의 발달로 재미있는 것이 많아지자 죽기가 아까워서 수명이 늘어났다고 우스갯소리를 하기도 하지만, 완전히 엉터리 같은 소리는 아닐 것이다. 하지만 우리가 한 가지 간과하는 이유가 있다. 그것은 바로 '공부'이다.

공부를 하는 사람은 그렇지 못한 사람보다 훨씬 더 오래 살 수 있을 뿐만 아니라, 훨씬 더 건강하게 살 수 있다. 그래서 건강하고 싶다면 운동하는 것보다 오히려 공부를 하라고 말하는 사람이 늘어나고 있다. 왜냐하면 공부를 통해 새로운 분야에 대하여 새로운 지적 충족을 누리고 새로운 지적 세계로 나아갈 때, 우리의 몸과 마음은 한층 더 젊어지고 건강해지기 때문이다.

이러한 사실을 입증하는 많은 과학적 연구 결과들이 넘치고 있다. 그 중에서도 재미있고 흥미로운 사례들을 살펴보자.

치매에 걸리지 않고 장수하는 사람들은 한 가지 공통점이 있다고 한다. 그 공통점은 언제나 바쁘게 움직이고, 끊임없이 머리를 사용하는 습관을 가지고 있다는 점이다. 뿐만 아니라 공부를 지속적으로 하는 사람일수록 치매로 인한 치명적인 피해를 줄일 수 있으며, 치매에도 더 적게 걸린다는 사실을 확신해주는 연구 결과들이 나왔다. 그중에서도 매우 놀라운 연구 결과 중에 하나는 101세로 세상을 떠난 메리 수녀의 부검 연구 결과이다. 그는 101세로 세상을 떠날 때까지 정상적인 인지 능력을 유지 했지만, 부검 결과 놀랍게도 알츠하이머병에 걸려 있었다는 사실이 밝혀졌다. 이 결과에 대해 알츠하이머 전문가들은 비록 알츠하이머에 걸리더라도 지속적으로 머리를 사용하는 활동, 즉 공부와 같은 지적 활동을 꾸준히 해오면 정상적인 인지 기능을 평생 유지할 수 있는 것이 가능하다는 사실을 입증하는 사례라고 말했다. 다시 말해, 중년이 되었다고 공부를 전혀 하지 않는 사람은 더 쉽게 치매에 걸리게 되고 그 증상도 심해지지만, 중년이 되고 노년이 되어도 공부를 포기하지 않고 계속 하는 사람에게는 절대 알츠하이머병이 영향을 줄 수 없다는 것이다. 즉 공부하는 사람이 훨씬 더 강하고 건강하다는 사실이 입증된 것이라고 말할 수 있다.

이러한 병에 의한 영향도 거뜬하게 이겨낼 수 있는 것이 공부의 위력이다. 이뿐만 아니라 심각한 뇌 손상을 입었다 해도 공부를 지속적으로 하는 사람은 정상적으로 지적 활동을 할 수 있다는 연구 결과가 있다. 하버드 대학교의 의대 연구팀은 103세까지 건강하게 살았던 어느 노인의 뇌를 검사해보았다. 그 노인은 완벽할 정도로 건강한 정신으로 지적 활동을 했던 사람이었다. 그런데 노인의 뇌에서 놀라운 사실이 발견되었다. 그 노인의 뇌가 심각한 손상을 입었던 것으로 밝혀졌기 때문이다. 어떻게 해서 심각한 뇌 손상을 가지고 있었음에도 불구하고, 이 노인은 죽기 직전까지 완벽에 가까운 건강한 생활과 정신적 활동을 할 수 있었던 것일까?

그 이유로 주목받았던 것은 평생 동안 그 노인이 했던 공부였다. 그는 생전에 과학 분야의 책을 열심히 읽었고 그 분야의 공부를 끝까지 하였다. 뿐만 아니라 플루트를 줄곧 연주해왔다고 한다. 이러한 복잡한 정신 활동을 해왔기 때문에, 심각한 뇌 손상에도 불구하고 정상적인 건강한 생활과 정신 활동을 할 수 있었던 것이다.

한마디로 '공부는 우리를 건강하게 하며 강하게 만든다'. 좀 더 나아가 '공부하면 장수한다'라고 한다면, 너무 터무니없는 억측이라고 생각하는가? 절대 아니다.

인류의 평균 수명이 40세도 되지 않았던 시대에 평생 공부를 했던 과학자나 예술가들의 평균 수명이 73세라는 점을 간과해버릴 수는 없지 않은가? 우리나라의 조선 시대만 따져봐도 그렇다.

오늘날에도 존경을 받는 조선의 명재상이었던 황희 정승은 그 당시 사람들의 평균 수명이 매우 적다는 것을 감안할 때, 엄청난 장수를 누렸던 인물이다. 그는 90세 가까이 살았다. 그가 그토록 긴 수명을 누렸던 이유는 바로 공부라고 말할 수 있다. 동방의 주자로 불리는 퇴계 이황도 70세 가까이 살았고, 다산 정약용도 70세 이상을 살았다. 학문의 금기를 깬 여성 성리학자 임윤지당도 70세 이상을 살았다. 19세기를 대표하는 학자인 최한기도 70세 이상을 살았다. 한국사에서 19세기 최고의 인물로 꼽히는 인물 중에 한 명인 추사 김정희도 70세 이상을 살았다. 그리고 이 땅의 수많은 어린이들을 천연두의 위협에서 구해낸 지석영은 80세 이상을 살았다. 《열하일기》, 《연암집》, 《허생전》 등을 쓴 조선 후기 실학자 겸 소설가인 박지원 역시 70세 가까이 살았던 인물이다.

좀 더 지역을 확대하여 중국으로 가보자. 가장 유명한 학자이고 공부의 기쁨에 대해 노래한 공자는 과연 몇 살까지 살았을까? 지금보다도 훨씬 더 오래전의 시대이기 때문에 그 당시 사람들의 평균 수명은 아마도 지금의 반 정도나 되었을까? 하지만 공자는 72살까지 살았다. 유학을 집대성하였고 주자학을 창시한 주자 역시 70세를 살았다.

전 세계 최고 경영자들이 가장 존경하는 인물이며 빌 게이츠, 잭 웰치에게도 영향을 준 최고의 경영학자, 현대 경영학의 창시자요 아버지라고 불리는 피터 드러커 박사는 95세까지 왕성한 활동을 하였다.

다시 말해 공부하는 사람이 더 오래 살고, 더 건강하다.

공부를 한다는 것은 우리의 뇌를 지속적으로 활성화시키고 활동을 하게 만드는 것이라고 할 수 있다. 우리가 노화를 일으키는 요인에는 여러 가지가 있는데, 뇌를 지속적으로 활성화시키면서 항상 새로운 것을 배우고 공부하는 사람들의 경우에는 이러한 노화가 더뎌진다는 연구 결과가 있다.

나이를 먹으면서 자연스럽게 노화하는 경우가 대부분이지만 사람마다 그 편차는 심하다. 특히 공부를 평생 하는 사람과 중년 이후에 하지 않는 사람은 노화 진행 속도에서 매우 큰 차이가 발생한다. 그렇기 때문에 공부하는 사람이 더 건강하고 더 오래 산다는 것이다.

공부하는 자만이
부를 창출할 수 있다

가난한 사람들은 부자들보다 훨씬 더 바쁘고, 훨씬 더 고달픈 삶을 살아가고 있다. 너무나 열심히 일함에도 불구하고 그들은 언제나 늘 가난하다. 그 이유는 무엇일까? 그것은 그들이 공부를 하지 않고 있기 때문이다.

우리는 학창시절에만 공부를 하면 평생 잘 먹고 잘 살 수 있을 것이라고 생각하는 경향이 있다. 하지만 부자가 되기 위해서는 평생 공부를 한다는 사실을 명심해야 한다. 여기서 공부란 영어 단어 하나 더 암기하고, 토익 점수를 향상시키고, 자격증을 하나 더 따는 것을 말하지 않는다.

여기서 말하는 공부는 인간의 삶과 세상의 원리를 통찰할 수 있는 류의 참된 공부를 말하고 있다. 즉 자신의 인생과 삶을 성찰해볼 수 있도록 도와주는 공부를 할 때, 그러한 성찰은 인간으로 하여금 보다 더 인간답게, 보다 더 풍요롭게, 보다 더 행복하게 살아갈 수 있도록 조력해준다.

이러한 사실에 대해 잘 이해할 수 있도록 도와주는 사례가 있다.

"여러분은 이제껏 속아왔어요. 부자들은 인문학을 배웁니다."

《희망의 인문학》의 저자인 얼 쇼리스의 말이다. 부자들이 인간의 삶을 성찰해볼 수 있는 인문학을 배우고 공부한다는 것은 참말이다. 이러한 말을 증명해주는 것 중에 하나가 '클레멘크' 코스라는 기적의 인문학 코스이다. 이 책의 저자인 얼 쇼리스는 노숙자들과 빈민들, 죄수들에게 돈벌이를 당장 할 수 있는 직업 훈련이나 당장 굶주린 배를 채울 수 있는 빵과 우유를 주는 것 대신에 정규 대학 수준의 인문학 강의를 가르쳤다.

그 결과 노숙자들과 빈민들과 죄수들은 자신의 인생에 대해 성찰할 수 있는 힘을 얻게 되었고, 궁극적으로 그들은 이전과 달리 한 명의 인격체로서 사람답게 살아가기 위해 변화되어갔다는 것이다.

인문학을 배우는 것처럼 자신의 삶을 성찰하고, 자신에 대해 돌아볼 수 있는 공부는 가난한 노숙자들과 빈민들에게 보다 가치 있는 삶이 무엇이며, 어떻게 살아가야 할 것인지에 대한 통찰과 깨달음을 제공한다. 그 결과 그들은 정신적으로 풍요롭고 자유로운 삶을 살 수 있게 되었고, 그러한 특징들이 결국에는 물질적인 풍요와 경제적 자유로 이어지게 된다는 점이다.

진짜 가난한 사람은 정신적으로 빈곤한 사람이라고 할 수 있다. 인문학 강의와 같은 자신의 삶을 성찰할 수 있는 공부는 자신을 정신적으로 풍요롭게 만들어주며, 자존감과 자긍심을 향상시켜준다. 그래서 정신적 빈곤으로부터 탈피할 수 있도록 도와주며, 새로운 삶의 길을 제시해준다.

그렇기 때문에 공부하는 사람들만이 참된 부를 창출해낼 수 있다. 그리고 부를 창출해내는 것보다 더 중요한 것은 인간답게 살아가는 것이라고 말할 수 있다. 그러나 공부를 하지 않는다면 사람답게 살아갈 수 없으며 사람답게 될 수 없다.

"세상에 태어나 학문을 하지 않으면 사람답게 될 수 없다."

우리의 선조인 율곡 이이의 말이다. 그의 말처럼 세상에 태어나 공부하지 않고도 사람답게 살아갈 수 있다고 생각하여 공부의 끈을 놓았다면, 그것은 매우 큰 오산이다.

과거 흑인 노예들의 삶이 가장 비인간적인 삶이 아닐까? 독서와 공부를 하지 않는다면 그들은 여전히 노예의 삶을 살아가며 자신들의 운명을 백인들에게 맡기는 꼴이 되었을 것이다.

"지식교육을 버리다니, 이는 우리의 운명을 백인들에게 맡기고 그들의 사슬에 묶여 마냥 끌려 다니는 자살행위와 다름없다."

미국의 저술가이며 흑인운동지도자인 윌리엄 듀보이스는 위와 같이 말한 바 있다. 그의 말처럼, 공부를 하지 않고 공부의 끈을 놓아버리는 것은 자신의 운명을 이 세상에 맡기고, 세상의 사슬에 묶여 마냥 끌려 다니는 자살 행위와 다름없는 것이라고 할 수 있다.

이처럼 공부를 하지 않는다면 사람답게 살 수도 없으며 부를 창출할 수 없다는 점을 잘 알아야 한다. 즉 성공할 수 없다는 것이다.

'문리(文理)가 트여야 성공할 수 있다'라는 옛말이 있다. 사물의 이치를 깨달아 아는 힘이 생겨야 성공도 할 수 있고 리더가 될 수도 있다는 말이다. 여기서 말하는 '사물의 이치를 깨달아 아는 힘'이 생기기 위해서는 사람과 사물, 세상에 대한 이치를 탐구하고 성찰하고 고찰하는 공부를 해야 한다. 그래서 공부를 하는 사람은 그만큼 더 성공할 공산이 큰 것이다.

40대에 공부하는 사람은
진정 행복한 사람이다

《몰입의 즐거움(Finding Flow)》의 저자인 미하이 칙센트미하이는 자신의 저서를 통해 몰입하는 것이 얼마나 삶의 질을 높이고, 사람을 행복하게 하는지에 대해 잘 설명해준 바 있다. 그는 '삶을 훌륭하게 가꾸어주는 것은 행복감이 아니라 깊이 빠져드는 몰입의 경험'이라고 말했다.

몰입의 경험에 대해 구체적으로 살펴보면, 몰입해 있는 바로 그 순간의 우리는 행복하지 않을 수 있지만, 그러한 몰입을 경험한 이후에 찾아오는 만족감과 행복감은 이 세상의 그 어떤 행복보다 더 귀한 것이라고 한다. 그 이유는 타인이나 다른 조건이나 물질적인 것에 의해 주어지는 행복이 아니라, 자기 스스로의 힘으로 창출해내고 만든 것이기 때문에 더욱더 가치 있을 뿐만 아니라, 우리의 의식을 그만큼 고양시키고 성숙시키고 향상시킨다는 것이다.

그렇기 때문에 몰입을 자주 하는 사람들이 그렇지 못한 사람보다 훨씬 더 행복하게 삶을 누리며 살고 있을 것이라고 그는 설파하고 있는 것이다. 몰입의 경험이 많은 사람일수록 삶에 만족하며 행복하게 살고 있을 뿐만 아니라, 무엇보다도 우리의 의식을 그만큼 더 고양시키고 성숙시킨다는 놀라운 사실을 그는 자신의 연구를 통해 밝혀냈다.

그의 주장에 따르면 책을 보며 공부를 하는 사람들보다 수동적으로 TV를 시청하는 사람들이 훨씬 더 불행할 수 있다. 뿐만 아니라 수동적으로 TV를 시청하게 되면 자신의 의식을 그만큼 고양시키지 못하고 성숙시키지 못한다. 바보상자라는 말이 전혀 근거 없는 말이 아니라는 사실을 한 번 더 깨달을 수 있을 것이다.

TV와 같은 것으로 소일하며 책을 전혀 보지 않고 공부하지 않는 사람은 대부분 일상 속에서 몰입 경험이 가장 적은 사람들에 속하며 이런 사람들은 행복하지 않다고 말할 수 있다. 반면에 TV를 적게 보고 책을 많이 읽고 자신의 수준에 적합한 공부를 찾아서 많이 하는 사람일수록 몰입 경험이 높기 때문에 삶을 통해 더 큰 만족과 행복을 느끼며, 자신의 삶을 더욱더 향상시키는 기회를 많이 가지고 있고, 실제로 그렇게 하는 사람들이라고 말할 수 있다는 것이다.

우리가 살고 있는 이 시대는 과거 60년대와 70년대에 비해서 너무나 풍요롭고 너무나 재미있는 이기들이 주위에 많이 생겨났다. 한마디로 그때에 비해 살기 좋아진 것이다. 하지만 젊은 주부들이 우울증으로 자살을 하는 경우가 너무나 많아졌다. 심지어 청소년 자살률은 OECD 국가 중에서 최고이다. 이혼율도 세계 최고라고 말할 수 있다.

동방예의지국이었던 우리나라가 어떻게 하다 이렇게까지 되었을까? 우리나라의 경제 성장은 눈부시다. 하지만 이혼율, 자살률은 너무나 높다. 무엇 때문에 이렇게까지 이혼율과 자살률이 높아진 것일까?

그것은 자신의 힘으로 공부를 하고자 하는 사람들이 줄어들었기 때문이다. 수동적으로 멍청하게 누워서 눈으로 들어오는 시청각에 반응만 하는 바보를 만들기만 하는 TV 시청과 같은 것에 집착하는 사람들이 많아졌기 때문이다. 찾아서 공부하고, 생각하고, 고민하고, 필기하고, 활동하고, 몰입할 수 있는 경험과 기회를 TV 시청과 같이 수동적으로 재미와 지식을 전해주는 것들에게 빼앗겼기 때문이라고 말할 수 있다.

저자의 말대로 몰입한다고 해서 그것이 행복이라고 말할 수는 없지만, 몰입을 통해 우리는 삶을 변화시킬 수 있고, 좀 더 열정적으로 삶을 살아나갈 수 있게 되고, 몰입 이후에 느끼는 행복감과 만족감으로 인해 삶이 좀 더 풍요로워질 수 있기 때문에 몰입을 많이 경험하는 사람일수록 그만큼 더 행복하게 사는 사람이라고 할 수 있다.

그렇기 때문에 공부하는 자는 공부하지 않는 자보다 더 행복하다. 몰입 이론을 토대로 하지 않아도 공부하는 사람은 그 자체로 행복한 사람이라고 할 수 있다. 공부를 통해 큰 기쁨을 맛보고 누린 사람 중에 한 명이 바로 공자였다. 공부 그 자체가 기쁨이요 행복이라고 공자는 말했다.

"學而時習之면 不亦說乎라"

(배우고 때때로 그것을 익히면 또한 기쁘지 아니하냐)

즉 공부하는 사람들에게 공부한다는 것은 그 자체가 기쁨이 될 수 있다는 말이다. 특히 인생의 산전수전을 다 겪어본 사람들이 다시 시작하는 공부는 그들만의 특권이요, 기쁨이요, 즐거움이 되고도 남을 것이다. 40대에 공부하는 사람들은 이미 너무나 행복한 사람들임에 틀림없다. 그러므로 공부에 다시 한 번 미쳐보자.

공부하는 사람이 진정한 인생의 의미와 가치를 발견할 수 있다

CHAPTER 32

　인간이 경험할 수 있는 상황 중에 가장 최악의 상황 중에 하나를 경험했던 빅터 프랭클 박사는 인간이 살아가는 데 가장 큰 힘은 바로 의미를 부여할 줄 아는 힘이라고 했다.
　"인간은 궁극적으로 왜 살아야 하는가를 묻기보다는 자신의 삶에 스스로 의미를 부여할 줄 알아야 한다."
　그의 말처럼 우리는 스스로의 삶에 진정한 의미와 가치를 부여할 줄 아는 사람이 되어야 한다. 자신의 삶에 스스로 의미와 가치를 제대로 부여하고 발견하기 위해서는 폭넓은 사고와 경험이 필요하다. 40대 인생이라면 인생의 경험은 어느 정도 있지만, 문제는 고정된 사고방식의 틀에 갇혀 폭넓은 사고를 할 수 없다는 것이다. 이러한 고정된 사고방식의 틀을 과감하게 깨어 부수고 사고를 넓혀야만 진정한 인생의 의미와 가치를 발견하고 부여할 수 있다. 그래서 우리는 경험의 토대 위에 새로운 지식과 폭넓은 사고를 쌓아갈 수 있는 40대 공부를 해야 하는 것이다.

삶의 의미와 가치를 발견하고 부여하기 위해 노력해야 하는 이유는 이러한 활동이 우리의 마음과 정신을 풍요롭게 해줄 뿐만 아니라, 상처와 아픔까지도 치유해주기 때문이다. 그리고 이러한 것들이 모여 인생을 풍요롭게 해주고, 가치 있고 의미 있는 인생을 살아갈 수 있게 조력해주기 때문이다.

《죽음의 수용소에서》라는 베스트셀러를 쓴 빅터 프랭클 박사는 실존분석적 정신 요법인 의미 요법을 창시하여 수많은 사람들로 하여금 삶의 의미를 찾고 발견할 수 있도록 많은 도움을 주었다. 그리고 니체의 말처럼 살아야 하는 이유를 찾은 사람은 어떤 식으로든 어려움을 견뎌낸다. 그러므로 우리는 살아야 하는 참된 이유인 의미와 가치를 발견해야 하는 것이다.

기원전 4년에 태어난 루시우스 세네카(Lucius Annaeus Seneca)는 로마의 대표적인 철학자이며 정치가이며 문필가였다. 그는 우리들이 꼭 마음에 새겨두어야 할 주옥같은 말들을 많이 남겼다. 그중에 몇 개를 소개하면 다음과 같다.

"학교가 아닌 인생을 위해서 우리는 배운다(공부한다)."

"누구를 위해서 나는 이 모든 것을 배웠는가? 만일 네가 너 자신을 위해서 그것을 배웠다면, 너는 네가 들인 노력이 헛수고라고 걱정할 필요가 없다."

그의 말대로 우리는 학교 성적이나 졸업장을 위해서 배우고 공부하는 것이 아니라, 우리 인생을 위해서 배우고 공부해야 한다. 학교가 아닌 인생을 위해서 배우고 공부한다는 것은 학교 성적이나 졸업장, 그리고 취업이나 승진을 위한 공부가 아니라 인생의 의미와 가치, 그리고 자신의 삶을 통찰할 수 있는 능력을 함양시킨다는 것이다.

1885년 2월, 당시 69세였던 독일의 수상인 오토 폰 비스마르크는 제국의회에서 다음과 같은 말을 남겼다.

"나는 내가 사는 한 배운다. 나는 오늘도 배우고 있다."

그는 왜 70의 나이가 다 되어가는데도 날마다 배우는 것일까? 그것은 바로 공부와 배움을 통해 인생의 의미와 가치를 발견할 수 있기 때문이다. 공부하지 않는 자와 문맹자는 차이가 거의 없다는 사실을 알아야 한다. 양쪽 다 무지할 뿐만 아니라, 인생이 가치와 의미에 대해 성찰할 기회가 주어지지 않는다는 점에서 별반 다를 바 없기 때문이다.

"공부하지 않는 자와 문맹자는 별반 차이가 없다. 인생의 참된 가치와 의미에 대해 모른다는 점에서, 그리고 양쪽 다 무지하다는 점에서 그렇다."

우리가 살아 있는 한 나이가 얼마든지, 돈이 많든지 적든지, 자신이 처한 환경이 어떻든지를 불문하고 배움을 멈추어서는 안 된다. 공부를 멈춘다는 것은 보다 나은 인생을 향한 발걸음을 멈추는 것과 별반 차이가 없기 때문이다.

공부를 하지 않고 인생의 참된 의미와 가치를 찾을 수 있다고 말하는 사람이 있다면, 그 사람은 마치 바다에 배를 띄우지 않고도 항해를 할 수 있다고 말하는 사람과 별반 차이가 없다. 항해는 바다에 배를 띄우고 바다를 헤쳐 나가는 것을 말하듯이, 인생을 살아간다는 것은 바로 배운다는 것, 즉 공부한다는 것을 의미함과 다르지 않기 때문이다. 그런 점에서 인생이란 성장이고 발전이다. 최소한 성장과 발전을 근간으로 하는 것이어야 한다. 그렇지 않다면 정해진 수준에 평생 머물고 마는 로봇의 CPU에 불과한 낮은 수준의 존재가 바로 인간이어야 하기 때문이다. 하지만 우리 인간의 존재는 항상 그 자리에, 그 수준에 머물러 있는 그러한 로봇과 같은 존재가 아니다.

우리는 공부를 통해 얼마든지 사고가 확장되고 인격이 성숙될 수 있는 놀라운 존재라는 점을 반드시 알아야 한다. 그러한 놀라운 존재이기 때문에 우리는 인생의 의미와 가치를 발견해야 하고, 발견할 수 있는 것이다. 공부를 통해서 그것이 가능하다.

공부는 지금까지의 자신을
뛰어넘을 수 있게 해준다

오스트리아의 신경과 의사이며 정신분석학의 창시자인 지그문트 프로이트는 '인간은 그들이 강하다고 생각하는 것만큼 강하며, 그들이 약하다고 생각하는 것만큼 약하다'라고 말한 바 있다. 그의 말을 잘 생각해보면 인간을 강하게 만드는 것은 자신이며, 약하게 만드는 것 또한 자기 자신이라는 사실을 알게 된다. 그렇다면 지금까지의 자신이 어떠한 상태로 어떠한 삶을 살았든지 그것보다 더 나은 삶과 상태로 살아갈 수도 있고, 정반대로 더 못한 삶과 상태로 살아갈 수도 있다는 것 또한 사실이 된다. 그렇기 때문에 우리는 어제보다 더 나은 오늘을 살아갈 수 있으며, 정반대의 삶을 살아갈 수도 있다. 그것은 오롯이 자기 자신한테 달려 있다는 결론을 도출해낼 수 있다.

그렇다면 지금까지의 삶과 자신의 모습이 어떠한 것이든 상관없이, 그 자신을 뛰어넘을 수도 있을 것이다. 이 세상에는 여러 종류의 사람들이 살아가고 있지만, 그중에서도 두 가지 종류로 나눌 수 있다. 첫 번째 종류는 어제보다 못한 오늘을 살아가는 사람들이다. 이런 부류의 사람들은 더 이상 발전이 없다. 그리고 이런 부류의 사람들이 쉽게 범하는 오류 중에 하나는 자신에게는 남들만큼의 재능이 없다고 생각해버리는 것이다. 자신이 성공하지 못하는 이유가 재능이 없기 때문이라고, 아무리 해도 안 된다는 사실을 맹신해버리게 되므로, 노력을 하려고 해도 그 노력조차 무용지물이 될 것이 뻔하다고 생각하게 된다.

두 번째 부류의 사람들은 어제보다 나은 오늘을 살아가고, 오늘보다 나은 내일을 살아가는 사람들이다. 이러한 부류의 사람들은 성공의 이유를 재능에 두지 않고 자신의 성장에 둔다. 그래서 자신이 노력하는 만큼 자신이 성장가능하며, 그러한 성장은 곧 성공으로 직결된다는 믿음을 가지고 있는 사람들이다. 그래서 이런 부류의 사람들은 언제나 어제보다 나은 오늘을 살아가며, 또 오늘보다 나은 내일을 살아갈 수 있는 것이다.

성공한 사람들과 실패한 사람들의 차이는 바로 이것이다. 실패한 사람들은 성공의 이유와 조건을 오직 재능이나 행운이라고 생각하지만, 성공한 사람들은 성공의 이유와 조건을 자신을 뛰어넘을 만큼 자신을 부단히 성장시키는 것이라고 생각한다. 그래서 전자는 자신을 영원히 뛰어넘지 못하지만, 후자는 자신을 뛰어넘기 위해 열심히 노력하여, 결국에는 자신을 넘어서는 경지에 도달하게 된다.

자신을 뛰어넘을 수 있도록 해주는 것이 바로 공부이다. 한국 사회의 병폐 중에 하나는 공부를 해서 자격증을 따거나, 의사나 변호사가 되거나, 국가고시에 합격을 하거나, 명문대 졸업장을 가지게 되거나, 좋은 직장에 취직하게 되면 그것이 바로 공부의 최대 목적이며 성과라고 생각하게 만든다는 것이다.

이러한 잘못된 공부의 목적과 이유 때문에 공부를 많이 했다고 말할 수 있는 의사나 변호사, 검사, 명문대 학생들이라고 해서 그들의 삶이 공부하지 않는 사람들보다 좀 더 고결하거나 인격적이라고 확신을 가지고 말할 수 없게 되었다.

참된 공부는 자신을 성찰하고 자신을 변화시켜 자신을 뛰어넘게 만들어 이전보다 더 인격적이고 더 겸손하고 더 겸허한 사람을 만드는 것이다. 하지만 한국 사회에서 말하는 공부는 좋은 학교에 들어갈 수 있는 훌륭한 성적을 만드는 것이고, 좋은 직장과 좋은 직업을 가질 수 있는 졸업장이나 자격증을 획득하는 것으로 국한시키기 때문에 공부를 많이 한 엘리트라고 해서 그들이 더욱더 인격적이고 겸허하며 겸손하다고는 도저히 말할 수 없다.

그렇기 때문에 졸업하기 위한 공부, 취직하고 승진하기 위한 공부 대신에 자신을 성장시키고 자신을 뛰어넘을 수 있게 해주는 공부를 해야 한다. 그런 공부를 하는 사람은 비록 명문대 졸업장이 없다 해도, 돈이 없다 해도, 권력이 없다 해도, 사회적 지위가 낮다 해도 전혀 비굴하지 않을 수 있는 사람이 된다. 그리고 아무리 큰 성공을 하고, 큰돈을 벌고, 큰 명예를 얻었다 해도 그런 공부를 한 사람은 교만해지지 않고 안하무인으로 경거망동하지 않는 사람이 될 수 있다.

자신을 뛰어넘은 사람들은 어떤 유혹에도 넘어가지 않고 자신을 보존할 수 있다. 하지만 공부를 통해 자신을 뛰어넘지 못한 사람들은 작은 유혹에도 쉽게 넘어가고 작은 성공에도 쉽게 도취되어 경거망동하게 된다. 그 결과 실패를 했을 때보다 성공을 했을 때 오히려 더 자신의 인생을 위험하게 만들고 패망의 길로 들어서고 만다. 사람은 성공보다 오히려 실패를 통해 더 많은 교훈과 통찰력을 배우게 되며, 성공은 자만에 도취되게 만들 뿐이라고 말할 수 있기 때문이다.

40대 공부로 편안하고
익숙한 것들과 결별하라

 우리를 늙게 만들고 망하게 하는 것은 다름 아닌 편안한 삶이고 익숙한 삶이다. 우리의 삶이 재미가 없고 활력이 없고 살맛이 나지 않는 것은 너무 편하게 살고 있기 때문이다. 이러한 편한 삶만 추구하다 보면 눈에 총기가 없어지고 결국 노인네가 되고 만다.
 강원도나 부산에서 잡은 정어리를 서울까지 이송할 때, 지금은 고속도로가 생겨서 많은 시간이 걸리지 않지만 불과 십 년 전만 해도 고속도로가 제대로 없었기 때문에 보통은 야간에 밤새도록 잡은 정어리를 싣고 서울로 올라오곤 하였다. 이때 정어리만 잡아서 통 속에 넣어 올라오면 짧은 시간 동안이지만 정어리들은 거의 다 죽어 있거나 비실비실해져 있다고 한다. 하지만 이 통 속에 정어리의 천적인 메기 한 마리를 함께 넣어

서 서울까지 운반하게 되면 놀라운 일이 생긴다고 한다. 정어리들이 모두 싱싱하게 살아 활동하면서 헤엄쳐 다니고 있을 뿐만 아니라, 아주 맛도 좋아진다는 것이다.

이러한 현상이 발생하는 것은 바로 천적인 메기 때문에 편하게 두 다리 뻗고 쉴 수가 없기 때문이다. 죽기 살기로 헤엄치면서 움직여야 한다. 그래서 몸이 건강해질 뿐만 아니라, 정신도 계속 천적을 피해 도망가야 하기 때문에 점점 더 강해져 간다는 사실을 정어리의 눈을 통해 알 수 있다.

인간도 마찬가지이다. 너무 편하고 익숙한 것들만 계속 하다 보면 우리의 몸과 마음은 약골이 되어 나중에는 아무것도 할 수 없는 존재가 되어버리기 일쑤이다. 그래서 마흔이 되면, 반드시 인생을 살면서 한 번도 배워보지 못한 것을 배운다든지, 한 번도 시도해보지 않았던 것에 도전해보는 시도가 반드시 필요한 것이다.

한 번도 대중 앞에서 연설을 해보지 않았던 사람이라면, 6개월 이내에 대중 앞에서 연설을 하는 것을 목표로 삼고 도전해보는 것도 매우 유익하다. 그리고 한 번도 스쿠버다이빙을 해보지 않았던 사람이라면 스쿠버다이빙에 도전을 해봄으로써 용기와 모험심을 길러보는 것도 매우 좋다. 한 번도 스카이다이빙을 해보지 않은 사람이라면, 이참에 한번 도전해보라.

이렇듯 인생에 도전을 해보는 사람의 삶은 보지 않아도 알 수 있다. 활력과 생기가 넘치기 때문에 앞으로 만날 시련과 역경을 누구보다도 더 잘 이겨낼 수 있을 뿐만 아니라, 평소의 삶도 매우 행복하게 살아갈 것을 알 수 있다.

편안함과 익숙한 것과 결별하는 것은 우리가 좀 더 건강해지고, 좀 더 나은 삶을 살아갈 수 있는 한 가지 방법이기도 하다. 그러므로 이제는 어색함과 불편함을 즐겨보자.

지금까지 한 번도 나가보지 않았던 사교 모임에도 나가보자. 지금까지는 한 번도 해보지 않았던 일에 도전해보자. 그것이 우리 인생을 보다 더 충만하게 만들어줄 것이다.

"항상 해오던 일을 하면 항상 얻던 것만 얻는다."

영국의 철학자 프랜시스 베이컨(Francis Bacon)의 말이다. 지금까지 별 문제 없이 해오던 일만 앞으로도 계속 하고자 한다면 지금까지의 삶과 별반 달라지지 않을 것이라는 말이다. 어색하고 불편하지만, 자기가 한 번도 해 보지 않았던 일을 할 수 있을 만큼 불편함과 어색함을 두려워하지 말고 즐길 수 있어야 한다.

우리가 편안하고 익숙한 삶과 결별해야 하는 이유 중에 하나는 사람의 능력이나 진가는 편안하고 익숙한 삶을 살 때에는 절대 드러나지 않고, 불편하고 어색하고 심지어 위기 상황일 때 극명하게 드러나기 때문이다. 즉 척박한 환경에서 그 사람의 숨은 능력과 재능이 발견되고 발휘된다는 말이다. 이러한 점을 한서(漢書)에는 다음과 같이 기록하고 있다.

"배가 뒤집혔을 때 사람의 수영 솜씨를 알 수 있고, 말이 달릴 때라야 그 사람의 말 다루는 솜씨를 알 수 있다."

편안하고 익숙한 삶, 그러니까 평상시에는 사람의 능력이나 진가를 제대로 발휘할 수도 없고 그 가치를 알기가 쉽지 않다는 것이다. 배가 뒤집히는 불편하고 어색하고 위험한 상황이 되어야 그 사람이 수영을 잘하는 사람인지, 맥주병인지 제대로 알 수 있다는 말이다. 문제는 우리가 천성적으로 편안하고 익숙한 것들만을 좋아하는 특성이 있다는 것이다. 웬만하면 편안하고 익숙한 삶을 절대로 포기하려고 하지 않는다. 그래서 아무 노력도 하지 않고 자연스럽게 자신의 몸과 마음이 이끄는 삶을 살면 그 삶은 백 퍼센트 나태하고 게으른 삶이 된다.

이러한 나태하고 게으른 삶에는 어떠한 성장도, 발전도, 희망도 없다. 가난과 궁핍이 바로 뒤따라오는 삶이 된다.

역사학자 토인비도 말했다. '인류 문명의 발전은 도전과 응전의 결과'라고 말이다. 인류의 찬란한 문명이 싹튼 곳은 풍요로운 지역이 아니라 도전해야 하는 척박한 땅이었다. 그러한 척박한 땅에서 살아남기 위해 자신의 모든 능력을 발휘하며 환경의 도전에 응전한 결과, 찬란한 문명이 발생하게 되었다는 것이다.

그의 말대로 우리를 위대하게 하는 것은 편안하고 익숙한 것들이 아니라, 때로는 위협이 되는 위기 상황과 불편하고 어색하고 척박한 환경이라는 점을 반드시 명심해야 한다. 그리고 이러한 상황으로 나아가서 자신을 부단히 성장시키기 위해 공부가 필요한 것이라고 말할 수 있다.

PART 05

40대, 인생을 걸고 위대한 공부를 시작하라

40대 공부야말로 실패와 시련을 두려워하지 않고, 즐길 수 있게 해준다 | 40대에 공부하는 사람에게는 성공과 실패는 종이 한 장 차이에 불과하다 | 40대 공부로 자신만이 할 수 있는 일, 가슴이 시키는 일을 하라 | 40대 공부로 자신을 다시 어린아이처럼 가슴 뛰게 하는 일을 하라 | 40대 공부는 도전할 힘과 용기뿐만 아니라, 실력까지 제공해준다 | 40대 공부야말로 자신감을 주고, 포기하지 않게 해준다 | 40대에 공부하는 사람은 모두 청춘이라 말할 수 있다 | 40대 공부로 진짜 인생의 비전을 가질 수 있게 된다

시도했던 모든 것이 물거품이 되었더라도
그것은 또 하나의 전진이기 때문에 나는 용기를 잃지 않는다.
- 토머스 에디슨

40대 공부야말로 실패와 시련을 두려워하지 않고, 즐길 수 있게 해준다

우리는 성공보다도 실패와 시련을 온몸으로 받아들이며 즐겨야 한다. 실패와 시련을 즐길 줄 아는 사람에게 더 큰 성공과 발전이 있기 때문이다. 실패를 두려워하는 사람치고 큰 성공을 하는 사람은 매우 드물다. 실패와 시련을 두려워하지 않고 위험을 감수하더라도 도전할 줄 아는 리스크 테이커(Risk Taker)들이 위대한 인생을 살았다는 사실을 알 수 있다.

어떠한 실수도 하지 않는 사람은 결국 어떠한 도전도, 어떠한 위험도 감수하지 않고 무사안일주의로 인생을 허비한 사람에 불과하다. 이런 사람에게 미래는 없다. 하지만 수많은 실수와 실패와 시련을 경험하면서도 끝까지 도전하는 사람은 이미 그 자체가 위대한 삶이라고 할 수 있다. 위대한 사람일수록 큰 실패와 시련 앞에서 요동치지 않고 좌절하지 않고 의연할 수 있다. 그리고 그것은 끊임없는 자신을 성장시키고 자신을 넘어설 수 있게 해주는 공부를 통해 가능하다. 공부를 통해 우리는 실패와 시련에 대처하는 사고방식과 행동 양식을 다양하고 폭넓게 얻을 수 있다. 무엇보다 우리는 공부를 통해 실패와 시련을 두려워하지 않고 즐길 수 있는 용기와 담대함과 비범함을 배우고 몸에 익힐 수 있다.

《플립사이드(Flipside)》의 저자인 아담 J. 잭슨은 우리가 시련에 대처하는 방식에 의해 삶의 모습이 결정된다는 사실을 자신의 저서를 통해 잘 말해준다. 모든 시련과 고난은 또한 큰 기회라는 선물을 내포하고 있기 때문에, 시련과 역경을 만났을 때 우리의 선택과 대응 방식을 잘 선택해야 한다고 강조한다.

"시련과 역경을 만나면 우리는 두 가지 중 하나를 선택해야 한다. 절망과 낙심으로 점철된 패배자로 살 것인지, 그 시련 속에 숨겨진 커다란 성장의 기회를 찾아 도전하여 승리자로 살 것인지를 말이다."

위대한 인생을 살았던 사람들은 모두 고통과 불행, 실패와 시련을 잘 극복할 수 있었기 때문에 그토록 찬란한 인생을 살 수 있었다고 할 수 있다. 즉 고통과 불행, 실패와 시련은 큰 성공을 할 수 있는 사람이 될 수 있도록 만들어주는 하나의 도구라고 할 수 있다. 왜냐하면 실패와 시련, 고통과 불행을 통해 성장할 수 있고, 그 사람의 진가가 드러나기 때문이다. 그 사람의 진가가 세상에 드러날 때, 세상은 그 사람이 품은 진가만큼 성공할 수 있게 길을 열어준다.

이러한 사실에 대해 맹자 역시 다음과 같이 말하고 있다.

"하늘이 어떤 사람에게 큰 임무를 내리려 할 적에는 반드시 먼저 그의 마음과 뜻을 고통스럽게 하고, 그의 힘줄과 뼈를 피곤에 지치게 하고, 그의 육신과 살갗을 굶주림에 시달리게 하고, 그의 몸에 아무것도 남아 있지 않게끔 한다. 그러고는 그가 행하는 일마다 그가 원하던 바와는 완전히 다르게 엉망으로 만들어놓곤 하는데, 그 이유는 그렇게 함으로써 그 사람의 마음을 뒤흔들어놓고 그 사람의 성질을 참고 견디게 하여, 예전에는 해내지 못하던 일을 더욱 잘할 수 있게 해주기 위해서이다."

즉 실패와 시련, 고통과 불행은 그것을 겪은 사람들에게 예전에는 도저히 해내지 못할 큰일을 해낼 수 있는 사람이 될 수 있도록 도와주는 고마운 도구이며 성장의 기회인 셈이다. 그러므로 두려워하지 말고 즐기려고 하는 마음 자세가 필요하다. 실패와 시련조차도 즐길 줄 아는 대인이 되면, 그때 비로소 성공할 수 있는 자질이 갖추어진 것이다.

실패의 법칙이라는 것이 있다. 이것은 147/805 법칙이라고도 말한다. 이것은 발명왕 에디슨이 전기를 개발하기 위해 실패한 횟수인 147번의 실패 횟수와 라이트 형제가 비행기 개발을 위해 도전하다가 실패한 횟수인 805번의 실패 횟수를 상징하는 숫자들이다. 즉 이렇게 많이 실패를 해야 에디슨처럼, 그리고 라이트 형제처럼 성공을 할 수 있다는 뜻이다. 이러한 실패의 법칙은 발명에만 적용되는 것이 아니다. 모든 분야에서 적용이 가능하다. 실패를 하지 않고 크게 성공하는 기업이나 사람은 땅속으로 깊게 뿌리내려진 나무라고 할 수 없기 때문에, 비록 쉽게 열매를 맺고 성과를 내지만 작은 태풍에도 쉽게 나무가 뽑혀버리듯 작은 시련과 역경에도 쉽게 흔들리고 망할 수 있기 때문이다. 반면에 수많은 실패를 통해 큰 성공을 이룬 기업이나 사람은 땅속에 깊이 뿌리를 내린 나무가 어떠한 태풍에도 쉽게 뽑히지 않고 견뎌내는 것처럼 큰 시련과 역경에도 흔들리지 않고 번영할 수 있다.

실패와 시련을 두려워하지 말고, 즐기라고 직원들에게 주문하는 기업이 있다. 바로 일본의 혼다이다. 혼다의 창업주인 혼다 소이치로는 직원들에게 '실패를 두려워하지 말고 실패하라, 그리고 또 실패하라'라며 실패를 권장한다. 그래서 해마다 가장 큰 실패를 한 직원에게 100만 엔가량의 상금을 주며 격려한다고 한다.

"실패를 거듭하고 자신에 대한 성찰을 계속하면서 나는 성공에 이를 수 있었다. 사실 나의 성공이란 99퍼센트의 실패에서 나온 1퍼센트의 성과일 뿐이다."

이처럼 말한 바 있는 그는 실패를 두려워하지 않고 즐겨야 하는 이유를 잘 말해주고 있다. 실패를 하지 않았다면 현재 자신이 누리는 성공도 존재하지 않았다는 사실을 누구보다 잘 알고 있었던 사람이다.

메이저 리그에서 홈런을 가장 많이 친 홈런왕들은 동시에 삼진아웃을 가장 많이 당한 삼진아웃 왕이기도 하다는 사실을 아는가? 이들이 홈런왕이 될 수 있었던 가장 큰 이유는 삼진아웃이라는 실패를 두려워하지 않았기 때문이다. 삼진아웃을 두려워하여 공을 번트에 맞추기에 급급한 사람들은 삼진아웃을 적게 당할 수는 있지만 절대 홈런왕이 될 수 없다. 인생에서도 실패를 두려워하여 도전과 모험을 하지 않는다면 절대 큰 꿈을 성취해내는 성공을 할 수 없을 것이다. 그래서 나폴레온 힐은 이러한 사실을 두고 다음과 같이 말을 했다.

"모든 역경, 모든 실패, 모든 고통은 그에 상응하는 수확 또는 그 이상의 수확을 가져올 씨앗을 품고 있다."

부자가 된 사람들은 예외 없이 기꺼이 실패와 위험을 무릅쓸 줄 아는 사람들, 즉 리스크 테이커들이다. 남들이 용기가 없어서 실패와 위험을 무릅쓰지 않고 우물쭈물하며 머뭇거리고 있을 때, 부자가 된 사람들은 과감하게 위험을 무릅쓰고 전진하는 이들이다. 이러한 과감함과 용기 앞에 실패와 시련과 위험은 조용히 사라지게 된다. 이러한 성공과 실패의 원리를 이해하게 된다면 로버트 F. 케네디가 '크게 실패할 각오를 한 자만이 크게 성공할 수 있다'라고 한 말을 충분히 이해할 수 있을 것이다.

《실패의 힘(Fail Better)》의 저자인 스티븐 브라운은 말한다. '이 세상에는 영원한 성공도, 영원한 실패도 없다'라고 말이다. 더 중요한 점은 제대로 된 실패와 시련을 겪어보지 않은 사람은 큰 성공을 할 수 없지만, 혹독한 실패와 시련을 겪은 사람일수록 그 사람의 인생에는 깊이가 있고 웅숭깊은 맛이 있다는 것이다. 그리고 인생의 초반기에 겪은 큰 실패와 실수로 인해서 인생의 후반기를 더욱더 멋지고 올바르게 살아갈 수 있었던 사람들이 매우 많다는 사실이다. 그러므로 실패와 시련을 두려워하여 그것을 피해 다니는 자세로 살아가는 사람은 큰 발전이 없을 수밖에 없다.

노벨 평화상을 수상한 넬슨 만델라도 이처럼 실수와 실패를 통해 나중에는 훌륭한 삶을 살았던 사람 중에 한 명이다. 인생의 초반에 그는 지금으로서는 도저히 상상도 할 수 없을 만큼 극단적인 폭력을 옹호하는 테러리스트였다는 사실을 아는 사람은 많지 않을 것이다. 이렇게 잘못된 삶을 평생 살다가 생을 마감했다면, 우리가 아는 노벨 평화상을 수상한 넬슨 만델라는 존재하지 않을 수도 있었다. 극렬한 테러리스트였던 그로 하여금 노벨 평화상을 수상할 만큼 평화를 사랑하며 화해의 길로 갈 수 있게 해준 것이 바로 그가 겪은 실패와 시련이었다. 그는 누구보다 더 심한 테러를 일삼는 테러리스트로 살다가 결국에는 감옥에 수감되었다. 테러리스트에게 실패란 붙잡히거나 죽는 것이라고 볼 수 있다면 그는 테러리스트로서 실패를 했던 것이다. 하지만 이 실패가 그에게는 최고의 행운이 되었다. 그가 인생의 전반기 때 실수를 하지 않고 실패를 하지 않았다면 자신의 행동이 무엇이 잘못된 것인지 깨닫지 못한 채, 테러리스트로 평생 살다가 생을 마감할 수도 있었다. 감옥에 수감되었을 때 비로소 그는 감방 안에서 자신의 삶을 바꾸게 된 것이다.

이렇게 실패를 두려워하지 않고 즐기면서 큰 성공의 토대를 마련한 사람들은 또 있다. 일본 열도를 놀라게 했던 학사 출신의 노벨상 수상자인 다나카 고이치 역시 이러한 부류의 사람이다. 실패를 통해 그는 지방 대학의 학사 출신으로 노벨상을 수상하는 큰 업적을 성취해낼 수 있었다. 그가 겪은 실패는 바로 일본의 대기업 소니에 면접을 볼 때, 아주 쉬운 문제인데도 대답을 제대로 하지 못한 것이다. 단 한 번의 실수 때문에 대기업 취업이라는 목표를 눈앞에 두고 낙방이라는 고배를 마셔야만 했던 것이다. 만약에 그가 면접에서 대답을 잘해서 소니라는 대기업에 합격했다면, 그 당시에는 큰 성공이었다고 할 수 있지만 노벨상을 수상하는 큰 업적을 성취해내지는 못했을 것이다. 왜냐하면 대기업 취업에 실패했던 경험을 토대로 그는 인생을 살면서 허황된 부나 명예나 인기나 지위에 집착하지 않는 사람이 될 수 있었기 때문이다. 그의 이러한 마음 자세가 종국에는 그로 하여금 노벨 화학상을 수상할 수 있도록 이끌어주었다. 그는 중소기업에 취직을 하게 되었지만 직급에 연연하지 않고 자신이 하던 연구에 몰두하기 위해 진급 시험을 포기하고 만년 주임으로 자신의 길을 걸어갔다.

이처럼 현재의 실패가 어떻게 보면 앞으로 생기게 될 엄청난 성공의 토대가 되어줄 고마운 실패일 수도 있다는 점을 알아야 한다. 워렌 버핏도 역시 실패를 통해 더 큰 성공을 할 수 있게 된 인물이라고 말할 수 있다. 그는 자신이 원하던 대학인 하버드 경영대학원에 지원했다가 낙방의 고배를 마셨다. 하지만 그에게 있어 대학원 낙방이라는 실패가 오히려 큰 성공을 위한 토대가 되었던 것임을 그는 나중에 깨닫게 된다. 하버드 경영대학원에 낙방했기 때문에 벤저민 그레이엄이라는 위대한 스승을 만날 수 있는 컬럼비아 대학의 MBA 과정에 입학할 수 있었기 때문이다. 그는 20세기 월스트리트의 가장 뛰어난 투자자였다. 바로 그가 컬럼비아 경영대학원의 교수로 재직하고 있었던 것이다.

한국 가요사에 큰 획을 그었던 인물들이라면 바로 서태지와 아이들을 들 수 있다. 그들이 대한민국 가요사에 남긴 큰 발자취에 대한 구체적인 이야기는 차치하더라도, 그들은 분명 대한민국이 낳은 위대한 그룹이다. 이러한 위대한 그룹이 실패를 두려워하여 도전하지 않고 계속해서 주저했다면 어떻게 되었을까? 그들은 실패를 두려워하지 않았다. 그래서 도전할 수 있었다. 그들의 첫 데뷔 무대에서 심사위원들의 평가는 어땠을까?

"랩을 하다 보니까, 멜로디 라인은 다른 곡보다 훨씬 신경을 안 쓴 거 같다."

"동작 때문에 노래가 묻혔다."

"새로운 형식의 음악인데, 내용이 새롭지 않다."

줄줄이 나오는 것은 악평밖에 없었고, 평점 역시 7.8점으로 최하의 점수였다. 이러한 실패의 경험을 디딘 직후, 그들의 앨범은 대성공으로 이어져 날개 돋친 듯 팔려나갔고, 각종 순위 프로그램들에서 우승을 했다.

이렇게 실패를 통해 더 큰 성공을 이룩한 사람들은 우리나라 밖에도 수도 없이 많다. 전설의 팝 스타인 엘비스 프레슬리도 역시 실패를 경험한 사람 중에 한 명이다. 그는 별로 내세울 것이 없는 삶을 살았고, 인생이 잘 풀리지 않아서 트럭 운전을 하며 살았다. 그는 주 멤피스의 빈민가에 살았다. 하지만 가수가 되고자 하는 새로운 꿈을 갖고 음반 회사를 찾아갔다. 하지만 그에게 돌아오는 것은 가혹한 혹평과 거절뿐이었다.

"이보게, 젊은 친구! 여기저기 들쑤시지 말고 돌아가서 다시 트럭 운전이나 하지그래."

이러한 말을 듣는 것을 두려워해서는 안 되는 이유가 혹평을 들었던 사람들이 나중에는 크게 성공하는 경우가 많기 때문이다. 세계에서 가장 영향력 있는 여성 100명에 언제나 선정되는 토크쇼의 여왕 오프라 윈프리도 이러한 혹평을 듣는 실패를 어김없이 경험했던 사람 중에 한 명이다.

그는 첫 직장에서 방송 일을 하다가 보기 좋게 잘리고 만다. 그것도 다음과 같은 악평을 듣기까지 하면서 말이다.

"당신의 얼굴과 피부색은 방송하고 어울리지 않습니다."

세계적인 베스트셀러가 된 안네 프랑크(Anne Frank)의《안네의 일기》가 출판사로부터 출판을 거절당하면서 들은 말도 가차 없었다.

"나는 이 소녀가 특별한 이해력이나 호기심 차원 이상으로 그 책을 읽게 하는 감성을 가지고 있지 않다고 생각한다."

조지 오웰(George Orwell)이라는 필명으로 더 잘 알려진 에릭 아서 블레어(Eric Arthur Blair)의 대표작인《동물 농장(Animal Farm)》도 역시 출판사로부터 거절당한 소설이다.

"미국에서 동물 이야기를 판다는 것은 불가능하다."

이뿐만이 아니다. 최근에도 이러한 경우, 즉 실패했음에도 불구하고 그것이 실패나 시련이 아니라 더 나은 성공의 토대가 되어준 경우는 굉장히 많다. 다시 말해 실패야말로 그 무엇과도 바꿀 수 없는 위대한 스승이며 성공의 발판인 셈이다.

인생의 초반에 큰 실패와 시련을 겪었던 한 여인이 있다. 그는 남편과 이혼했으며, 수중에 가진 돈은 하나도 없었고, 어린아이가 있었다. 결혼에 실패했고 변변한 직장도 없었다. 생후 4개월 된 딸과 함께 초라한 방 한 칸에서 2년여 동안 생활 보조금으로 연명하며 살았다. 일자리가 없어 그는 인생의 가장 밑바닥을 경험하며 살았다. 혼자서 아이를 양육해야 했던 가난한 싱글 맘이었던 그는 나중에는 정부 생활 보조금마저 끊어져 아기에게 우유 대신 맹물을 먹여야 했고, 설상가상으로 우울증이 생기기도 했다. 그로 인해 자살 충동도 많이 겪었다. 가장 힘든 것은 사랑하는 아이에게 먹일 분유도 살 돈이 없는 서글픈 현실이었다.

"이렇게 살면 뭐해, 차라리 죽어버리는 게 더 나을지도 몰라."

그는 아무 희망도 없었고, 절망의 깊은 나락 속으로 자꾸 빠져 들어갔던 것이다. 그래서 자신의 인생을 여기서 그만두고 싶었다.

"그래, 이제는 정말 지겨워. 죽자, 죽어버리는 거야."

그가 자살을 결심하고 실행에 옮기려고 한 그 순간, 아이의 얼굴을 보자마자 어쨌든 악착같이 살아야겠다는 의연함과 비장함이 다시 생겨났다. 실패와 시련까지도 비로소 온몸으로 품을 수 있게 되었던 것이다. 인생의 가장 밑바닥을 처절하게 경험하며 인생의 실패와 시련을 온몸으로 겪었지만 그는 이런 것들을 더 이상 두려워하지 않을 수 있는 사람이 되었다.

"이미 모든 것을 잃었는데, 더 이상 잃을 게 없는데 뭘 두려워하겠어. 이제 정말 하고 싶은 것을 하는 거야."

최악의 밑바닥 인생조차 두려워하지 않게 되었을 때, 그에게 새롭게 도전할 용기와 에너지가 나왔다. 그는 자신이 할 수 있는 일이란 것이 오직 글 쓰는 일뿐이라는 사실을 알게 되었다. 그는 아이들이 읽는 동화책을 쓰기로 결심하고 실행에 옮겼다. 그 결과 초유의 대성공을 거두고 모든 작가들의 선망의 대상이 되며 영국에서 2002년 최고 여성 소득자의 자리에 올랐다. 바로 이 여성이 세계적인 베스트셀러인 '해리포터 시리즈'의 작가인 조앤 K. 롤링이다. 그가 순탄하게 해리포터 시리즈로 큰 성공을 한 것은 아니다. 그도 처음에는 실패를 했고, 거의 대부분의 출판사로부터 출간을 거절당했다.

"돈을 벌려면 아이들이나 읽을 책은 쓰지 마세요. 이런 동화로 어떻게 돈을 벌겠어요."

"이건 말도 안 되는 허황된 원고입니다. 도저히 출판할 수 없습니다."

"누가 이 책을 읽겠습니까? 너무나 진부할 뿐만 아니라 색다른 것도 없는 것 같습니다."

이런 혹평과 거절의 말을 들으면서 여러 차례 실패를 맛보아야만 했다는 사실을 우리는 또한 명심해야 할 것이다. 1997년 수많은 실패를 극복하여 겨우 2,500파운드를 받고 출간한 책은 200여 나라에 번역·출간되었고 3억 7,500만 부 이상이 팔리게 되었다. 그의 재산은 1조원을 훨씬 넘었다. 1997년 한 해 동안에만 매일 약 10억 원씩을 벌었다고 한다. 즉 일당이 10억 원이었던 셈이다.

만약에 그가 실패 몇 번으로 그 원고를 불태워버렸다면 어떻게 되었을까? 만약에 아기를 굶게 하면서까지 글을 쓰지 않았다면 지금의 그가 존재할 수 있었을까? 이처럼 성공하기 위해서 실패는 반드시 극복해야 할 관문에 불과한 것이다. 이러한 것들을 두려워하면 아무것도 할 수가 없게 된다. 시도하지 않으면 그 어떤 것도 우리는 해낼 수 없게 된다. 그렇기 때문에 실패와 시련도 기꺼이 받아들이고 두려워하지 않을 수 있는 의연함과 담대함과 비범함을 갖춘 사람이 크게 성공할 수 있다. 의연함과 담대함과 비범함은 그냥 생겨나는 것이 아니다. 세상에 공짜는 없다. 자신의 사고와 생각을 키워야 이러한 것들이 생겨난다. 자신의 사고와 생각을 키우기 위해서 가장 필요한 것은 자신을 넘어서는 공부를 하는 것이다.

실패와 시련을 두려워하지 않고 즐겨야 하는 또 다른 이유는, 해리포터 시리즈와 같은 성공의 원고를 가지고 있으면서도 겨우 몇 번의 실패로 인해 그 원고를 불태워버리는 사람들이 너무나 많기 때문이다. 이 세상에서 평범한 삶을 살아가고 있는 대부분의 사람들이 자신의 인생의 원고를 불태워버리고 조용한 절망의 삶을 살아가고 있다. 지금이라도 그 원고를 자신의 내면 깊숙한 곳에서부터 끄집어내어 다시 도전해보자. 인생 40이면 이제 청춘인 셈이다. 이제부터가 진짜 인생인 셈이다.

그는 이 점에 대해서 분명하게 말해준다. 2008년 6월 5일 하버드 대학교의 졸업식 축하 강연에서 자신의 인생 초반기에 경험한 실패가 인생 후반기에 대성공을 이룬 밑거름이 되었음을 밝혔다. 그는 인생의 초반기에 결혼에 실패하고, 직장도 구하지 못해 2년 동안 연금을 받으며 생활하던 그 시절의 교훈과 경험 덕에 스스로를 기만하는 것을 그만두고, 자신의 모든 에너지를 가장 중요한 일에 쏟을 수 있었다고 말한다. 즉 실패했기 때문에 지금과 같은 큰 성공을 할 수 있었다고 말하는 것과 다름이 없다. 그는 자신의 실패가 자신의 삶에서 성공에 불필요한 것들을 제거해준 고마운 존재였다고 말하였다.

그렇기 때문에 실패는 실패일 뿐 그 이상의 어떤 의미도 아니며, 그것을 받아들이고 바라보는 우리의 시각에 의해서 그것이 성공으로 올라가는 사다리가 될 것인지, 아니면 더 큰 실패로 이어지는 낭떠러지가 될 것인지가 결정된다. 그렇기 때문에 실패를 두려운 존재로 바라보는 사람과 실패를 충분히 극복하고 이겨낼 수 있는 존재로 바라보는 사람은 분명한 차이가 있고, 그 차이는 종국에는 성공과 실패를 결정짓는 중요한 요소로 작용하게 된다.

실패를 통해 우리는 참된 자아를 만나게 되고 성숙해질 수 있고 지혜를 얻을 수 있지만, 성공을 통해서는 돈과 명예와 인기와 권력만 얻는 것이 아니라 자만과 교만과 허영까지도 얻을 수 있다. 실패가 가져다주는 교훈을 잘 분석하면 성공을 통해 얻게 되는 것보다 더 큰 정보와 지혜를 얻을 수 있다. 그리고 실패는 무엇보다 성공으로 가기 위한 올바른 방향을 제시해주는 이정표와 같은 것이다.

그런 점에서 실패는 우리에게 매우 유익한 것이다. 이러한 점을 링컨도 너무나 잘 알고 있었다.

"제가 존경받는 사람이 될 수 있었던 것은 제가 다른 사람보다 더욱 많은 실패를 경험했기 때문입니다."

그의 말처럼 실패는 사람을 절망에 빠지게도 하지만 성장시키기도 한다. 잔잔한 바다에서는 좋은 뱃사공이 만들어지지 않듯이, 좋은 날씨에는 나무들이 뿌리를 깊게 박지 않듯이, 폭풍과 나쁜 날씨와 같은 인생의 실패와 시련이 우리로 하여금 좋은 뱃사공이 되게 하며, 인생의 뿌리를 깊게 내리게 하는 것이다.

실패를 두려워하지 않아야만 하는 이유는 실패에 대한 두려움이 우리를 사로잡아 성공을 가로막는 걸림돌이 될 수 있기 때문이다. 즉 '실패하면 어떻게 하지', '실패하는 것이 너무 두려워', '제발 실패하지 말자'라고 생각하는 것은 바로 실패를 두려워하는 것이고, 이러한 생각을 하면 반드시 실패하게 된다. 두려운 생각이 모든 능력과 잠재력을 꽁꽁 묶어놓기 때문이다. 그리고 우리의 의식보다 더 큰 능력을 발휘하는 무의식이 알게 모르게 그러한 실패에 초점을 맞추기 때문에 더욱더 그렇다. 그래서 무엇을 할 때 '넘어지면 안 되는데' 하는 데 초점을 맞추게 되면 꼭 넘어지고 마는 것이다.

의식하지 않고 즐길 때 우리는 가장 큰 성공을 할 수 있고, 무엇이든 가장 잘할 수 있다. 실패를 두려워하지 않고 '실패'를 기꺼이 무릅쓰는 사람들이 대부분 성공하게 되는 이유가 바로 이것이다.

실패는 매우 유익한 것이 많다. 실패는 우리에게 돈과 명예보다 더 귀한 지혜와 겸손을 가르쳐준다. 이것은 학교에서도 책에서도 직접 배울 수 없지만, 실패를 통해서는 직접 배울 수 있다. 그것도 뼈저리게 온몸으로 배울 수 있다. 그래서 인생에서 꼭 해봐야 하는 것은 어쩌면 화려한 성공이 아니라, 가슴 아프며 쓰라린 실패라는 사실을 명심하자. 실패만큼 우리가 인생에 대해서, 자신에 대해서 크게 배울 수 있는 기회는 흔하지 않다. 이런 점에서 IBM의 CEO인 토마스 왓슨이 "만약 당신이 성공하기를 원한다면 상상조차 할 수 없는 실패를 맛보아야만 합니다."라고 말한 이유를 미루어 짐작할 수 있다. 오래전 중국의 노자도 실패에 대해 다음과 같이 말한 바 있다.

"실패란 성공의 기반을 이룬다. 그리고 성취의 의미를 이룬다."

그의 말처럼 우리가 뼈저리게 겪었고 피하고만 싶었던 수많은 실패의 경험과 아픔이 큰 성공의 초석이 된다는 사실을 우리가 안다면, 더 이상 실패를 두려워하지 않고 그것을 기꺼이 즐기고자 하는 의연한 사람으로 성장할 수 있다. 성공하기를 원한다면 많은 실패를 기꺼이 경험하는 것을 꺼려해서도, 피해서도 안 된다. 많은 실패들은 우리로 하여금 인생을 배울 수 있게 해주고 지혜롭게 해주고 겸손하게 해주며 나중에 얻게 될 성공을 오래 유지시켜주는 법과 함께 올바른 성공을 할 수 있는 법을 배울 수 있게 해준다. 그래서 우리가 실패를 하면 할수록 성공에 더 가까이 다가가고 있음을 깨달아야 한다.

인생에서 실패와 시련과 역경과 가혹한 환경만큼 사람을 성장시키는 것은 없다. 그리고 그것들로 인해 우리는 하늘을 날 수 있는 지혜와 어떠한 고난도 극복해낼 수 있는 인내와 어떤 상황에서도 교만해지지 않을 수 있는 겸손을 몸소 익힐 수 있다. 그러므로 실패와 시련은 우리 인생에서 축복이다. 그러므로 오롯이 즐길 수 있고 두려워하지 않는 의연함을 인생 40에 갖추어야 한다.

《카오스의 법칙》과 《혼돈으로부터의 질서(Order Out Of Chaos)》의 저자이기도 한 러시아 화학자이자 사상가인 일리야 프리고진(1917~2003)은 1977년 비평형 열역학, 특히 소산 구조 이론으로 노벨 화학상을 수상하기도 했다. 그가 주창한 이론은 한마디로 복잡계 이론이다. 복잡계의 과학은 바로 비평형 상태에서 일어나는 비가역적, 비선형적 변화를 설명하기 위한 새로운 방향의 과학 흐름 중 하나이다. 비평형 상태인 미시적 요동의 결과로 무질서하게 흐트러져 있는 주위에서 에너지를 흡수하여 엔트로피(혼돈)를 감소시키면서 거시적으로 안정한 새로운 구조가 출현할 수 있음을 밝히는 과학이다. 그는 이때 나타나는 안정적 구조를 '소산 구조'라고 하였다.

그의 이론에 근거하여 다른 체계, 즉 생물학적인 체계뿐 아니라 감정 체계에까지 확산시켜도 그대로 적용이 된다. 즉 누군가가 실패와 시련을 당하면 그 사람은 소산 구조 이론에서 말하는 변형의 기원이 일어나게 되는 중요한 시점, 다시 말해 가장 비평형 상태인 분기점에 도달하게 된다. 이런 상황에서 그 사람은 이전보다 더 안정되고 좋은 상태의 사람으로 다시 태어날 수 있다고 말할 수 있다. 이러한 사례는 또 다른 비유로 쉽게 설명이 가능하다. 한번 부러진 뼈는 가장 비평형 상태를 경험하게 되지만 주위의 에너지를 모두 흡수하여 새로운 안정된 구조로 변화되어 완치되고 나면 그 자리에는 다시는 골절상을 입는 일이 불가능하게 될 정도로 그 이전보다 더 강하고 안정된 구조의 뼈가 생겨난다. 실패와 시련도 인생이라는 뼈가 부러진 것과 동일하다. 이 뼈를 다시 잘 붙이게 되어 완치가 되면 그러한 종류의 실패와 시련에는 더 이상 흔들리지 않는 강한 인생이 되는 것이다.

인생에서 우리가 경험하는 실패와 시련은 마치 태풍이나 허리케인과 비슷한 특성을 보여준다. 태풍이 오고 허리케인이 발생하면 자연에게는 엄청난 시련과 역경의 순간이지만 결과적으로 땅을 비옥하게 해주고, 공기 중의 오염 물질을 모두 쓸어버려 공기를 정화시켜주는 역할을 하여 태풍과 허리케인이 오기 전보다 더 맑고 비옥한 자연이 된다. 비옥한 환경과 풍부한 물질자원이 있는 나라가 성공하지 않고, 척박한 땅의 나라들이 더 많이 발전하고 성장하는 것 또한 이 이론으로 설명이 가능하다. 인류의 문명이 비옥한 환경에서 발생한 것이 아니라 도전과 역경, 가혹한 환경의 시대적, 지리적 장소에서 발생했다고 주장하는 유명한 역사학자인 아놀드 토인비의 주장도 이와 일맥상통하다. 그는 말한다. 문명은 좋은 환경에서 발생한 것이 아니라, 도전(역경)과 응전(극복)의 과정에서 탄생하였으며, 문명을 발달시키는 힘은 역경을 극복하기 위한 도전이었다고 한다.

그 예로 이집트 나일 강에서 이집트의 뛰어난 태양력, 기하학, 건축술, 천문학의 발전이 가능했던 것은 나일 강의 범람이라는 시련과 역경에 인류가 굴복하지 않고 도전했기 때문이라고 예를 든다. 그렇기 때문에 실패와 시련은 우리에게 또 다른 도전 기회라는 점을 명심하자.

40대에 공부하는 사람에게는 성공과 실패는 종이 한 장 차이에 불과하다

 성공과 실패는 사실상 맞물려 있다고 할 수 있다. 그래서 실패를 많이 한 사람은 결국 성공을 많이 한 사람이기도 하고, 성공을 많이 한 사람은 또 다른 말로 실패를 많이 한 사람에 불과하다. 그렇기 때문에 성공과 실패는 종이 한 장 차이에 불과하다. 이 말은 인생의 산전수전을 한 번쯤 다 겪어본 인생 40대에게는 더욱더 잘 들어맞는 말이다.

 왜냐하면 인생 40대에게는 그 어떠한 성공도 완전한 성공이 아니며, 그 어떠한 실패도 완전한 실패가 아닌 중간 지점에 머물러 있는 10년이기 때문이다. 참된 성공은 50대와 60대, 70대를 봐야 알 수 있고 그때 인생이 완성되듯, 성공과 실패도 완성되기 때문이다. 그래서 40대에게는 성공도 성공이라고 할 수 없고, 실패도 실패라고 할 수 없다. 그렇기 때문에 이러한 차이는 종이 한 장 차이라고밖에 말할 수 없다.

　오히려 더 많은 성공보다 더 많은 실패가 우리를 단련시키고 성장시킨다는 사실을 믿는다. 결국 수많은 실패는 더 큰 성공으로 이어진다.

　우리는 그토록 인생에서 성공을 하기 위해 온몸을 불사르며 앞으로 달려 나가고 있다. 하지만 성공보다는 실패가 우리를 향해 두 팔 벌리며 맞이할 때가 너무나 많다. 우리는 원하던 성공이 아닌 실패를 경험할 때 쉽게 좌절과 포기를 하게 된다. 하지만 실패라는 것의 속성과 유익함을 알게 되면 실패를 통해 좌절과 포기를 배우는 사람이 아닌, 실패를 통해 겸손과 지혜와 인생을 배우는 사람으로 변할 수 있다.

　성공은 우리로 하여금 넓은 하늘을 비상할 수 있도록 해준다. 그래서 모두가 성공을 갈망하고 있다. 하지만 성공만큼, 아니 성공을 통해 우리가 도저히 비상할 수 없는 영역까지도 실패는 우리를 비상할 수 있도록 해준다는 사실을 알아야 한다. 그것은 성공보다 실패가 우리 인생에 깊이와 넓이를 더 확장시켜주기 때문이다. 그래서 실패를 하지 않고 성공만 한 사람은 인생의 깊이와 넓이가 그다지 크지 않기 때문에, 비상을 할 수는 있지만 동물원에 있는 작은 우리 안에서의 비상에 불과하다. 그래서 높지 않고 넓지 않다. 인간은 누구에게나 자신만의 우리를 가지고 있다. 그것이 바로 자신의 한계라고 할 수 있다. 우리는 모두 한계라는 우리를 가지고 있고, 아무리 성공을 한다 해도 우리 안에서만 날 수 있기 때문이다.

　성공은 우리의 높이와 넓이, 깊이를 확장시켜줄 수 없다. 그것이 성공의 한계점이다. 우리의 높이와 넓이, 깊이를 무한정으로 확장시켜줄 수 있는 것은 바로 뼈아프게 경험한 실패이다. 그래서 미국의 나사(NASA)는 우주 비행사를 선발할 때, 반드시 인생에서 큰 실수와 실패를 경험한 적이 있는 사람만을 선발하는 것이다. 인생에서 한 번도 큰 실패를 해보지 않은 사람은 아무리 비상을 해도 비상을 할 수 있는 하늘이 크지 않기 때문이다. 큰 실패를 경험한 후 다시 일어선 사람들이 성공만 한 사람보다 훨씬 더 강하고 더 위대한 사람이라는 사실을 나사는 잘 알고 있다. 그래서 절체절명의 위기의 순간에 수많은 실패를 몸소 경험한 사람과 그렇지 않은 사람과는 큰 차이가 발생할 가능성이 높다. 실패 경험이 많은 사람은 큰 어려움에 직면한다 해도 쉽게 당황하거나 혼란스러워 하지 않기 때문에 임무를 성공적으로 완수해낼 가능성이 높은 반면, 실패 경험이 부족한 사람은 큰 어려움에 직면하게 되면 중심을 잃고 흔들릴 수 있는 가능성이 매우 높다.

우리를 거인으로 만드는 것은 성공이 아니라 바로 실패이다. 그래서 실패는 위대한 인생을 살았던 모든 사람들에게 반드시 존재한다. 그 실패가 그 사람으로 하여금 거인으로 성장할 수 있도록 해준 원동력이기 때문이다. 인간도 실패가 없다면 나비가 되지 못한 누에고치처럼 하늘을 날지 못하는 나비가 될 수 있다. 수많은 실패와 시련을 통해 누에고치는 비로소 하늘을 날 수 있는 멋진 나비가 되지만, 그 실패와 시련을 중도에 포기하거나 혹은 실패와 시련을 경험하지 못하는 현실이 되면 불행하게도 누에고치는 하늘을 마음껏 날아다닐 수 없는 나비가 될 수밖에 없다.

고치에서 나오려고 하는 나비는 수많은 시도를 통해 수많은 실패를 경험하게 된다. 고치에 뚫린 구멍이라는 현실은 너무나 좁고 나비는 그 구명에 비해 덩치는 크기 때문에, 나비로 완전히 탈바꿈되어 고치의 구멍을 쉽게 한 번에 성공하여 뚫고 나오지 못한다. 하지만 수많은 실패를 통해 나비들은 결국에는 누에 구멍에서 탈출하는 데 성공하게 된다. 그 수많은 시도와 실패를 통해 나비들은 하늘을 마음껏 날 수 있는 튼튼한 날개와 어깨 근육을 만든다는 사실을 우리는 알아야 한다. 어느 과학자가 누에에서 빠져나오려고 하는 나비를 위해 구멍을 가위로 크게 넓혀준 적이 있다. 그 결과 나비는 수많은 실패를 경험하지 않게 되었고 실패 없이 쉽게 성공할 수 있었다. 하지만 그 성공은 진짜 성공이 아니라 너무나 불행한 성공이 되었다. 왜냐하면 과학자가 그 구멍을 가위로 넓혀주었기 때문에 나비는 수많은 실패와 시도를 하지 않아도 쉽게 고치에서 탈출을 성공하게 되었지만, 그 덕분에 하늘을 마음껏 날 수 있는 튼튼한 어깨 근육과 멋진 날개를 만들 기회를 동시에 박탈당한 꼴이 되었기 때문이다.

고치를 빠져 나오려는 나비에게 좁은 구멍은 나비 스스로 수많은 실패를 경험하게 만들고, 그 실패를 통해 어깨 근육이 형성되고, 튼튼한 멋진 날개가 만들어지는 귀한 기회인, 이러한 기회를 경험하지 못하고, 쉽게 누에 구멍에서 탈출에 성공한 나비는 평생 땅바닥에서 만들어지다 만 날개를 푸드덕거리며, 살아야 한다.

우리 인생도 이와 같다. 실패는 우리에게 튼튼한 어깨 근육과 하늘을 날 수 있는 멋진 날개를 만들어주는 황금 같은 기회인 셈이다. 수많은 실패 경험은 우리에게 너무나 큰 거인으로 성장시켜주는 절호의 기회인 셈이다. 그래서 실패와 성공은 매우 다른 것이 아니라 밀접하게 연관이 되어 있다. 종이를 뒤집으면 실패가 성공이 되듯 종이 한 장 차이라고 말할 수 있는 것이다.

실패를 많이 할수록 인생의 내공이 쌓이고, 보다 더 넓은 하늘을 마음껏 날 수 있는 어깨 근육과 날개가 만들어진다. 마마보이처럼 키운 자식이 위대한 사람이 절대로 될 수 없는 이유가 바로 성장할 수 있는 귀한 기회를 상실하게 되기 때문이다. 실패는 귀한 성장 기회이며 인생을 배울 수 있는 공부이다. 실패를 통해 우리가 얼마나 많은 값진 것들을 배울 수 있는지를 생각해보면, 성공보다 실패를 더 좋아하게 된다. 우리가 기억해야 할 것은 실패는 성공과 종이 한 장 차이 정도로 차이가 매우 적다는 점이다.

"처음부터 잘되는 일은 아무것도 없다. 실패, 또 실패, 반복되는 실패는 성공으로 가는 길의 이정표다. 당신이 실패하지 않을 수 있는 유일한 길은 당신이 아무런 시도도 하지 않는 것이다. 사람들은 실패하면서 성공을 향해 나간다."

위와 같이 찰스 F. 키틀링이 말했고, 로버트 H. 슐러는 다음과 같이 말했다.

"실패는 당신이 아무것도 성취하지 못했다는 걸 의미하지 않는다. 당신이 무엇인가 새로 배웠음을 의미할 뿐이다."

이처럼 실패는 성공으로 가는 길의 이정표이며, 무엇인가를 새로 배웠음을 의미하는 것이다. 헨리 포드도 말했다.

"실패를 두려워하는 사람은 자기 스스로 손발을 묶어놓은 것과 똑같다. 실패를 두려워하지 마라. 실패란 이전보다 훨씬 풍부한 지식으로 다시 일을 시작하게 만드는 기회의 또 다른 이름일 뿐이다."

역사학자 아놀드 J. 토인비는 한 대목에서 성공한 창조자는 다음 단계에서 또다시 창조자가 되기 어렵다고 말했다. 왜냐하면 이전에 성공한 일 자체가 커다란 핸디캡이 되기 때문이다. 즉 성공하게 되면 성공에 도취되어 그다음에는 실패를 하게 되고, 실패를 하게 되면 마음과 각오를 다잡아 그다음에는 성공을 하게 된다는 것이 이치이다. 그래서 성공과 실패는 종이 한 장을 넘길 때마다 번갈아 맞이하게 되는 종이 한 장 차이라고 말할 수 있다. 우리에게 필요한 것은 성공이 연속된다 해도 자만하지 않는 겸손이며, 또 실패가 연속된다 해도 좌절하지 않는 용기이다. 그렇게 할 수 있는 원동력은 성공도, 실패도 겨우 종이 한 장 차이밖에 나지 않는 것이라는 마음가짐이다.

성공과 실패가 종이 한 장 차이라고 생각해야 하는 또 다른 이유는 그러한 생각이 우리로 하여금 아무리 많이 실패해도 다시 일어설 힘을 주기 때문이다. 아무리 화살을 잘 쏜다고 해도 쏘지 않은 화살은 100% 불발일 수밖에 없다. 그러므로 화살을 쏘는 것이 중요하며, 다시 일어서서 도전하는 것이 중요하다.

《백만장자 코드》의 작가인 유명한 동기부여가 브라이언 트레이시는 자신의 저서를 통해 최고의 인생을 살게 하는 12가지 성공 법칙을 밝히고 있다. 그중에서 성공과 실패에 대해 다음과 같이 말한 바 있다.

"빨리 성공하고 크게 성공하고 싶다면 더 많이, 더 빨리 실패를 해야 한다. 성공과 실패는 이름만 다를 뿐 비슷한 것이기 때문이다."

40대 공부로 자신만이 할 수 있는 일, 가슴이 시키는 일을 하라

 미국의 정신적 지도자인 마틴 루터 킹은 '목숨을 걸 만한 일을 발견하지 못한 사람은 살 자격이 없다'라고까지 말했다. 과연 이 말의 숨의 뜻은 무엇일까? 그것은 바로 인생을 낭비하지 말라는 것이다. 그리고 자기 자신만이 할 수 있는 일, 자신의 목숨을 걸 만한 가치 있는 일을 발견하여 그 일을 하는 사람이 되어야 한다는 사실을 주장하고 있다.

 20대의 삶은 어떻게 보면 그 어떠한 경험도 해보지 않았기 때문에 매우 다양한 경험을 해보는 것이 삶에 매우 유익할 수 있다. 그래야 풍부한 경험을 토대로 하여 자신이 진정 목숨을 걸고 자기 자신만이 할 수 있는 일을 발견하고 해나갈 수 있게 되기 때문이다.

 이런 경우를 잘 말해주고 있는 사람 중에 최근의 인물로서 2002년 노벨 생리의학상을 수상한 로버트 호비츠 MIT 교수를 들 수 있다. 그는 자신이 노벨상을 타게 된 것은 단지 가슴이 시키는 일을 다행스럽게 발견하고, 그 일을 했기 때문이라고 말한다.

"노벨상은 목표가 아닌 부산물일 뿐이다. 가슴이 시키는 대로 인생을 살아가는 과정에서 받게 된 선물이라고 할 수 있다. 내 전공은 단지 이론수학과 경제학이었다. 그런데 4학년 때 우연히 듣게 된 생물학 강의가 내 인생을 바꾸어놓았다. 그 당시만 해도 내가 성공할 수 있을지 확신은 없었지만, 나는 전공을 바꾸는 것을 전혀 두려워하지 않았다. 왜냐하면 나의 내면 속 깊숙한 곳, 가슴이 그 일을 시켰기 때문이다. 그래서 가슴이 시킨 일을 했고, 그 결과 노벨상까지 받을 수 있었던 것이다."

유명한 영국의 비평가이며 역사가인 토머스 칼라일(Thomas Carlyle)은 자기 자신만이 할 수 있는 자신의 일을 발견한 사람은 행복한 사람이라고 말한다.

"자신의 일을 발견한 사람은 이미 대단한 은총을 받은 사람이다. 그는 더 이상의 욕심을 내어서는 안 된다. 아무리 사소한 일일지라도 거기에 열중하는 순간, 영혼은 순식간에 조화로운 경지에 다다르게 되는 것이다."

자기 자신이 하면 남보다 빠르게 할 수 있는 일이 무엇인가? 아무리 해도 지겹지 않은 일이 있는 가? 즐겁게 할 수 있는 일이 무엇인가? 하고 있으면 시간 가는 줄 모르고, 오롯이 그 일에 집중할 수 있는 그러한 일이 무엇인가? 남들보다 내가 잘할 수 있는 일이 무엇인가? 이러한 질문들 중에 정확히 대답을 할 수 있는 일이 떠오른다면, 그것이 아마도 자신의 일일 것이다.

다른 것은 남들도 할 수 있는 일이고 남들이 하는 일이다. 하지만 자신의 일은 자기 자신만이 탁월하게 해낼 수 있는 유일한 일이다. 바로 그 일을 하라. 그렇게 하면 반드시 놀라운 인생이 펼쳐지게 될 것이다.

자신의 일을 발견하여 자신의 일을 하였기에 놀라운 인생을 살다 간 사람 중에 한 명이 바로 르네상스 시대의 이탈리아를 대표하는 천재적 화가이자 과학자, 사상가이기도 했던 레오나르도 다빈치(Leonardo da Vinci)이다. 그는 다음과 같은 말을 자신의 캔버스에 남겼다.

> "인생은 아주 단순하다.
> 당신이 할 일을 해라.
> 대부분은 실패할 것이다. 일부는 성공할 것이다.
> 되는 일을 더 열심히 해라.
> 그 일이 잘된다면 다른 사람이 재빠르게 따라 할 것이다.
> 그러면 당신은 다른 일을 해라.
>
> 비결은 '특별한 어떤 일'을 하는 것이다."

그가 남긴 위대한 메모처럼 그는 자기 자신만이 할 수 있는 일을 발견하여, 하는 일에 매진했다. 그 덕분에 그는 뛰어난 화가가 될 수 있었고, 뛰어난 과학자가 될 수 있었고, 뛰어난 기술자가 될 수 있었다. 자신만이 할 수 있는 일을 하기 위해 그는 남과 다른 길을 선택하여 그 길을 갔음을 알 수 있다. 그는 사람과 동물의 해부도를 평생 동안 끊임없이 그렸다. 그리고 오늘날의 낙하산, 비행기, 전차, 잠수함, 습도계, 증기기관에 해당하는 그림을 그렸다. 세기의 명작이라고 할 수 있는 '모나리자', '최후의 만찬' 등과 같은 작품도 그렸다.

그가 남긴 업적은 상상을 초월한다. 이러한 그의 놀라운 업적과 인생은 오직 한 가지, 바로 '자신의 일'을 발견하고 해나갔기 때문이다. 재능이나 능력, 열정은 자신의 일을 발견한 사람에게 따라온다는 사실을 보여주었다.

이처럼 자기 자신만이 할 수 있는 일은 하는 것은 매우 중요하다. 특히 인생의 다양한 경험을 해본 40대들은 반드시 그렇게 해야 한다. 그것이 단순한 인생에서 자신을 넘어서는 최대의 방법이기 때문이다.

《카네기 인간관계론》이라는 책을 쓴 작가인 데일 카네기는 이 책을 통해 공전의 히트를 기록하는 대성공을 거두었다. 지금까지도 그는 성공학과 처세술의 대가로 평가받고 있다. 그가 이렇게 큰 성공을 거두게 된 것은 바로 자기 자신만이 할 수 있는 일, 남들보다 더 잘할 수 있는 일을 발견하고, 그것을 했기 때문이다.

이러한 사실은 그의 삶을 통해 분명하게 알 수 있다. 먼저 그의 외모는 낙제점이다. 외모도 경쟁력인 시대에(비록 그는 조금 이전 시대의 사람이지만, 외모는 시대를 막론하고 중요한 경쟁력이다) 그는 덧니를 가지고 있었고, 말투도 어눌했으며, 큰 귀와 근시를 가지고 있었고, 투박한 사투리를 쓰는 세련되지 못한 사람이었다. 그는 자신만이 잘할 수 있는 특별한 어떤 일을 처음에는 발견하지 못하여, 매우 많은 실패를 하게 되었다. 하지만 결국에는 자신만이 할 수 있는 일을 발견하여 대성공을 거두게 된다.

그는 처음에는 교사가 되고자 했다. 하지만 졸업시험에서 보기 좋게 낙제를 하여 졸업을 못하게 되었고 결국 교사가 되고자 하는 길을 멈추어야 했다. 그 후에는 통신 교재를 판매하는 영업을 했지만 결국에는 잘하지 못하고 실패하였다. 배우를 하기 위해 시도했지만 이것 역시 실패하였다. 자동차 판매에 도전한 것도 실패로 끝났다. 그는 소설을 쓰기로 결심하고 작품을 완성했지만 출간도 못 한 채 그것 역시 실패로 끝나게 되었다.

결국 카네기는 자신이 남들보다 잘할 수 있는 유일한 일인 대중을 대상으로 하는 강연을 20년 동안 꾸준히 하게 되었고, 마침내 성공을 거두었다. 그의 감동적인 강연을 들은 출판사 편집자는 그의 강의 내용을 출간하기로 결심하여 더 큰 성공으로 이어지게 되었다. 이처럼 데일 카네기가 엄청난 성공을 하게 된 것은 바로 자신만이 할 수 있는 일, 자신에게 특별한 어떤 일을 제대로 발견하여, 그것에 매진하였기 때문인 것이다.

40대는 아직 늦지 않는 시기이다. 오히려 지금까지의 인생 경험이 성공의 토대가 되어주고, 판단의 기준이 되어주기 때문에, 자신만이 할 수 있는 특별한 어떤 일을 발견할 수 있는 시기이기도 한 것이다. 그러므로 자신만이 할 수 있는 일을 발견하고, 그 일을 하도록 하자.

40대 공부로 자신을 다시 어린아이처럼 가슴 뛰게 하는 일을 하라

CHAPTER

　시카고 대학의 한 연구팀이 매우 흥미로운 사실에 대하여 인터뷰하고, 조사를 한 적이 있다. 그것은 세계에서 가장 창의적인 사람들, 즉 노벨상 수상자를 비롯해서 각 분야에서 뛰어난 창의적 인재들 100명을 대상으로 하여 무엇이 그들로 하여금 성공을 하게 만들었고, 큰 업적을 성취하게 만들었느냐에 대한 것이었다.

　답은 아마도 그들의 타고난 천재성이나 재능, 지능지수, 창조성 등과 같은 것이라고 생각할 수 있다. 하지만 그들에게서 나온 답들 중에 가장 많은 사람들이 대답한 성공의 요인은 의외의 것이었다고 한다.

　그것은 바로 '자신을 어린아이처럼 가슴 뛰게 만드는 일, 자기 자신이 가장 하고 싶은 일, 좋아하는 일을 선택했던 것'이라고 한다. 그들은 대부분 '나는 평생 일한 적이 없다'라고 말한다고 한다. 자신의 가슴을 뛰게 하는 일이란 돈벌이를 위해 하기 싫은 것을 참으면서 하는 일이 아니라, 하면 할수록 기쁘고 즐겁고 가슴 뛰게 되는 그러한 놀이와 같은 것이라는 의미인 셈이다.

이 인터뷰의 사람들뿐만 아니라, 위대한 위인들이나 성공한 사람들을 살펴보면 거의 대부분이 이러한 생각을 가지고 있다는 사실을 발견하게 된다. 자신을 다시 어린아이처럼 만들 수 있는 그러한 일을 발견하고 그 일을 하는 사람은 진정 어린아이와 같이 행복하게 될 것이고, 어린아이들만이 가지고 있는 무한한 상상력과 엉뚱하고 기발한 생각과 어른들이 도저히 따라갈 수 없는 창의성이라는 능력을 다시 얻게 되는 것이다. 이것이 위대한 천재들과 평범한 사람들의 차이일 것이다.

장애인으로서의 삶을 살았지만, 수많은 사람들에게 희망과 용기를 심어준 헬렌 켈러 여사는 '앞을 보지 못하는 것이 슬픈 것이 아니라, 비전이 없는 것이 슬픈 것이다'라고 말했다. 그의 말처럼 정말 비참한 것은 어떠한 장애나 실패가 아니라 비전이 없는 삶일 것이다. 과연 보지도 못하고, 듣지도 못하고, 말하지도 못했던 그로 하여금 위대한 인생을 살 수 있게 만든 요인은 무엇이었을까?

그것은 바로 자신을 어린아이처럼 가슴 뛰게 하는 것을 경험하고 발견할 수 있었기 때문이라고 말할 수 있다. 그는 설리번 선생님을 통해 자신의 가슴을 뛰게 하는 경험을 할 수 있었고, 그 경험을 통해 책을 읽을 수 있게 되었으며 대학교에 입학하여 공부를 할 수 있게 되었다. 그로 하여금 가슴 뛰게 했던 일은 바로 공부였다. 이 세상의 그 무엇보다도 더 가슴 뛰게 했고, 영혼을 자유롭게 해준 것이 바로 공부였다. 억압되고 제한된 장애의 울타리에서 과감하게 벗어나 자유롭게 영혼이 뛰어놀 수 있게 해준 것이 바로 공부였다. 희망과 즐거움으로 영혼이 춤출 수 있게 해준 것이 바로 공부였다. 이러한 사실을 그의 자서전을 통해 알 수 있다.

"어느 날 설리번 선생님은 'w-a-t-e-r'이라는 모양이 물을 의미한다는 것을 가르쳐주려고 했지만, 아무 소용이 없었다. 우리는 장미꽃 향기에 이끌려 오솔길을 따라 우물가에 다다랐다. 선생님은 콸콸 쏟아지는 물 아래로 내 손을 가져갔다. 찬 물줄기가 한쪽 손에 쏟아지는 동안, 선생님은 다른 손에 'water'라는 단어를 처음에는 천천히, 그러고는 매우 빠르게 썼다. 나는 꼼짝 않고 서서 온 신경을 선생님의 손가락 움직임에 집중시켰다. 갑자기 나는 잃어버린 그 무엇을 되찾듯이, 안개 같은 의식을 깨달았다. 어쩐 일인지 언어의 신비가 나에게 드러났다. 그 순간 나는 'w-a-t-e-r'이 내 손에 쏟아지고 있는 차가운 그 무엇을 지칭하고 있음을 깨달았다. 이 살아 있는 단어가 나의 영혼을 깨우고, 빛과 희망과 즐거움을 주었으며, 영혼을 자유롭게 하였다."

만약에 그가 이렇게 감동적이고 자신을 가슴 뛰게 했던 환희의 순간을 경험하지 못했다면 지금처럼 존경받고, 모든 장애인들의 희망의 증거가 된 헬렌 켈러 여사는 탄생하지 않았을 것이라고 장담할 수 있다. 자신의 온몸으로 전율을 느낄 만큼 가슴 뛰게 하는 일을 경험하고, 그 일을 날마다 반복하며 단어를 익혔기 때문에 그는 위대한 삶을 살 수 있는 발판을 마련하게 되었던 것이다. 그는 그 일에 모든 에너지를 쏟아부을 수 있게 되었고, 그러한 가슴 뛰는 일로 인해 내면에 숨겨져 있던 천재성이 발휘되었으며 무한 잠재력이 깨어나게 되었던 것이다. 그 결과, 미국 역사상 최초로 학사 학위를 받은 시각·청각 장애인이 될 수 있었고, 무려 5개 국어를 구사할 수 있는 실력을 갖추게 되었다.

노벨상 수상자인 알렉산더 플레밍 역시 자신의 가슴을 뛰게 하는 일을 발견하였고, 그 일을 하였기 때문에 노벨상을 수상할 수 있었던 것이라고 말할 수 있다. 그는 자신이 하는 일이 너무나 가슴 벅차고 재미있었기 때문에 매일 동료들이 퇴근하는 시간보다 더 늦게까지 실험실에 남아서 일이 아닌 놀이를 했던 사람이다. 그의 동료들이 궁금해서 물어보면 그는 언제나 '사람들의 방해 없이 미생물과 즐겁게 놀고 있네'라고 대답했다고 한다. 그의 이러한 말을 통해 볼 때, 그가 얼마나 자신이 하는 일을 즐거워했으며 좋아했는지 명확히 알 수 있다. 만약에 그가 자신의 일을 진정으로 좋아하지 않았다면, 남들처럼 창문을 통해 날아온 먼지가 페니실린의 재료가 된다는 사실을 그냥 지나쳤을 것이다. 즉 그로 하여금 페니실린을 발견할 수 있게 해준 것은 자신의 가슴을 뛰게 만드는 일이었다.

우리가 성장하던 그 시절, 어린아이처럼 우리의 가슴을 뛰게 하는 일을 하고 있는가? 20대들은 이런 일이 무엇인지 경험이 없기 때문에 알 수가 없다. 그저 세상적으로 돈을 잘 벌 수 있는 직업에 초점을 맞추어 공부를 하고 살아가지만, 40대들은 진정 알고 있다. 자신을 어린아이 시절처럼 그렇게 가슴 뛰게 하는 일이 무엇인지 말이다.

우리는 자신을 다시 어린아이처럼 만들 필요가 있다. 첫 번째로 어린아이들은 포기가 무엇인지, 실패가 무엇인지 불가능이 무엇인지 모르기 때문에 수천 번 넘어져도 아침에 일어나면 또다시 걷기와 말하기를 시도

한다. 그리고 오늘 수천 번 넘어져도 내일 아침에 눈뜨자마자 또다시 걷기를 시도한다. 그리고 말하기를 시도한다. 그 결과 대부분의 아이들은 모두 걷게 되고, 말하게 된다. 사실 어린아이들은 위대한 승리자들이다. 그렇기 때문에 우리는 다시 어린아이처럼 되어야 한다. 두 번째로 어린아이만큼 창의성이 뛰어난 예술가적 기질을 가지고 있는 어른은 없기 때문이다. 이 사실을 피카소는 잘 말해주고 있다.

"모든 어린이는 예술가다. 문제는 어떻게 어른이 된 뒤에도 예술가로 남을 수 있는가이다."

그의 말대로, 어른이 된 뒤에도 어린아이의 상상력과 창의성을 회복할 수 있느냐 못 하느냐에 따라서 우리의 삶이 결정될 수 있다. 이런 이유로 위대한 성공을 한 사람들은 대부분 어린아이와 같은 천진난만한 성격을 가지고 있는 것이다. 특히 창의적인 발견과 상상력을 마음껏 활용해야 하는 예술 분야와 학문 분야에서 큰 업적을 성취한 사람들은 모두 어린아이와 닮은 점이 많다는 사실을 알 수 있다.

우리는 어른이 되면서부터 충분히 노력하지 않는 방법을 몸으로 익히게 되었다. 그래서 무엇을 하더라도 어른들은 대충하고 적당히 하도록 프로그램되어버렸다. 하지만 어린아이들은 무엇을 해도 전심전력을 다한다. 그 차이가 수천 번 시도를 해도 포기하지 않는 어린아이와 몇 번의 시도에도 쉽게 포기하는 어른들의 차이이다. 그렇기 때문에 우리는 실패를 모르고 중도 포기를 모르는 어린아이가 되어야 한다.

우리가 다시 어린아이처럼 되어야 하는 또 다른 이유를 빅터 프랭클의 다음의 말에서 찾을 수 있다.

"인간은 단순히 존재하는 것이 아니라 항상 자신이 어떻게 될 것인지, 매 순간 자신이 무엇이 될 것인지를 결정하는 존재이다."

그의 말처럼 우리는 단순히 나이를 먹고 그것으로 존재한다는 의미를 채울 수 있는 존재가 아니라 자신이 어떻게 존재할 것인지, 어떤 존재가 될 것인지를 매 순간 결정하고 선택하며 살아가는 존재이다. 그러므로 인생을 다 산 것처럼, 모든 꿈과 희망도 없이 자포자기로 하루하루를 살아가는 삶의 모습은 너무나 비참한 인생일 뿐이다. 이와 반대로 인생 40에 다시 어린아이처럼 모든 것이 새롭고, 신기하며, 새로운 꿈과 희망으로 가득 차 있는 인생을 산다면 그 사람은 매우 의미 있고 가치 있는 삶을 사는 매우 행복한 인생이 될 수 있다.

우리의 인생을 결정하는 것은 매 순간 우리가 어떤 생각으로, 어떤 태도로, 어떤 행동으로 살아가느냐 하는 것이다. 이러한 생각과 태도와 행동을 우리가 맞이했던 환희의 순간인 어린아이의 시절로 돌아가 모든 것에 새로움과 신선함과 충격과 환호를 느낄 수 있는 감성을 회복한다면, 우리의 40대 이후의 인생은 지금까지의 무미건조한 인생, 모든 기쁨과 환호와 신선함이 사라진 인생과는 다른 인생이 될 수 있다.

CHAPTER 39

40대 공부는 도전할 힘과 용기뿐만 아니라, 실력까지 제공해준다

　세상에서 가장 어리석은 것은 제대로 된 도전 한번 해보지 못하고 세상을 마감하는 것이다. 이런 관점에서 볼 때, 40대 공부의 위력은 바로 새로운 세계를 향해 도전하며 나아갈 수 있는 힘과 용기를 길러준다는 것이다. 뿐만 아니라 덤으로 실력까지 겸비하게 해주어 충실한 준비를 할 수 있게 도와준다는 것이다.

　우리가 조심해야 할 것은 너무 지나친 준비로 인해 도전해야 할 시기를 놓치고 땅을 치며 후회하는 것이다. 이 땅에 너무나 많은 평범한 사람들이 충분히 할 수 있음에도 불구하고 도전하지 않았기 때문에 잡을 수 있었던 기회마저 놓쳐버린다는 사실을 가슴에 새겨야 한다. 그러한 사람이 되지 말아야 한다.

세계적인 경영 컨설턴트이자 리더십 트레이너이며 베스트셀러 작가인 데니스 웨이트리(Denis Waitley)는 '놓쳐버린 기회'라는 제목의 다음과 같은 시를 지었다.

"옛날 옛적
조심스럽기 그지없는 사람이 살았는데,
결코 울지도 웃지도 않고,
모험도 해본 일 없고,
져본 일도 없고,
이겨본 적도 없고,
시도해본 적도 없었네.

그러다 어느 날 그가 죽었는데,
보험금이 지급되지 않았다던가.
진정으로 살아본 적이 없는 사람이니
진정으로 죽지도 않았다고
보험회사에서 우기더라나."

우리는 용기가 없어 우물쭈물하며 우유부단하기 때문에 너무나 많은 기회와 일들을 인생에서 놓쳐버린 것이다. 그러므로 이제는 도전하고 또 도전하고, 그리고 또 도전하는 인생을 살아야 한다.

용감하게 도전하여 실패하는 것은 부끄러운 것이 아니지만, 용기가 없어 도전조차 해보지 않고 제대로 된 실패도 겪어보지 않은 사람이 있다면 그것이야말로 부끄러운 일이다. 그런 사람은 살아도 진정으로 살아본 적이 없는 사람이기 때문이다.

우리에게 주어져 있을 수도 있는 가능성의 한계를 알기 위해서도 가장 필요한 것은 가능성의 한계에 도전하는 것이다. 불가능한 것에 도전해보는 것은 불가능을 가능으로 만드는 마법과도 같은 일이다. 불가능은 절대로 어떤 것을 정의 내리는 사실이 아니다. 그저 어리석은 생각이며, 어떠한 증거도 없는 의견에 불과한 것이다.

도전하는 인생은 너무나 아름다운 인생이다. 그것이 불가능할수록 너무나 큰 감동과 기쁨과 희망을 우리에게 선사한다. 그리고 용기를 가지고 도전하는 본인에게는 차원이 다른 세상이 열리게 된다. 뿐만 아니라 지금까지 한 번도 느껴보지 못한, 알지도 못한 환희와 기쁨이 샘솟게 된다. 이것은 실패가 두려워 도전조차 해볼 수 없는 사람들은 도저히 알 수 없는 기쁨이며 희열이다. 이러한 기쁨과 희열은 용기를 가지고 도전해본 사람만이 알 수 있는 기쁨이다.

우리가 도전하고 또 도전하고, 그리고 또 도전해야 하는 이유는 그 길만이 평범한 사람으로 남지 않을 수 있는 유일한 길이기 때문이다.

유명한 동기부여가인 나폴레온 힐이 말했다.

"누구나 성공을 이루기 전에 수많은 일시적 패배와 몇 번의 실패를 겪는다. 그리고 패배가 찾아왔을 때 가장 논리적이고 쉽게 취할 수 있는 조치는 포기하는 것이다. 그것이 바로 대다수의 사람들이 선택하는 조치이다. 그리고 그것이 바로 대다수의 사람들이 그저 평범한 사람으로 남는 이유이기도 한 것이다."

그의 말처럼 우리가 그저 평범한 사람으로 살아가는 가장 큰 이유는 포기하기 때문이다. 인생을 살아오면서 큰 목표와 큰 꿈을 한 번쯤 가지게 되지만, 처음 몇 번의 시도를 통해 우리는 그 꿈이 자신과 너무 멀리 떨어져 있다는 사실을 깨닫게 되고, 그 후로는 그 꿈을 이루기 위해 시도조차 하지 않는다. 그냥 포기해버리고 만다. 그래서 우리는 평범한 사람으로 살아가는 것이다.

우리가 도전하고 또 도전하고, 그리고 또 도전해야 하는 이유 중에 하나는 노력하고 도전하면 반드시 성장할 수 있고 해낼 수 있기 때문이다. 도전하지 못하는 가장 큰 이유 중에 하나는 자신에 대한 무지와 세상에 대한 자신감일 것이다. 그래서 우리는 40대 공부를 통해 무지로부터 벗어날 수 있으며, 이 세상에 대한 자신감을 획득할 수 있다.

40대 공부를 통해 학습된 무기력을 타파할 수 있고 그로 인해 인간은 누구나 다 비슷하다는 것을 깨닫게 되는 순간이 올 것이다. 바로 그때가 공부의 참된 위력이 발휘되는 순간이며, 우리는 그러한 순간을 통해 이전에는 도저히 도전해볼 엄두도 나지 않았던 일들에 대해 과감하게 도전할 수 있게 된다. 바로 그것이 참된 용기이며, 도전이라고 감히 말할 수 있다.

남들보다 잘하는 것은 위대하지 않지만, 어제의 자신보다 더 나은 자신이 되는 것은 위대하다. 남들보다 잘하는 것은 공부를 하지 않아도 가능하지만, 자신을 이기기 위해서는 공부가 필수적이다. 자신을 성장시키고, 더 나은 삶을 살아갈 수 있도록 만들어주는 것은 공부를 통해서만 가능하기 때문이다.

성장과 성공의 토대가 되는 것이 재능이나 능력, 실력, 학력이 아니라 도전하고 또 도전하는 것이라는 사실을 잘 말해주는 사람이 있다. 바로 《성공의 심리학》이라는 책의 저자인 캐롤 드웩 교수이다. 그는 사회심리학자이며, 발달심리학자이다. 그는 오래전에 어린이들에게 어려운 퍼즐을 풀게 하는 실험을 실행하면서 독특한 특성에 대해 눈을 뜨게 되었다. 바로 퍼즐을 푸는 과정에서 성공을 하지 못하고 실패를 했음에도 불구하고, 그러한 실패를 즐기며 재도전하는 어린이들을 발견하게 되었던 것이다. 그러한 특이점을 통해 그는 성공과 실패의 원리에 대한 연구를 심층적으로 하게 되었다. 그는 수천 명의 어린이와 성인들을 대상으로 하여 사고방식, 즉 마인드 세트(Mind Set)가 어떻게 형성되며, 어떤 행동 패턴과 이어지고, 그러한 행동의 궁극적인 결과는 무엇인지에 대해 넓게 연구하기 시작했다.

그 결과 그는 사람들은 모두 두 가지 유형의 마인드 세트 중에 하나를 가지고 있다는 것을 발견하였는데, 그 두 가지 유형의 마인드 세트가 바로 '성장 마인드 세트(Growth Mind Set)'와 '고착 마인드 세트(Fixed Mind Set)'이다.

첫 번째 '성장 마인드 세트'를 가진 사람들은 실패를 부끄러워하지 않고 연습할수록, 도전할수록 더 나아질 것이며 성장할 수 있다는 사고방식을 가진 사람들이다. 반면에 두 번째 마인드 세트인 '고착 마인드 세트'를 가진 사람들은 자신의 능력과 한계치가 이미 태어날 때 유전과 환경에 의해 결정되어 있다고 생각하는 사고방식의 사람들이다.

우리는 도전하고 또 도전하면 해낼 수 있다는 마인드를 가지고 도전을 멈추어서는 안 된다. '인생에서 실패하는 대부분의 경우는 그들이 포기하는 바로 그 순간, 그들이 성공에 얼마나 근접했는지를 깨닫지 못했기 때문이다'라고 발명왕 토마스 에디슨이 말한 바 있다. 그의 말처럼 우리 역시 성공에 매우 근접함을 알고 도전을 멈추면 안 된다. 실패를 계속 하더라도 멈추지 않고 계속 도전해야 한다. 농구 황제 마이클 조던이 그랬던 것처럼 말이다.

"나는 선수 시절에 9천 번 이상의 슛을 놓쳤다. 거의 3백 번의 경기에서 졌다. 경기를 승리로 이끌라는 특별임무를 부여받고도 실패한 적이 26번 있었다. 그리고 나는 인생에서 거듭 실패를 계속해왔다. 이것이 정확히 내가 성공한 이유다."

농구 황제 마이클 조던이 성공한 이유는 바로 실패에도 불구하고 도전하고 또 도전하고, 그리고 또 도전했기 때문이라고 말할 수 있다. 이것은 농구에만 적용되는 이야기가 아니다. 야구에도 그대로 적용된다. 홈런왕들은 대부분 가장 많은 삼진아웃을 당한 타자들이다. 그만큼 삼진아웃을 두려워하지 않고 삼진아웃을 수도 없이 당하면서도 홈런을 치기 위해 도전하고 또 도전하고, 그리고 또 도전했기 때문에 홈런왕이 될 수 있었다는 사실이다. 즉 성공하고 또 성공하고, 그리고 또 성공할 수 있는 유일한 방법은 도전하고 또 도전하고, 그리고 또 도전하는 방법밖에는 없다.

성공하기 위해 우리는 도전해야 하지만, 그것보다 더 중요한 도전의 이유는 도전하는 인생이 그 자체로 매우 큰 가치와 행복과 충만한 인생을 선사해주기 때문이다. 아무 도전도 하지 않고 살아가는 인생보다는 무엇이라도 도전하며 살아가는 인생이 매우 활기차고, 매우 생동감이 넘치며, 매우 행복하다는 사실은 굳이 설명이 필요 없다. 도전하고 또 도전하는 인생은 그 자체로 매우 위대한 인생이라고 할 수 있다. 그런 사람들에게는 언제나 강인한 도전 정신이 있기 때문에, 허약해 빠진 인생이나 우유부단한 인생, 아무 목적도 목표도 없는 시시한 인생을 살아가지 않는다. 도전하는 인생을 사는 사람들은 매우 강한 인생을 살며, 목표와 목적이 뚜렷하고 매우 굳건한 인생을 살아간다. 그래서 도전하는 것만으로도 인생을 보다 강하게, 충만하게 만들 수 있다.

이러한 사실을 미국의 루스벨트 대통령은 다음과 같이 간결하게 말했다.

"인생은 단 한 번뿐이다. 무사안일하게 사는 것보다는 이 세상에서 무슨 일인가를 한번 이루기 위한 모험을 시도하는 것이 우리의 인생에 걸맞다."

그의 말은 특히 40대를 살고 있는 우리들에게 매우 유익한 말이 아닐 수 없다. 지금까지의 삶을 무사안일하게만 살아왔다면, 인생에서 모험을 시도해야 하는 최고의 시기는 바로 40대임을 자각하고 도전해보자. 가능하면 큰 꿈에 도전해보자.

40대 공부야말로 자신감을 주고, 포기하지 않게 해준다

왜 누구는 자신감이 철철 넘치지만, 다른 누구는 자신감을 찾아보려고 두 눈을 크게 뜨고 봐도 털끝만큼도 찾을 수 없는 것일까? 자신감이 실력이나 능력과 비례하는 것일까? 이러한 의구심을 한두 번 품어보았을 것이다. 자신감은 능력이나 실력에 따라 비례하는 것이 아니다. 오히려 자신감이 있는 사람에게 능력이나 실력이 뒤따라오는 듯하다.

대기업의 경우에 십 년 정도 회사 생활을 하면서 간부가 된 후, 새롭게 입사하는 신입사원들을 보면 이러한 사실을 확실하게 알 수 있다. 많은 신입사원들이 함께 입사하게 되면, 그중에 어떤 사원은 내성적이고 또 어떤 사원은 외향적이다. 그리고 또 어떤 사원은 자신감이 넘쳐흐른다. 반대로 어떤 사원은 자신감이 없는 모습이 너무 지나쳐 보이기도 한다.

실제로 일을 시켜보면 자신감과 실력은 비례하지 않는다는 것을 금방 알 수 있다. 그러나 자신감을 가지고 실패를 많이 한 친구들은 결국에는 실력이 늘게 되어 있어서, 입사 후 5년 정도 되면 자신감이 없던 친구들에 비해 비록 처음에는 실력이 없었고, 출신 학교나 배경이 상대적으로 떨어졌을지 모르지만 자신감이 있었던 친구들이 팀에서 존재감을 인정받고, 회사 생활을 잘해나가는 모습을 보게 된다. 한편 아무리 실력이 뛰어나고 좋은 학교를 졸업했다 해도 자신감이 없어 보이던 사원들은 결국 3년도 버티지 못하고 회사를 나가는 것을 보게 된다. 회사를 나가는 정도는 아니더라도 회사 생활을 활기차게 의욕적으로 해나가지 못하는 모습을 보게 되어 선배로서 안타까울 때가 생기곤 한다.

과연 자신감이 있는 사원과 없는 사원의 근본적인 차이는 무엇이었을까? 왜 실력과 상관없이 자신감을 가진 사람들은 결국에는 실력도 얻게 되지만, 실력이 있음에도 자신감이 없는 사람들은 있던 실력마저 뺏기게 되는 것일까?

그것은 바로 공부를 통해 기본적인 내공을 쌓은 사람과, 그러지 못하고 학교 성적이나 졸업장을 위해, 스펙을 위해 암기 공부만 많이 한 사람의 차이라고 할 수 있다. 물론 학교 성적이나 졸업장, 스펙이 중요하지 않다고 말하는 것은 아니다. 하지만 이런 것들은 결국 보여주기 위한 공부에 불과하다. 진정 자신을 넘어설 수 있는 공부는 바로 내공이 쌓이는 공부이다. 그런 공부를 한 사람은 자신감이 결핍될 수가 없다. 반면에 보여주기 위한 공부를 한 사람은 그런 공부를 아무리 많이 했다 해도 자신감이 부족한 자신을 숨길 수가 없을 뿐만 아니라 벗어날 수도 없게 된다. 그 결과 작은 일에도 쉽게 도전하지 못하고, 자꾸 안으로만 들어가게 되어 있는 것이다. 이러한 경향이 습관이 되면 결국 소극적인 자신이 될 수밖에 없다. 이러한 소극적인 모습 때문에 다른 사람들이 배우고 익히고 경험하는 많은 사회생활과 경험들로부터 많은 것을 배울 수가 없게 된다.

내공을 쌓는 참된 공부를 하지 않는 사람들의 가장 큰 손해는 자기 자신을 믿을 수 없게 된다는 것이다. 이것은 학습된 무기력과 이 세상의 위협과 상대적으로 작아진 자신의 모습 때문이라고 할 수 있다. 인생의 경험이 어느 정도 갖추어진 40대들이 공부를 하게 되면, 학습된 무기력과 세상의 위협과 작게 보이기만 하는 자신의 모습들을 과감하게 이겨낼 수 있다. 10대 때는 학습된 무기력이 크게 정립되기 전이기 때문에 그때의 공부는 제대로 된 공부라고 할 수 없다.

또한 이러한 이유 때문에 40대 공부는 이 세상의 벽을 뛰어넘는 공부이고, 자신을 넘어서는 공부라고 할 수 있다. 이러한 공부만이 자신을 넘어설 수 있는 용기를 줄 수 있는 공부이며, 그러한 용기는 바로 자신감이라고 할 수 있다.

우리가 살면서 무엇을 하든지 가장 중요한 것은 '할 수 있음'을 믿는 것이며, 그로 인해 절대 포기하지 않는 것이다. 이것이 토대가 되지 않는다면 우리는 일을 해낼 수 없다. 자신이 그것을 할 수 있음을 믿어야 하는 이유는 명백하다. 자기 자신이 할 수 있다는 사실을 믿어주는 사람은 자신밖에 없기 때문이다. 그래서 에머슨은 다음과 같은 말을 한 것 같다.

"자기 신뢰는 으뜸가는 성공의 비결이다."

하버드 대학교의 연구 결과, 인간은 온통 부정적인 메시지 속에서 성장한다고 한다. 자신의 모든 잠재능력을 사장시켜버리고, 아무것도 할 수 없게 만드는 것이 바로 세상의 환경이라는 것이다. 한 인간이 18세가 될 때까지 약 14만 8천 번의 부정적 암시가 잔인하게 주어진다고 밝혔다. 이러한 부정적 암시 때문에 많은 사람들은 자신의 부정적 사고의 틀 안에 갇혀 평생 살게 된다는 것이다. 그래서 '난 역시 안 돼', '내가 어떻게 저걸 해', '나 같은 사람이 어떻게 저렇게 하겠어'라는 부정적 사고를 하게 되고 그 사고의 노예가 되어 살아가게 된다는 것이다.

이런 점에서 위대한 성공을 거둔 사람들은 한결같이 부정적 사고를 과감하게 이겨낸 사람들이다. 그리고 그러한 결단과 용기의 토대가 되었던 것은 자신이 할 수 있음을 끝까지 믿는 것이며, 그러한 믿음을 통해 절대 포기하지 않았기 때문에 큰 성공을 거둘 수 있었다는 점이다. 부정적 사고의 틀에 갇힌 자신을 뛰어넘어야만 하는 중요한 이유가 바로 이것이다.

오늘날 가장 위대한 성악가 중 한 명으로 평가받고 있고, 이탈리아 최고의 오페라 테너 가수로 평가받는 이탈리아의 성악가인 카루소는 자신이 할 수 있다는 믿음을 가지고 포기하지 않았기 때문에 위대한 성악가가 될 수 있었다. 청년 시절, 그 역시 세상이 주는 부정적 암시에서 자유롭지 못했다.

그는 어렸을 때부터 훌륭한 성악가가 되는 것이 꿈이었다. 그래서 매일 노래를 부르며 꿈을 키워나갔다. 하지만 세상이 주는 부정적인 메시지는 어김없이 그에게 찾아왔다. 집이 가난하여 공장에서 일을 해야 했지만 그는 꿈을 포기하지 않았고, 힘겹게 번 돈을 가지고 가수가 되기 위해 음악 학원에서 레슨을 받고자 하였으나, 음악 학원 선생은 그를 가르치지 않겠다고 잘라 거절해버렸다. 그 이유는 그가 자질이 없고, 목소리도 좋지 않기 때문이라고 했다.

하지만 그는 포기하지 않았고, 자신이 훌륭한 성악가가 될 것이라는 사실을 믿고 매일 연습을 하였다. 그러나 청년이 되었을 때도 상황은 똑같았다. 그는 다음과 같은 말을 들었다고 한다.

"이 젊은이는 노래를 못해요. 성악가가 될 수 없어요."

한 번도 아니고 오랜 세월 동안 연습을 거듭하였지만, 그 분야에서 소질이 없다고 그 분야의 전문가들이 하나같이 말한다면 우리는 어떻게 할 것인가? 그때는 두 가지 길이 있다. 첫 번째 길은 그것이 진정 자신의 길이라면 자신이 반드시 해낼 수 있음을 믿는 것이고, 두 번째 길은 자신의 진짜 길을 찾아 떠나는 것이다.

무엇을 하든 중요한 것은 자신의 길이라고 선택한 이상 자신이 반드시 해낼 수 있음을 믿는 것이다.

성공의 공식은 실패 + 실패이고 실패의 공식은 성공 + 성공이다. 그러므로 실패를 여러 번 했다면 이제는 성공을 하게 될 것이다. 그러므로 포기하지 않는 것이 매우 중요하다. 성공이란 글자를 현미경으로 들여다보면 그 속에는 수 없이 많은 작은 실패가 개미처럼 많이 기어 다닌다고 정호승 시인은 말했다.

"성공할 것이라고 믿어라. 그렇게 확고히 믿고, 성공하기 위해 필요한 일들을 하라."

데일 카네기도 이렇게 말했다. 물론 성공할 것이라고 믿는 사람들이 전부 성공하는 것은 아니다. 하지만 믿음조차 없는 사람들은 훨씬 더 많은 사람들이 성공하지 못한다. 성공하기 위해 시도조차, 노력조차 하지 않기 때문이다. 성공에 대한 믿음은 다시 도전하게 만들기 때문에 그것만으로도 충분히 가치가 있으며, 우리의 삶에 매우 유익하다고 할 수 있다.

우리가 절대로 포기하지 않아야 하는 이유 중에 하나는 힘들어 포기하고 싶은 생각이 물밀듯 밀려 들 때가 바로 성공의 문이 열리기 시작하는 시작점이기 때문이다. 다시 말해 가장 힘들고 어려워서 수많은 사람들이 포기하는 그때는 이미 성공으로 건너갈 수 있는 성공의 사다리가 거의 다 완성되어가는 가장 막바지 시점이라는 점이다. 그래서 이 시점을 견디면 곧바로 찬란한 성공의 길이 열리게 되고 눈에 보이게 된다는 것이다. 해가 뜨기 직전이 가장 어둡고 가장 추운 것처럼 성공의 문이 열리기 직전이 가장 힘들고 고통스럽다는 것이다.

큰 감동을 받은 《내 영혼을 담은 인생의 사계절》이라는 책의 저자인 짐 론은 자신의 책을 통해 이러한 사실에 대해 잘 말해주고 있다.

"만약 여러분의 상황이 힘들고 고통스럽다면 현재 부딪힌 한계 혹은 실패에 감사하라. 지금 여러분은 거의 모든 성공 스토리가 시작된 바로 그 지점에 서 있는 셈이기 때문이다."

그의 말처럼 위대한 인물들의 거의 모든 성공 스토리는 그들이 정신적으로, 경제적으로, 사회적으로, 육체적으로 가장 밑바닥에 내려간 그 순간부터 시작되었다. 가장 힘든 시기는 무엇보다 자신의 내면에 숨겨진 가장 큰 재능과 열정과 능력을 끄집어낼 수 있는 절호의 기회이다. 우리 내면에는 우리도 미처 알지 못했던 엄청난 능력이 숨어 있다. 하지만 그것을 잘 끄집어내기 위해서 반드시 필요한 한 가지는 그러한 능력이 나올 때까지 끝까지 하는 것이다.

한 가지 예를 들면 수소 폭탄이 핵반응을 일으킬 때, 반드시 7개의 원소봉이 필요하기 때문에 핵반응을 일으키기 위해서 마지막 한 개까지 원자로에 원소봉을 집어넣으면 어마어마한 핵반응이 일어나서 상상을 초월한 에너지가 분출되어 나온다. 처음에 몇 개를 집어넣으면 원자로 안에서는 아무런 반응이 없어서 좀 의아해하는 사람이 많다. 특히 6개까지 집어넣어도 아무런 반응이 없다는 것을 눈으로 목격한 사람들은 무엇이 잘못된 것이 아닌가 하는 의심을 하기 시작한다. 이와 같이 6개에서 포기를 하는 사람들이 의외로 많다. 사실 따지고 보면, 큰 성공을 하지 못한 거의 대부분의 사람들은 포기라는 방법을 선택한 사람들이라고 할 수 있다. 소수의 큰 성공을 거둔 사람들은 포기를 선택하지 않았다. 마지막 원소봉 하나만 더 원자로에 집어넣으면 상상도 못 했던 어마어마한 핵반응이 일어나지만 중도에, 그것도 마지막 한 개를 남겨놓고 포기하는 사람이 너무 많다는 사실을 우리는 명심해야 한다.

우리가 포기하는 이유는 성공에 대한 확신이 없기 때문이다. 그렇기 때문에 할 수 있음을 믿는 것이 매우 중요하다. 그리고 도전해야 한다. 도전하고 또 도전해도 실패만 할 때, 그래서 도저히 안 될 것 같을 때, 우리에게 필요한 것은 나머지 한 개의 원소봉을 집어넣는 도전이다. 지금까지의 숱한 실패와 시련은 바로 그 이전에 집어넣었던 6개의 원소봉인 셈이다. 실패와 시련이라는 6개의 원소봉이 없었다면 나머지 한 개의 원소봉, 즉 성공으로 직결되는 마지막 도전이란 것이 존재하지 않는 것이다.

그렇기 때문에 성공으로 가기 위한 마지막 일곱 번째 원소봉을 집어넣기 위해서는 6개의 실패와 시련이라는 원소봉이 반드시 필요한 것이다. 이 사실을 제대로 이해하고 명심하는 자는 절대 포기하지 않을 것이다.

이러한 사실은 유명한 서부개척시대에도 실제로 비일비재하게 일어났던 일이다. 수많은 사람들이 노다지를 발견해서 인생을 역전하기 위해 곡괭이와 삽을 들고 금이 잘 나오는 광산 지역으로 큰 꿈을 안고 희망차게 떠나지만, 거의 대부분이 결국에는 포기한다고 한다. 아무리 땅을 파고 깊숙이 들어가도 노다지를 발견하지 못하기 때문이다. 처음에는 희망을 갖고 땅을 파고 들어가지만 어제도, 오늘도 금이 발견되지 않자 차츰 금이 있을 것이라는 희망이 사라지게 되고, 희망이 사라지자 도저히 더 팔 수가 없어서 그 자리에 삽과 곡괭이를 내동댕이쳐버리고 귀향한다고 한다. 재미있는 사실은 그렇게 내동댕이쳐진 삽과 곡괭이들이 가장 많은 장소에서 불과 1m 떨어진 장소에서 엄청난 노다지들이 많이 발견되었다는 사실이다.

이 사실이 우리에게 시사하는 의미는 가장 힘들 때, 포기하고 싶을 때, 그때가 바로 성공의 문턱에까지 온 것이라는 사실을 직감해야 한다는 것이다. 인간의 심리는 모두 비슷하여 포기하고 싶을 때가 있기 마련인데, 바로 그때가 성공의 문이 열리기 직전인 시기라는 것이다. 가장 포기하고 싶고 가장 힘들 때 포기하지 않기 위해서는 자신이 할 수 있음을 믿고 신뢰하는 힘이 있어야 한다. 바로 이러한 힘, 끝까지 하는 힘은 40대 공부를 통해 우리의 마음과 생각을 키울 때 비로소 가능하다. 그래서 공부가 꼭 필요한 것이다.

성공을 바로 코앞에 두고 대부분의 사람들이 포기하지만, 공부를 한 소수의 사람들은 포기하지 않는다. 그것이 바로 공부의 위력이요, 공부를 하는 이유이다. 공부를 통해 자신을 성찰하고 인생을 성찰하는 눈을 터득한 사람들은 작은 시련에 쉽게 흔들리지 않으며, 실패나 시련을 통해서 좌절하기보다는 오히려 더 큰 교훈과 깨달음을 얻게 된다. 그래서 공부하는 사람들에게는 실패가 좌절이나 낙담으로 다가오지 않고, 성공으로 향하는 발판과 계단으로 다가오게 된다.

똑같은 실패를 겪어도 누구는 그 실패로 인해 더욱더 인생의 낙오자가 되지만, 누구는 그 실패 덕분에 더 큰 성공을 할 수 있는 승리자가 된다. 그 차이가 바로 실패를 대하는 마음자세와 시각이라고 말할 수 있다. 세상을 살면서 겪게 되는 수많은 일들을 대하는 마음자세와 시각은 그 일 이후의 삶의 모습과 내용, 방향을 결정짓기 때문에 그 일 자체의 내용보다 훨씬 더 중요하고 영향력의 비중이 높다고 할 수 있다. 그렇기 때문에 우리는 사물과 사건을 대하는 마음자세와 시각을 갈고 닦아서 보다 더 고결하고 탁월하게 만들어야 할 필요성이 있다. 그러한 작업을 하는 것이 바로 공부인 것이다.

40대에 공부하는 사람은 모두 청춘이라 말할 수 있다

"배우기를 그만둔 사람은 20세든 80세든 늙은 것이다. 계속 배우는 사람은 20세든 80세든 젊은 것이다."라고 헨리 포드가 말한 바 있듯이 공부하는 40대는 청춘이라고 말할 수 있다. 그래서 40대에 공부를 포기한 사람들에게 다음과 같은 말을 꼭 해주고 싶다.

"우리는 늙었기 때문에 공부를 할 수 없는 것이 아니라, 공부를 하지 않기 때문에 늙는 것이다."

러시아의 대문호 톨스토이는 놀랍게도 66세에 자전거 타는 법을 새로 배우기 시작했다. 그로 하여금 위대한 사람이 되게 만든 것은 무엇이든 배우려고 하는 배움의 정신이었던 것이다. 보통 사람이라면 "이 나이에 내가 뭘 배우겠어!"라고 생각할 것이다. 하지만 그는 나이를 극복하고 날마다 새로운 것을 배우며 살았다. 한마디로 나이를 잊고 연령을 초월하는 삶을 살았던 것이다. 요즘 광고에 자주 등장하는 '나이는 정말 숫자에 불과하다'라는 말이 바로 그에게 적용되고 있음을 우리는 알 수 있다.

이 세상에는 나이가 70, 80일 때 새로운 일을 시작하여 크게 성공한 사람들도 적지 않다. 우리라고 그러한 사람이 되지 말라는 법은 없다. 특히 인생에서 가장 중요한 시기인 40대 때, 공부를 통해 자신을 뛰어넘은 자들에게는 이러한 일들이 너무나 자연스럽게 일어날 것임을 확신한다.

미국에서 최고령 대학교수로 선정된 사람은 과연 몇 살부터 교수를 시작하여 몇 살까지 교수 생활을 했을까? 놀랍게도 70세의 나이에 대학 교수로 부임하여 자그마치 34년간 교수로 근무하다가 104세의 나이로 은퇴를 하였고, 은퇴를 하면서도 그는 '은퇴 후에도 연구와 논문 집필 활동은 계속 할 것'이라고 말하면서 지칠 줄 모르는 삶과 연구에 대한 열정을 보여주었다. 이 사람이 바로 레이 크리스트 교수이다. 그는 펜실베이니아 주 미사이어 대학교 인문학부에 교수로 부임하여 34년 동안 교수로서 재직을 했다. 그에 비해 우리들은 얼마나 젊은가? 새로운 일에 도전하지 않고 그 자리에 머문다면 너무나 아까운 인생이 아닐까? 늦었다고 생각할 때가 가장 빠를 때이다. 그러므로 40대는 청춘이라고 말할 수 있다.

이탈리아의 세계적인 작곡가인 주세페 베르디는 걸작 오페라인 〈팔스타프〉를 무려 80세의 나이에 작곡했다. 그리고 현대 경제학의 창시자로 칭송받고 있는 피터 드러커 박사는 《넥스트 소사이어티》란 위대한 책을 93세에 집필했다. 독일 고전주의 문학의 정수로 꼽히는 《파우스트》를 괴테가 완성한 나이는 83세였다. 슈바이처 박사가 하루 종일 정상적으로 환자를 돌보는 일을 그만둔 나이는 무려 90세였다. 세계적인 성공학 강사 중에 한 명인 노만 빈센트 필 박사가 강연을 멈춘 나이는 60이나 70이 아닌 자그마치 94세였다. 그만큼 나이는 숫자에 불과하다.

나이가 정말 마음에 걸려서 아무것도 시도하지 못하는 사람이 있다면 다음의 글을 읽어보시라.

〈어느 95세 할아버지의 회고〉

나는 젊었을 때 정말 열심히 일했습니다.
그 결과 나는 실력을 인정받았고 존경을 받았습니다.
그 덕에 65세 때 당당한 은퇴를 할 수 있었죠.
그런 내가 30년 후인 95세 생일 때
얼마나 후회의 눈물을 흘렸는지 모릅니다.

내 65년의 생애는 자랑스럽고 떳떳했지만,
이후 30년의 삶은 부끄럽고 후회되고 비통한 삶이었습니다.

나는 퇴직 후 '이제 다 살았다, 남은 인생은 그냥 덤'이라는
생각으로 그저 고통 없이 죽기만을 기다렸습니다.
덧없고 희망이 없는 삶……

그런 삶을 무려 30년이나 살았습니다.

30년의 시간은
지금 내 나이 95세로 보면……
3분의 1에 해당하는 기나긴 시간입니다.

만일 내가 퇴직할 때
앞으로 30년을 더 살 수 있다고 생각했다면
난 정말 그렇게 살지는 않았을 것입니다.

그때 나 스스로가 늙었다고,
뭔가를 시작하기엔 늦었다고 생각했던 것이 큰 잘못이었습니다.

나는 지금 95세이지만 정신이 또렷합니다.
앞으로 10년, 20년을 더 살지 모릅니다.

이제 나는 하고 싶었던 어학공부를
시작하려 합니다.

그 이유는 단 한 가지……
10년 후 맞이하게 될 105번째 생일날

95세 때 왜 아무것도 시작하지 않았는지
후회하지 않기 위해서입니다.

이 글은 2008년 8월 14일자 〈동아일보〉의 칼럼에 실린 내용이다. 이 어르신의 수기를 생각해보면 40대를 살아가고 있는 우리들은 정말 청춘과 다를 바 없다. 그러므로 이제 새로운 삶에 도전해보자. 그리고 위대한 40대 공부를 시작해보자.

40대 공부로 진짜 인생의 비전을 가질 수 있게 된다

혹자는 말한다.

"마흔이 되면 진짜 인생이 보이기 시작한다."

하지만 이 말은 전적으로 맞는 말은 아니다. 물론 산전수전을 다 겪으며 살아온 인생 경험은 무지했던 사람으로 하여금 진짜 인생이 보일 수 있도록 조력해주는 것이 사실일 것이다. 하지만 그것은 반쪽짜리 시각이다. 자신을 성찰하고 인류의 역사와 문명, 현재의 상태와 미래 사회에 대한 예측 등과 같은 다양한 분야의 공부와 사색을 하지 않는 자들에게는 아무리 마흔이 되어도, 진짜 인생의 숲은 절대 보이지 않는다는 것이 현실이기 때문이다.

이 세상에는 마흔이 넘은 사람들이 매우 많다. 길거리에 나가서 살펴봐도 마흔 이상의 사람들은 차고 넘치는 듯 보인다. 하지만 그 사람들 모두가 마흔이 되었다고 해서 진짜 인생이 무엇인지 저절로 보였을 거라는 생각은 들지 않는다. 진짜 인생이 보이려면 저절로 먹는 나이와 함께 한 가지 중요한 요소가 더 필요하기 때문이다. 바로 자신을 성찰하고, 인생을 성찰할 수 있는 진짜 공부이다.

과거에는 옛 성인조차 인간의 나이 마흔이면 불혹(不惑)이라고 해서 부동심의 나이라고 말한 바 있지만, 그 성인이 그렇게 말했던 시절에는 마흔까지 살아내는 것 자체가 대단한 일이었다. 그만큼 남다른 건강과 자기 관리, 그리고 남다른 인생을 살아야만 가능했을지도 모르겠다. 또한 몇십 년 전까지만 해도 인간의 수명이 지금의 반 정도밖에 되지 않아 마흔까지 사는 사람이 흔하지 않았고, 그로 인해 그냥 보기만 해도 뭔가 위대해 보이기까지 했을 것이다. 그런 시절에는 저 말이 정말 맞는 말일 것이다.

하지만 시대가 바뀌어 요즘은 나이가 쉰이 넘어도 아이들처럼 철이 안 든 어른들도 차고 넘친다는 것을 알 수 있다. 시대가 그만큼 많이 바뀌었기 때문이다. 그렇기 때문에 '마흔이 되면 진짜 인생이 보이기 시작'하는 것이 아니라, 마흔이 되면 진짜 공부를 시작해야 하는 것이다.

마흔이 된다고 진짜 인생이 저절로 보이는 것은 아니다. 진짜 공부를 하는 사람에게만 진짜 인생도 보이기 시작한다. 이 세상에는 공짜가 없기 때문이다.

앞에서 언급했듯이, 40대는 인생에 있어서 가장 중요한 혁명의 시기이다. 사회적 시스템과 사회적 제도로 인해 20대와 30대는 대학을 졸업

해야 하고, 취직을 해야 하고, 결혼을 해서 가정을 꾸려나가야 한다. 물론 예외도 있다. 하지만 대부분의 사람들은 이러한 삶에서 벗어나지 못하고 물 흐르듯 사회인으로 살아가고 있을 것이다. 그래서 시기적으로 40대 이전에는 학생으로서, 직장인으로서, 가장으로서 책임을 다하기 위해 여러 가지 일들을 경험하고 자신이 하기 싫은 일임에도 어쩔 수 없이 해야 할 일들을 해야 했던 시기라고 할 수 있다. 하지만 40대 이후의 삶은 그러한 것들에서 탈피하여 자기 인생의 진짜 비전을 가질 수 있는 시기라고 할 수 있다.

왜 인생을 살면서 그냥 물 흐르듯 남들과 같이 살아가면 안 되는 것일까? 왜 꼭 비전을 가져야 하는 것일까? 그것은 비전이 우리의 삶을 풍요롭게 해주며, 우리의 삶을 옳은 방향으로 견인해주는 역할을 하기 때문이다.

그리고 무엇보다 비전이 있는 사람들은 부하게 되고, 성공하게 된다. 비전을 가지게 되면 그 비전이 큰 힘이 되어주기 때문이다. 그것은 돋보기로 햇빛을 한 점에 집중시키면 그곳에 불이 날 정도로 강력한 힘이 생성되는 것처럼, 우리의 인생도 이와 같기 때문이다.

우리의 자원을 모두 한 가지 비전을 향해 모을 때 낭비를 줄일 수 있을 뿐만 아니라 모든 자원이 하나로 집중되기어 더 큰 시너지 효과도 볼 수 있다. 성경 말씀에도 이러한 말이 나온다. "비전이 없는 백성은 망하나니"라고 말이다.

막연하게 꾸는 꿈은 진짜 꿈이 아니다. 그것은 몽상에 불과하다. 이처럼 막연히 미래에 하고 싶은 것이라고 해서 다 비전이 아니다. 그것은 단지 희망사항일 뿐이다. 그렇다면 진짜 비전이란 어떤 것을 말하는 것일까?

진짜 비전이란 그것을 생각하면 언제나 가슴이 용광로처럼 펄펄 끓고 뛰는 것을 말한다. 진짜 비전이란 평생 살면서 끊임없이 온몸과 마음이 간절하게 열망해왔던 것을 말한다.

이 세상을 바꾸는 것은 우리의 간절함이다. 이 세상을 바꾸는 것은 뜨거운 열정이다. 하지만 이 세상을 바꾸기 전에 우리가 먼저 바뀌어야 한다. 세상을 바꾸고자 하는 자는 자기 자신을 먼저 바꾸어야 한다는 말처럼, 우리 역시 자기 자신을 먼저 바꾸어야 한다. 진짜 비전을 가진다는 것은 막연히 미래에 하고 싶은 것을 정하는 것이 아니라, 쉼 없이 자신을 가슴 뛰게 하는 그 무엇을 하고자 결단하는 것이다. 그것을 하기 위해서는 간절함이 필요하고 뜨거운 열정이 필요하다. 그러한 열정과 뜨거움은 저절로 생겨나지 않는다. 무엇보다 공부를 통해 생겨날 수 있는 것이다.

40대 공부를 통해 얻을 수 있는 유익함 중에 하나는 바른 방향을 잡을 수 있다는 점이다. 그렇기 때문에 올바른 인생을 살아갈 수 있게 되고 그로 인해 참된 비전을 가질 수 있다.

다시 한 번 더 말할 만큼 중요한 사실은, 실패한 인생이 부끄러운 것이 아니라 발전이 없는 인생이 부끄러운 인생이라는 점이다. 실패한 인생이 부끄러운 것이 아니라, 꿈조차 꾸지 않는 인생이 부끄러운 인생이라는 점이다. 도전과 모험이 없는 무미건조한 인생은 부끄러운 인생이다. 그리고 이러한 것들보다 더 심한 것은 인생의 비전이 없는 사람이다.

〈인생을 다시 산다면〉

- 나딘 스테어(미국 켄터키 주 거주)

다음번에는 더 많은 실수를 저지르리라.
긴장을 풀고 몸을 부드럽게 하리라.
이번 인생보다 더 우둔해지리라.
가능한 한 매사를 심각하게 생각하지 않을 것이며
좀 더 많은 기회를 붙잡으리라.

여행을 더 많이 다니고 석양을 더 자주 구경하리라.
산에도 더욱 자주 가고 강물에서 수영도 많이 하리라.
아이스크림은 많이 먹되 콩 요리는 덜 먹으리라.
실제적인 고통은 많이 겪을 것이나
상상 속의 고통은 가능한 한 피하리라.

보라, 나는 시간 시간을 하루하루를
의미 있고 분별 있게 살아온 사람 중 하나다.
아, 나는 많은 순간들을 맞았으나 인생을 다시 시작한다면
나의 순간들을 더 많이 가지리라.
그러한 순간들 외에 의미 없는 시간들을 갖지 않도록 애쓰리라.
오랜 세월을 앞에 두고 하루하루를 살아가는 대신
이 순간만을 맞으면서 살아가리라.

> 나는 지금까지 체온계와 보온물병, 레인코트, 우산이 없이는
> 어느 곳에도 갈 수 없는 그런 무리 중 하나였다.
> 이제 인생을 다시 살 수 있다면
> 이보다 장비를 간편하게 갖추고 여행길을 나서리라.
> 내가 인생을 다시 시작한다면.

이러한 시인의 고백처럼, 실수가 두려워 시도하지 않았던 것이 가장 큰 후회로 되돌아온다는 사실을 명심하자. 실수를 두려워하지 말고 큰 비전을 가지고 도전하는 40대가 되어보자.

인생의 비전이라고 해서 거창하고 화려한 것이어야 하는 것은 절대 아니다. 소박하고 수수하더라도 자신의 인생을 가치 있게 해주고 의미 있는 삶을 살아갈 수 있게 해준다면 그것이 바로 진짜 인생의 비전이라고 할 수 있다.

우리 모두가 열심히 공부한다고 성공하는 것은 아니다. 그리고 열심히 공부한다고 부자가 되는 것도 아니다. 하지만 우리는 공부를 통해 제대로 된 인생의 비전을 가질 수 있다. 그것 하나만으로도 매우 큰 의미가 있다. 결국에는 그러한 인생, 즉 비전을 가지고 살아가는 인생이 바로 성공한 인생이기 때문이다.

"사람은 자기 맘대로 성공할 수는 없지만, 그 이상의 일, 즉 성공할 자격을 갖출 수는 있다."

이런 말이 조지프 에디슨의 비극 〈카토〉에 나온다. 이 말처럼 우리의 성공은 우리에게 달려 있지 않지만 우리의 성장과 발전, 그리고 인생의

비전은 우리에게 달려 있다. 그리고 무엇보다 우리의 공부의 양과 질에 따라 인생의 비전의 성격과 수준이 결정된다.

태양 빛을 본 사람은 더 이상 촛불에 연연할 수 없다.

우리에게 40대 공부는 태양 빛을 볼 수 있게 해준다. 그래서 사소한 세상의 일상에 연연하지 않을 수 있게 해준다. 그로 인해 우리의 비전은 촛불에 연연하는 수준이 아닌 태양 빛을 바라보는 수준으로 나아가게 된다.

뿐만 아니라 40대 공부는 우리로 하여금 더 이상 촛불에 연연하지 않게 만들고, 태양 빛을 바라볼 수 있게 해줄 뿐만 아니라, 태양 빛을 쫓아갈 수 있는 꿈을 꿀 수 있게 해준다. 그것은 40대 공부를 통해 우리의 시야가 넓어지고 확장되기 때문에 가능한 것이다.

나도 한때 촛불에 연연하며 살 때가 있었다. 대학을 졸업 후 첫 직장으로 대한민국 최고의 기업에 입사했을 때부터 십 년 이상 빈껍데기뿐인 직장 생활을 하던 때이다.

대한민국 최고의 기업에 입사했다는 사실만으로도 입사 후 몇 년은 신이 났다. 친구들도, 어느 모임에 가도, 부모님도, 친척들도 모두 부러워했다. 그러한 부러움을 안고 직장생활을 할 수 있어서 좋았다. 하지만 그것이 촛불에 연연하는 껍데기 삶이라는 사실을 뒤늦게 알게 되었다. 십 년 이상 열심히 앞만 보고 뛰었지만, 개인적으로 남는 것은 하나도 없었기 때문이다.

아이들에게 심부름을 시키기 위해 사탕이나 아이스크림을 주면, 아이들은 정말 열심히 심부름을 잘 한다. 이것처럼 회사에서 잠시 빌려주는 직위와 권한은 모두 회사의 것일 뿐, 퇴직을 할 때는 다시 회사에 고스란히 반납을 해야 한다. 내가 반납한 그것은 또 다른 누군가에게 대여될 것이다. 그렇게 회사는 돌아간다. 하지만 나는 그것을 반납하기 전까지 그것이 나의 실상인 줄 알고 좋아했다. 하지만 그것은 빈껍데기에 불과한, 쉽게 꺼지는 촛불에 불과했다. 영원히 존재하는 태양 빛이 아니라 작은 입김에도 쉽게 꺼지는 촛불과 같은 나의 빈 껍데기였던 것이다.

그 사실을 깨닫게 된 것은 태양 빛을 보게 되었기 때문이다. 내게 있어 태양빛이란, 나를 일깨워준 한 권의 책이다. 그 책은 이 책의 앞부분에서 잠깐 언급한 적이 있는 영국의 대표적인 경영 사상가인 찰스 핸디의 저서인 《코끼리와 벼룩》이란 책이다.

나는 내가 코끼리인줄 알았다. 하지만 이 책을 접하고 나서 나는 코끼리가 아니라 벼룩이었다는 사실을 알게 되었다. 내가 맡은 회사에서의 일과 힘들게 노력해서 얻은 직위와 권한은 모두 하루아침에 사라져버릴 수 있는, 쉽게 꺼져버릴 수 있는 촛불과 같은 허상에 불과하다는 사실을 알게 되었다.

그래서 그 허상에서 과감하게 벗어나기를 결단했던 것이다. 그것도 불혹의 나이가 다 되어서 말이다. 과감한 결단과 실행을 통해 40대 공부를 하는 사람이 될 수 있었고, 그로 인해 이 세상에서 가장 행복한 사람의 반열에 오르게 되었다. 평생 자신을 대변할 수 있는 천직을 발견하고, 그것을 할 수 있는 사람이 되었기 때문이다. 내가 태어나서 가장 하고 싶었던 일이 무엇인지 발견하게 되었고, 가슴 뛰게 좋아하는 일을 하게 되었다. 이것보다 더 행복한 것이 또 어디에 있을까!

이 모든 것은 40대 공부를 할 수 있었기에 나의 시야가 넓어지고 사고가 유연해져서 자신의 삶을 통찰하며 이 사회를 크고 넓게 바라볼 수 있었기 때문이다. 그 결과 내가 가장 좋아하는 일을 발견하고 그것에 집중할 수 있었던 것이다.

40대 공부의 최대의 유익함은 인생 최고의 비전을 발견할 수 있는 시야와 사고의 확장이다. 가짜 비전이 아닌 진짜 인생의 비전을 가지고 있는가? 우리는 스스로 반문해야 한다. 만약에 없다면, 우리는 40대 공부를 시작해야 한다. 공부는 절대로 우리를 배신하지 않는다. 그리고 40대 공부는 우리를 최고의 삶을 살 수 있는 길로 이끌어준다. 공부가 우리 자신을 성장시키고 변화시켜서 그것이 가능하도록 만들 것이다.

자, 40대들이여!

지금부터 공부를 시작하자. 공부에 다시 한 번 미쳐라. 그러면 세상이 당신에게 빠져들 것이다. 그 곳에 성공도, 부도, 명예도, 인기도 모두 있음을 우리는 알고 있다. 그리고 이런 것보다도 비교도 안 될 만큼 좋은 것 하나가 있다. 바로 공부를 통한 행복한 삶이다.

공부를 해야 자신이 얼마나 행복한 사람인지 알 수 있다. 그리고 공부를 해야 자신이 얼마나 많은 것들을 소유하고 있는 세상에 태어나 살고 있는지를 분명하게 직시하게 된다.

이미 우리는 너무나 행복한 시대에 태어나 행복한 삶을 살고 있다.

과거 40대는 먹고살기에 모든 것을 걸어야 했던 시절이 있었다. 하지만 지금 이 시대에서는 먹고살기에 모든 것을 거는 40대는 비전이 없고 희망이 없는 시대가 되었다. 지금 이 시대의 40대는 공부에 모든 것을 걸어야 하는 시대이다.

지금 우리가 살고 있는 이 시대가 행복한 이유는 공부에 모든 것을 걸고 공부에 미칠 때, 그 공부한 것이 우리에게 성공과 부를 가져다줄 수 있는 획기적인 시대이기 때문이다.

우리 40대에게 필요한 것은 좋은 직장이나 연금, 보험, 부동산이 아니다. 우리에게 필요한 것은 우리의 시야를 확장시켜주고 사고를 유연하게 해줄 참된 공부이다.

40대 공부는 최고의 재테크라고 할 수 있다. 40대 때 아무리 로또에 당첨되고, 큰 부동산이 있고, 큰 재산이 있다고 해도 그것은 우리의 삶을 진정 풍요롭고 행복하게 해줄 수 없기 때문이다. 로또 당첨자들의 80% 이상이 당첨 전보다 더 불행하게 살고 있다는 사실을 알고 있을 것이다. 넘쳐나는 돈을 주체하지 못하는 부자들 중에서도 불행하게 살다가 인생을 마감하는 사람들이 많다. 뿐만 아니라 큰 성공을 이룩한 사람들 중에서도 인생을 불행하게 살다가, 불행하게 마감하는 사람들도 적지 않다. 그래서 우리의 인생을 행복하게 해주고, 성공적인 삶을 살 수 있게 해주는 것은 돈이나, 외형적인 성공이 아니다. 바로 공부인 것이다.

참된 공부를 하는 사람은 돈이 없다 해도, 상황이 나쁘다 해도, 그것을 잘 극복하며 풍요롭게 살아 낼 수 있다. 그것이 바로 공부의 위력이라고 할 수 있다. 40대 공부를 하는 사람들은 일시적으로 시련과 역경이 찾아오고, 가난과 궁핍에 힘든 삶을 살수는 있지만 그것이 오래가지 않는다. 그러한 시련과 역경을 빨리 이겨내어 풍요롭고 행복한 삶을 오래 살아갈 수 있게 되는 것이다.

공부는 해도 되고 안 해도 되는 것이 아니다. 공부를 하지 않으면 사고력이 확장되지 않고 세상을 꿰뚫어 볼 수 없게 되어 결국 인생을 제대로 살아내지 못한다. 공부를 하지 않는 사람들과 공부를 한 사람들의 차이점은 평소에는 잘 눈에 띄지 않는다. 하지만 그 차이점이 확실하게 드러나는 경우가 있다. 바로 인생에서 큰 문제가 닥쳤을 때이다. 실패를 하거나 시련을 만났을 때이다. 공부를 하지 않았던 사람들은 특별히 큰 문제가 닥쳤을 때, 굳건하게 그것에 대해 올바른 대응을 하고 대처를 해나갈 수 있는 힘이 없기에 돈이나 인맥만을 이용하거나 자신의 사고의 폭 안에서 해결책을 찾고자 하기 때문에 스스로 함정에 빠져들게 된다. 그래서 문제는 문제대로 해결이 되지 않고 자신은 스스로 깊은 수렁 속에 빠져서 헤어 나오지 못 하게 되는 경우가 비일비재하다.

하지만 공부를 통해 사고력을 기르고 세상을 크고 넓게 내다볼 줄 알게 된 사람은 매우 다양한 방법으로 해결책을 창조해낼 수 있게 된다. 그것이 공부의 위력이다. 그만큼 공부는 보이지 않는 자산이며 경쟁력인 것이다. 학교 공부는 지식을 쌓게 해주지만, 40대 공부는 지혜와 통찰력을 쌓게 해준다. 그리고 무엇보다 비전을 가질 수 있게 해준다.

: 에필로그 :
40대 공부는 인생 최고의 기쁨이며, 선물이다

    우리 인생에서 가장 기회가 많은 시기는 바로 40대이다. 40대에 공부를 오롯이 즐길 수 있는 인생은 매우 행복한 인생임에 틀림없다. 인생의 모진 풍파로 인해 지칠 대로 지치고 힘든 삶, 조용한 절망의 삶을 살아가고 있는 이 땅의 많은 40대들이 다시 한 번 공부를 통해 인생을 역전시키게 되었으면 좋겠다.

    하지만 인생을 역전시키는 것보다 더 중요한 것은 인생의 중간 지점에서 공부를 통해 형언할 수 없는 기쁨과 즐거움을 누리고 맛보게 되는 것이다. 누군가에게 뒤처지기 위한 공부가 아니라 오롯이 자신을 기쁘게 하고 가슴 뛰게 하는 그러한 공부를 하는 사람은 그 자체로 성공한 인생이라고 할 수 있다. 40대 공부는 누가 뭐래도 인생 최고의 기쁨이며 선물이기 때문이다. 이러한 인생 최고의 기쁨과 선물을 발견한 사람은 바로 40대 공부를 하는 사람이다.

뉴턴의 스승인 아이작 배로는 이러한 점을 다음과 같이 표현한 바 있다.

"책을 사랑하는 사람에게는 진실한 친구, 유익한 상담자, 쾌활한 동반자, 적절한 위안자가 전혀 필요치 않다. 공부를 하고 책을 읽고 사색을 한다면 어떤 상황에서나 어떤 운명에서나 기분을 전환하고 즐거워질 수 있다."

동양에서는 최고의 현자로 평가받는 공자가 공부의 기쁨에 대해 잘 말해주고 있는 사람이다.

"學而時習之면 不亦說乎아(배우고 때로 익히면 또한 기쁘지 아니한가)"

너무나 잘 알고 있는 내용이다. 그는 자신을 '지식을 탐구하는 기쁨에 음식을 잊었고, 지식을 얻는 기쁨에 슬픔을 잊었으며, 노년이 오는 줄을 알아차리지 못한 사람'이라고 표현하기까지 했다. 그가 얼마나 공부의 기쁨을 제대로 누리면서 살았던 사람이었는가 하는 것을 잘 말해주는 표현이 아닐 수 없다.

이러한 기쁨과 즐거움을 넘어서, 더욱더 가치 있고 의미 있는 것이 바로 40대 공부라고 할 수 있다. 40대에 공부를 한다는 것은 바로 인생의 의미와 가치를 발견하는 일이며 자신을 찾아가는 여행이자 모험이라고 말할 수 있기 때문이다. 아무리 큰 부를 갖고 성공을 하더라도 자신을 잃어버린다면 그것은 아무 의미와 가치가 없게 된다. 하지만 큰 부와 성공을 거머쥐지 못하더라도 자신을 발견하고 자신의 길을 간 사람은 인생에 의미와 가치가 남겨지게 된다. 이것이 돈으로 살 수 없는 큰 차이이다.

좋은 아파트와 좋은 차와 좋은 건물은 돈으로 살 수 있다. 하지만 돈으로 살 수 없는 것을 바로 40대 공부를 통해 우리의 것으로 만들 수 있다. 그러한 점에서 돈보다 더 가치 있고 귀중한 것이 40대 공부라고 말할 수 있다.

40대 공부는 선택사항이 아니라 생존의 필수 전략이기도 하다. 하지만 이러한 40대 공부를 등한시 여기고 불필요하다고 생각하는 자들에게는 더 이상 희망도 없고 미래도 없다.

우리가 하는 공부는 절대 우리를 배신하지 않는다. 공부는 매우 정확하고 치밀하여, 한 만큼 우리의 인생에 피와 살이 되고, 기쁨과 즐거움이 된다.

누군가 말했다. 비행기는 전진하지 않는 그 순간 추락한다고 말이다. 그것처럼 인간은 공부하지 않는 순간 망할 수밖에 없다. 공부하지 않는 인간과 문맹은 무지하다는 점에서 별반 차이가 없기 때문이다. 우리는 문맹자들이 얼마나 많은 정보와 지식에서 소외되는지는 알고 있으면서도, 정작 책을 보지 않고 공부하지 않는 자신도 역시 그런 사람과 다를 바 없다는 사실은 깨닫지 못한다. 그 결과 문맹자들이 글을 몰라도 살아갈 수 있다는 점에서 위안을 삼듯, 공부하지 않는 사람들은 공부하지 않아도 살아갈 수 있다는 점에서 동일하게 위안을 삼는다. 이런 점에서 두 부류의 사람들은 또한 별반 차이가 없다.

우리는 문맹자들의 삶의 폭과 넓이를 가늠해볼 수 있다. 더 나은 삶의 길에서 얼마나 멀어져만 가는지를 말이다. 하지만 공부를 하지 않는 삶의 폭과 넓이 역시 공부하는 사람들은 충분히 가늠해볼 수 있다. 그것은 우리가 비행기를 타고 가면 어디를 얼마나 갈 수 있을지 가늠해볼 수 없지만, 걸어서 가는 사람의 경우에는 하루 만에 갈 수 있는 거리를 충분히 가늠해볼 수 있는 것과 같은 이치이다.

공부를 한다는 것은 바로 인류가 쌓아온 지식과 지혜와 통찰력과 혜안과 사고력이라는 비행기를 타고, 인생의 성공과 행복이라는 목적지에 도착하고자 하는 여정과 같은 것이다. 반면에 공부를 하지 않는 사람들은 직접 자신의 발로 걸어서 도보로 그곳에 도착하고자 열심히 전진하는 사람들이라고 말할 수 있다. 어떤 방법이 더 좋을까?

공부를 한다는 것은, 모든 것을 잃어도 다시 일어설 수 있는 위대한 힘을 얻게 되는 것과 같다.

그래서 최고의 재테크는 공부이고, 최고의 성공비결도 공부인 것이다.

〈공부의 기쁨〉

-《공부의 기쁨이란 무엇인가》 저자 김병완

머리가 나쁘기 때문에 공부를 할 수 없는 것이 아니라,
공부를 하지 않기 때문에 머리도 나빠지는 것이다.
가난하기 때문에 공부를 할 수 없는 것이 아니라,

공부를 하지 않기 때문에 가난해지는 것이다.
건강하지 못하기 때문에 공부를 할 수 없는 것이 아니라,
공부를 하지 않기 때문에 건강이 나빠지는 것이다.
늙었기 때문에 공부를 할 수 없는 것이 아니라,
공부를 하지 않기 때문에 늙는 것이다.

공부는 차가운 머리로 하는 것이 아니라,
뜨거운 가슴과 온몸으로 하는 것이다.
공부는 하기 싫은 지겨운 고통과 인내와 아픔이 아니라,
가슴 뛰게 하는 기쁨이요, 환희요, 즐거움이다.
공부는 출세와 성공의 수단이 아니라,
출세와 성공한 삶, 그 자체인 목적이 되어야 한다.
공부는 어린아이들이 하는 것이 아니라,
인생의 산전수전을 다 겪은 정신적 어른들이 하는 것이다.

공부하는 사람들은 이미 위대한 사람들과 별반 다를 바 없다.
왜냐하면 이미 그 사람의 내면에 위대함의 씨앗이 싹트고 있기 때문이다.

이 땅의 40대들에게 공부 열풍을 불러일으키게 된다면 작가로서 보람을 느끼고, 그것으로 족하다.

40대, 위대한 공부에 미쳐라

초판 인쇄 2017년 10월 10일
초판 발행 2017년 10월 16일

지은이 김병완

펴낸곳 (주)퀀텀북스
발행인 김병완, 최남철
교정, 교열 임유진
디자인 여수정

출판등록 제 2017-000097호

주소 서울시 송파구 송파대로 36가길 7
구입문의 010-9194-3215

ISBN 979-11-961795-1-9 (03190)

값 14,000원

※ 퀀텀앤북스는 (주)퀀텀북스의 교양브랜드입니다
   이 책은 (주)퀀텀북스와 저작권자와의 계약에 따라 발행한 것이므로
   이 책의 내용을 이용하시려면 반드시 저자와 본사의 허락을 받아야 합니다
※ 잘못된 책은 구입처에서 교환하여 드립니다.